DEIN COACH ZUM ERFOLG!

Dein ActiveBook auf MySTARK:

Du kannst auf alle digitalen Inhalte zu diesem Band online zugreifen. Registriere dich dazu unter www.stark-verlag.de/mystark mit deinem persönlichen Zugangscode:

Die Inhalte dieser Auflage stehen bis Schuljahresende zur Verfügung.

Das ActiveBook bietet dir:

- Original-Prüfungsaufgaben von 2022 mit vollständigen Lösungsvorschlägen
- Kleinschrittige Aufgaben zur Analyse von literarischen und pragmatischen Texten
- Videos zur Veranschaulichung des Vorgehens bei der Textanalyse
- Sofortige Ergebnisauswertung und Feedback zu einzelnen Aufgaben

MySTARK

DEIN COACH ZUM ERFOLG!

So kannst du interaktiv lernen:

 Interaktive Aufgaben

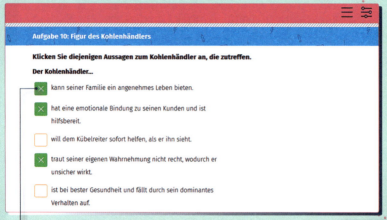

Sofortige Ergebnisauswertung

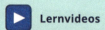 **Lernvideos**

Anschauliche Erklärungen zur Textanalyse

Systemvoraussetzungen:
- Mindestens 1024×768 Pixel Bildschirmauflösung
- Chrome, Firefox oder ähnlicher Webbrowser
- Internetzugang

2023

Abitur

Original-Prüfungsaufgaben
mit Lösungen

Gymnasium · Gesamtschule NRW

Deutsch GK

© 2022 Stark Verlag GmbH
16. neu bearbeitete und ergänzte Auflage
www.stark-verlag.de

Das Werk und alle seine Bestandteile sind urheberrechtlich geschützt. Jede vollständige oder teilweise Vervielfältigung, Verbreitung und Veröffentlichung bedarf der ausdrücklichen Genehmigung des Verlages. Dies gilt insbesondere für Vervielfältigungen, Mikroverfilmungen sowie die Speicherung und Verarbeitung in elektronischen Systemen.

Inhalt

Vorwort

Hinweise und Tipps

1	Grundlagen	I
2	Unterrichtsbereiche und Aufgabenarten	II
3	Anforderungsbereiche und Operatoren	XIX
4	Bewertung der Abiturklausur	XXIII
5	Allgemeine Tipps für die Anfertigung der Abiturklausur	XXX
6	Die mündliche Abiturprüfung im Fach Deutsch	XXXIII

Abiturähnliche Übungsaufgaben

Aufgabe 1:
I a: Analyse eines literarischen Textes mit weiterführendem Schreibauftrag
Robert Seethaler, *Der Trafikant*
(auch zu: Gotthold Ephraim Lessing, *Nathan der Weise*) 1

Aufgabe 2:
I b: Vergleichende Analyse literarischer Texte
Joseph von Eichendorff, *Die zwei Gesellen*
Franz Grillparzer, *In der Fremde* 11

Aufgabe 3:
I b: Vergleichende Analyse literarischer Texte
Albert Ostermaier, *the motel chronicles*
Joseph von Eichendorff, *Allgemeines Wandern* 20

Aufgabe 4:
II a: Analyse eines Sachtextes mit weiterführendem Schreibauftrag
(zu: Gotthold Ephraim Lessing, *Nathan der Weise*)
Friedhelm Zubke, *Motive moralischen Handelns in Lessings „Nathan der Weise"* 29

Aufgabe 5:
II a: Analyse eines Sachtextes mit weiterführendem Schreibauftrag
(zu: Robert Seethaler, *Der Trafikant*)
Andreas Platthaus, *Freuds Freund* 40

Aufgabe 6:
III a: Erörterung von Sachtexten
(zum Thema „Dialekte")
Maria Rossbauer, *Host mi?* 51

Aufgabe 7:
IV: Materialgestütztes Verfassen eines Textes mit fachspezifischem Bezug
(zum Thema „Dialekte und Soziolekte")
Kommentar zu: *Kiezdeutsch – Problem oder Chance?* 61

Auswahl von Original-Abituraufgaben 2019–2022

Abiturprüfung 2019
Aufgabe 1: Analyse eines Sachtextes mit weiterführendem Schreibauftrag
Roland Kaehlbrandt, *Logbuch Deutsch. Wie wir sprechen, wie wir schreiben* 2019-1

Abiturprüfung 2020
Aufgabe 1: Analyse eines Sachtextes mit weiterführendem Schreibauftrag
Karl-Heinz Göttert, *Alles außer Hochdeutsch. Ein Streifzug durch unsere Dialekte* 2020-1

Aufgabe 2: Vergleichende Analyse literarischer Texte
Nikolaus Lenau, *Wandel der Sehnsucht*
Hilde Domin, *Ziehende Landschaft* 2020-12

Aufgabe 3: Analyse eines literarischen Textes mit weiterführendem Schreibauftrag
Arno Geiger, *Es geht uns gut*
(im Vergleich mit Judith Hermann, *Sommerhaus, später*) 2020-21

Abiturprüfung 2021
Aufgabe 1: Analyse eines Sachtextes mit weiterführendem Schreibauftrag
Marius Buhl, *Zwischen Schwund und Renaissance. Warum Dialekte nicht aussterben* 2021-1

Aufgabe 2: Analyse eines literarischen Textes mit weiterführendem Schreibauftrag
Ludwig Uhland, *Reisen* 2021-13

Aufgabe 3: Analyse eines literarischen Textes mit weiterführendem Schreibauftrag
Gotthold Ephraim Lessing, *Nathan der Weise* 2021-22

Abiturprüfungsaufgaben 2022	
Aufgaben 2022	**www.stark-verlag.de/mystark**

Sobald die Original-Prüfungsaufgaben 2022 freigegeben sind, können sie als **PDF** auf der **Plattform MyStark** heruntergeladen werden (Zugangscode vgl. Farbseiten vorne im Buch).

Autorinnen und Autoren:
Rainer Koch (Herausgeber, Hinweise und Tipps)
Übungsaufgaben: Redaktion (Übungsaufgaben 1, 4), Dr. Eva-Maria Knittel (Übungsaufgabe 2), Ellen Schindler-Horst (Übungsaufgabe 3), Katja Hattendorf (Übungsaufgabe 6), Sigrid Deinzer-Kneip (Übungsaufgabe 7)

Lösungen 2019: Redaktion (Aufgabe 1)
Lösungen 2020: Redaktion (Aufgabe 1, 3), Ellen Schindler-Horst (Aufgabe 2)
Lösungen 2021: Dr. Thomas Schwerdt (Aufgabe 1), Rabia Schadel/Redaktion (Aufgabe 2), Lara Pasternak (Aufgabe 3)

Vorwort

Liebe Abiturientinnen und Abiturienten,

Sie haben Deutsch als Grundkurs gewählt und werden 2023 das Zentralabitur ablegen. Dieser Band wird Ihnen dabei helfen, sich optimal auf diese Prüfungen vorzubereiten!

Das einführende Kapitel „Hinweise und Tipps" informiert Sie über die offiziellen Rahmenvorgaben, stellt die verschiedenen Aufgabenarten des Abiturs vor und macht Sie mit den Arbeitsanweisungen (Operatoren) vertraut. Es schließen sich konkrete Tipps an, wie Sie Ihren Aufsatz gestalten können. Hinweise zur mündlichen Prüfung im Fach Deutsch runden diesen Teil ab.

Die **abiturähnlichen Übungsaufgaben** richten sich zum einen nach dem *Kernlehrplan Deutsch für die Sekundarstufe II – Gymnasium/Gesamtschule in Nordrhein-Westfalen*. Zum anderen greifen sie die ministeriellen Vorgaben für das Zentralabitur Deutsch 2023 auf und berücksichtigen alle inhaltlichen Fokussierungen.

Die Auswahl von **Original-Prüfungsaufgaben** aus den **Jahren 2019 bis 2022** zeigt Ihnen, was im Abitur auf Sie zukommt, und bietet Ihnen optimales Übungsmaterial.

Zu jeder Aufgabe finden Sie einen ausführlichen **Lösungsvorschlag**, mit dem Sie Ihren eigenen Aufsatz vergleichen können. Den Lösungsvorschlägen vorangestellt sind jeweils **Hinweise und Tipps**, die Ihnen bei der Erschließung der einzelnen Arbeitsanweisungen und bei der Bearbeitung der Aufgabe helfen. Wesentliche **Inhalte** und **Fachbegriffe** in den Lösungsvorschlägen sind durch Fettdruck hervorgehoben, **Strukturierungshinweise am Rand** unterstützen Sie dabei, den Gedankengang und die Machart des Aufsatzes nachzuvollziehen. Vergegenwärtigen Sie sich bei Ihrer Vorbereitung immer wieder die genaue Fragestellung und die verwendeten **Operatoren** und lesen Sie wiederholt die Erklärung zu den unterschiedlichen Aufgabenarten in den Hinweisen nach. Auf diese Weise wiederholen Sie auch die im Unterricht gelernten Inhalte und Methoden.

Sollten nach Erscheinen dieses Bandes noch wichtige Änderungen für die Abiturprüfung 2023 vom Schulministerium bekannt gegeben werden, finden Sie aktuelle Informationen dazu im Internet unter: www.stark-verlag.de/mystark.

Wir wünschen Ihnen eine effektive Vorbereitung und eine erfolgreiche Abiturprüfung!

Der Herausgeber, die Autor*innen sowie der Verlag

Hinweise und Tipps

1 Grundlagen

1.1 Allgemeines

Die Aufgaben für die schriftliche Abiturprüfung werden in Nordrhein-Westfalen zentral vom Ministerium für Schule und Weiterbildung gestellt. Wesentliche Grundlage hierbei sind der Kernlehrplan Deutsch für die Sekundarstufe II Gymnasium/Gesamtschule sowie die jährlich vom Ministerium neu festgelegten thematischen Fokussierungen. Die Aufgaben für die mündliche Abiturprüfung hingegen werden weiterhin dezentral von der jeweiligen Schule entwickelt.

Alle für Sie wichtigen Informationen zur Prüfung finden Sie in den anschließenden Hinweisen. Im Internet können Sie sich auf den Seiten des Schulministeriums Düsseldorf ergänzend informieren:

www.standardsicherung.schulministerium.nrw.de/cms/zentralabitur-gost/ faecher/fach.php?fach=1

1.2 Termine

Hinweise zu den Abiturterminen finden Sie hier: *https://www.standardsicherung. schulministerium.nrw.de/cms/zentralabitur-gost/termine/termine-2023*

1.3 Zeitrahmen

Bei den zentralen Abiturprüfungen im Fach Deutsch werden Ihnen vier verschiedene Aufgaben vorgelegt, von denen Sie eine zur Bearbeitung auswählen müssen. Für die Auswahl haben Sie 30 Minuten Zeit. Im Grundkurs stehen Ihnen für die Anfertigung der Arbeit dann noch 3 ½ Stunden (210 Minuten) zur Verfügung.

1.4 Ausrichtung der Abituraufgaben

Die Abituraufgaben entsprechen folgenden ministeriellen Vorgaben:
1. Die **inhaltlichen Schwerpunkte** beziehen sich auf die vier Halbjahre der Qualifikationsphase (Q 1 und Q 2) und werden ebenso wie die **Fokussierungen für das Abitur 2023** vorausgesetzt (siehe unten).

I

2. Die vier zur Auswahl gestellten Aufgaben greifen unterschiedliche Themen hieraus auf. Zur erfolgreichen Bearbeitung sind Kompetenzen aus unterschiedlichen Bereichen notwendig, da jede Abiturprüfungsaufgabe über einen einzelnen Schwerpunkt hinausreichende Kompetenzbezüge aufweist.
3. Die Abituraufgaben sind im Hinblick auf die konkrete Aufgabenstellung so gestaltet, dass sie von Ihnen Leistungen auf drei aufeinander aufbauenden Niveaus, den sogenannten „Anforderungsbereichen" (siehe ab S. XIX), verlangen und einer der im Kernlehrplan zugelassenen Aufgabenarten I bis IV (siehe S. IV ff.) entsprechen müssen.

2 Unterrichtsbereiche und Aufgabenarten

2.1 „Inhaltliche Schwerpunkte" des Kernlehrplans und „Fokussierungen" im Fach Deutsch für die Abiturprüfung 2023 (im Grundkurs)

Fokussierungen sind nur für das Inhaltsfeld **Sprache** und das Inhaltsfeld **Texte** festgelegt worden. Die folgende Tabelle verzeichnet diese zusammen mit den dazugehörigen Übungsaufgaben, die Sie im vorliegenden Band finden.

Inhaltlicher Schwerpunkt	Fokussierung 2023	Übungsaufgaben
Inhaltsfeld Sprache • Spracherwerbsmodelle • sprachgeschichtlicher Wandel • Sprachvarietäten und ihre gesellschaftliche Bedeutung	Dialekte und Soziolekte	6, 7
Inhaltsfeld Texte • strukturell unterschiedliche Dramen aus unterschiedlichen historischen Kontexten	Gotthold E. Lessing: *Nathan der Weise*	1, 4
• strukturell unterschiedliche Erzähltexte aus unterschiedlichen historischen Kontexten	Robert Seethaler, *Der Trafikant*	1, 5
• lyrische Texte zu einem Themenbereich aus unterschiedlichen historischen Kontexten • komplexere Sachtexte	„unterwegs sein" – Lyrik von der Romantik bis zur Gegenwart	2, 3

(Quelle: Ministerium für Schule und Weiterbildung Düsseldorf 2020; vgl. auch Kernlehrplan Deutsch für die Sek. II – Gymnasium/Gesamtschule in NRW)

Bei den literarischen Themen ist es hilfreich, sich als Ergänzung zum Unterricht eine **Interpretationshilfe** anzuschaffen, die vertieftes Wissen zu Inhalt und Deutung vermittelt. Im Programm des Stark Verlags finden sich folgende Interpretationen:
- G. E. Lessing: **Nathan der Weise** (Titelnr.: 24501D; ISBN: 978-3-89449-439-1)
- Robert Seethaler: **Der Trafikant** (Titelnr.: 24941D; ISBN: 978-3-8490-4352-0)

Für die Abiturprüfung sind darüber hinaus die folgenden Inhaltsfelder mit ihren Schwerpunkten verbindlich, für die allerdings keine Fokussierungen vorgegeben sind:

Inhaltsfeld Kommunikation
- sprachliches Handeln im kommunikativen Kontext
- rhetorisch ausgestaltete Kommunikation in funktionalen Zusammenhängen

Inhaltsfeld Medien
- Information und Informationsdarbietung in verschiedenen Medien
- filmische Umsetzung einer Textvorlage (in Ausschnitten)
- Bühneninszenierung eines dramatischen Textes

(Quelle: Ministerium für Schule und Weiterbildung Düsseldorf 2020; vgl. auch Kernlehrplan Deutsch für die Sek. II – Gymnasium/Gesamtschule in NRW)

Grundlage einer Prüfungsaufgabe des schriftlichen Abiturs können alle verbindlichen inhaltlichen Schwerpunkte dieser vier Inhaltsfelder und die Fokussierungen sein.

Eine Abiturprüfungsaufgabe zur Lyrik wird von Ihnen in der Regel nicht nur eine Interpretation eines romantischen Gedichts verlangen, sondern Sie z. B. auffordern, dieses aspektbezogen mit einem thematisch entsprechenden Gedicht einer anderen Epoche zu vergleichen.

Sie werden Aufgaben bekommen, die auf Kompetenzen basieren, die Sie im Unterricht im Zusammenhang mit diesen Texten erworben haben.

Vorstellbar sind daher z. B.:
- eine Aufgabe mit einem Analyseauftrag zu einem dramentheoretischen Text und einem weiterführenden Schreibauftrag, der sich auf Lessings *Nathan* bezieht;
- die Aufgabe, zwei Rezensionen zu einem der Werke vergleichend zu analysieren;
- eine Aufgabe mit einem Analyseauftrag zu einem Text, in dem sich G. E. Lessing zu seinem Werk oder zu seinem Verständnis als Schriftsteller äußert, verbunden mit einem weiterführenden Schreibauftrag, der umfassende Kenntnisse zum Werk, zum Autor oder zur jeweiligen Epoche voraussetzt;
- eine Aufgabe mit einem Interpretationsauftrag zu einem Auszug aus einem im Unterricht nicht behandelten Drama oder Roman mit anschließendem weiterführenden Schreibauftrag, der sich auf ein im Unterricht behandeltes Werk, z. B. R. Seethalers *Der Trafikant*, bezieht (Voraussetzung: Beherrschen der Methode der Dramen- und Erzähltext-Interpretation, umfassende Kenntnisse der behandelten Werke sowie der jeweiligen Autoren und Epochen).

2.2 Aufgabenarten und Bearbeitungshinweise

In der Abiturprüfung 2023 werden Ihnen Aufgaben gestellt, die zu den folgenden vier Aufgabenarten gehören:
- **Analyse von literarischen Texten** (siehe unten auf dieser Seite)
- **Analyse von Sachtexten** (siehe ab S. IX)
- **Erörterung von Sachtexten** (siehe ab S. XIII)
- **Materialgestütztes Verfassen eines Textes mit fachspezifischem Bezug** (siehe ab S. XVII).

Die folgende Tabelle gibt Ihnen einen kurzen Überblick über die möglichen Varianten der **Aufgabenarten:**

I a	Analyse eines literarischen Textes (ggf. mit weiterführendem Schreibauftrag)
I b	Vergleichende Analyse literarischer Texte
II a	Analyse eines Sachtextes (ggf. mit weiterführendem Schreibauftrag)
II b	Vergleichende Analyse von Sachtexten
III a	Erörterung von Sachtexten
III b	Erörterung von Sachtexten mit Bezug auf einen literarischen Text
IV	Materialgestütztes Verfassen eines Textes mit fachspezifischem Bezug

2.2.1 Aufgabenart I: Analyse von literarischen Texten

Aufgabenart I bezieht sich auf die Analyse von literarischen Texten. Diese setzt fundierte Kenntnisse der im Unterricht behandelten Themen und der jeweiligen Epochen- und Textsortenmerkmale voraus.

Denkbar ist u. a. die Analyse folgender Texte:
- Auszüge aus einem Drama
- Auszüge aus einem Roman oder einem anderen epischen Text, der vor dem Hintergrund Ihrer Beschäftigung mit Geigers Roman von Ihnen analysiert werden soll,
- kurze literarische Texte,
- Gedichte, die Sie im Hinblick auf Ihre im Unterricht erworbenen Kenntnisse (z. B. zur Reiselyrik in der Romantik) analysieren können.

Hilfreiche Fragen für die Erschließung literarischer Texte
1. Aus welcher Epoche stammt der Text? Um welche Textsorte handelt es sich?
2. Wer ist der Autor? Um welches Thema handelt es sich?
3. Inhaltliche Aspekte

Epische Texte	**Dramatische Texte**	**Lyrische Texte**
Um welche handelnde(n) Figur(en) geht es? Wie werden sie charakterisiert? Wie stehen sie zueinander?	Um welche handelnde(n) Figur(en) geht es? Wie werden sie charakterisiert? Wie stehen sie zueinander?	Kommen im Gedicht Menschen vor? Tritt ein lyrisches Ich in Erscheinung? Wird jemand angesprochen?

Epische Texte	Dramatische Texte	Lyrische Texte
Wie setzt der Text/Auszug ein? Gibt es eine Einleitung oder beginnt er unvermittelt?	Wie lässt sich die Kommunikationssituation beschreiben?	Gibt es ein bestimmendes Motiv im Gedicht? Welche Stimmung wird vermittelt?
Was wird erzählt – ein Geschehen, ein innerer Vorgang, ein Gespräch etc.?	Wie lässt sich der Gesprächsverlauf genauer bestimmen? Welche Intentionen der Figuren liegen dem Gespräch zugrunde?	Was ist das Thema des Gedichts – handelt es sich beispielsweise um ein Naturgedicht oder ein Stadtgedicht, um Erlebnislyrik oder Reflexionslyrik?
In welche Sinnabschnitte lässt sich der Text untergliedern? Gibt es beispielsweise einen Spannungsbogen?	In welche Sinnabschnitte lässt sich der Text untergliedern? Gibt es beispielsweise einen Spannungsbogen?	In welche Sinnabschnitte lässt sich das Gedicht untergliedern? Wie ist seine „Architektur" (z. B. Rahmung durch Wiederholungen in erster und letzter Strophe)?
Was vermittelt der Erzähler über innere Vorgänge in den Figuren?	Wie sind die Redeanteile? Was sagen die Requisiten, die Körperhaltung und die Gestik über die Figuren bzw. die Situation aus?	Welchen Zusammenhang gibt es zwischen Gedichttitel und -text?
In welchen größeren inhaltlichen Kontext kann der Text gestellt werden (sofern es sich um einen Textauszug handelt)?	In welchen größeren inhaltlichen Kontext kann der Text gestellt werden (sofern es sich um einen Textauszug handelt)?	In welchen Publikations- bzw. Entstehungskontext kann das Gedicht gestellt werden? Ist es beispielsweise Teil eines Zyklus oder handelt es sich um ein Widmungsgedicht?

4. Gestalterische Aspekte

Epische Texte	Dramatische Texte	Lyrische Texte
Um was für einen Erzähler handelt es sich (Ich-Erzähler, personaler Erzähler, auktorialer Erzähler)?	Auf welcher Sprachebene bewegen sich die einzelnen Figuren (Umgangssprache, Fachsprache, Jargon, Vulgärsprache o. Ä.)?	Wie ist das Gedicht formal gestaltet (Strophen, Reimschema, Kadenzen, Metrum etc.)?
Weist der Text besondere erzählerische Mittel wie Perspektivenwechsel, innere Monologe, erlebte Rede oder szenisches Erzählen auf?	Weist der Text besondere dramatische Mittel wie Beiseitesprechen, Mauerschau oder Botenbericht auf?	Weist der Text besondere lyrische Mittel wie Refrains oder Verswiederholungen auf?

Epische Texte	Dramatische Texte	Lyrische Texte
Ist das Dargestellte chronologisch gereiht oder folgt es anderen Prinzipien (Rückblenden, Vorausdeutungen)? Wird zeitdehnend, -raffend oder -deckend erzählt?	Ist der Dramentext in Prosa oder in Versen verfasst? Ist er gereimt?	Welche Konnotationen haben die verwendeten Worte? Welche Assoziationen werden durch die Wortwahl geweckt?
Welche syntaktischen Kennzeichen hat der Text (z. B. hypotaktischer vs. parataktischer Stil)?	Welche syntaktischen Kennzeichen haben jeweils die Redebeiträge der Figuren (z. B. hypotaktischer vs. parataktischer Stil)?	Welche syntaktischen Kennzeichen hat das Gedicht? In welchem Verhältnis stehen Syntax und Versgestaltung (Zeilenstil vs. Enjambements)?
Welche Stilmittel verwendet der Verfasser (z. B. Bilder, Vergleiche, Metaphern, Antithesen, Klimax, Negationen, rhetorische Fragen)? Welche davon dominieren?	Welche Stilmittel verwendet der Verfasser (z. B. Bilder, Vergleiche, Metaphern, Antithesen, Klimax, Negationen, rhetorische Fragen)? Welche davon dominieren?	Welche Stilmittel verwendet der Verfasser (z. B. Bilder, Vergleiche, Metaphern, Antithesen, Klimax, Negationen, rhetorische Fragen)? Welche davon dominieren?
Welche Wirkung erzielt die erzählerische und sprachlich-rhetorische Gestaltung?	Welche Wirkung erzielt die sprachlich-rhetorische Gestaltung?	Welche Wirkung erzielt die formale und sprachlich-rhetorische Gestaltung?

5. Rezeption des Textes
   – Gibt es, z. B. in den Anmerkungen, Aussagen zur Textrezeption durch Dritte?
   – Wie reagieren Sie selbst auf den Text?

Hinweise zur Gliederung der Analyse

In Ihrer **Einleitung** zur Analyse sollten Sie kurz auf Titel, Autor, Entstehungszeit und Textsorte eingehen. Geben Sie am besten auch Ihr Text-/Themenverständnis wieder, indem Sie z. B. das Thema des zu analysierenden Gedichtes benennen. So haben Sie für die Analyse eine Arbeitshypothese.

Greifen Sie im Verlauf des **Hauptteils** wiederholt auf Ihre Arbeitshypothese zurück; Sie gelangen so im Fortgang Ihrer Ausführung zu einem zunehmend vollständigen Ergebnis. Achten Sie im Hauptteil darauf,

- dass Sie dem Text **kein starres Analyseschema** überstülpen, sondern von einer Arbeitshypothese oder von besonderen Textmerkmalen ausgehen und davon Ihre weiteren Analyseschritte ableiten;
- dass Sie die **Untersuchungsgesichtspunkte miteinander in Verbindung bringen.** So sollten Sie z. B. klären, welche rhetorischen Mittel der Autor einsetzt, um die Eigenschaften des Protagonisten besonders zu betonen;
- dass Sie den jeweiligen Aufgabenteil mit einer reflektierten Schlussfolgerung im Sinne einer vernetzten Zusammenschau der von Ihnen angeführten relevanten Aspekte abschließen.

Hinweise zur Bearbeitung
Im Verlauf Ihrer Textanalyse ist entscheidend, dass Sie keine bloße Auflistung von Textmerkmalen erstellen, sondern dass Sie die einzelnen Elemente stets hinsichtlich Ihrer **Funktion und Wirkung** hinterfragen und entsprechend erläutern.

> **Beispiel:**
> Das achtfache Vorliegen von Negationen im zweiten Abschnitt verdeutlicht im besonderen Maße die Ablehnung des Schriftstellers; die in diesem Abschnitt ebenfalls vorkommenden drei Antithesen verstärken das gemeinte positive Gegenbild, worin X die Lösung sieht.

Aufgabenart I a: Analyse eines literarischen Textes (ggf. mit weiterführendem Schreibauftrag)

Die Aufgabenarten I a und II a (siehe ab S. XI) sehen mehrheitlich einen weiterführenden Schreibauftrag vor, durch den die notwendige breite inhaltliche Anforderung auf allen drei Anforderungsebenen gegeben ist. Bei solchen Aufgaben wird in der Regel die Textanalyse einen etwas höheren Punktwert aufweisen als der weiterführende Schreibauftrag. Für die ab und zu geforderte bloße Analyse einer Textgrundlage gilt das im Folgenden zur Textinterpretation Gesagte entsprechend.

Hinweise zur Aufgabenstellung
Die Aufgabenstellung fordert die **Interpretation eines literarischen Textes**. Sie kann als allgemeiner Interpretationsauftrag an Sie gerichtet sein *(„Interpretieren Sie den vorliegenden Text.")*, sie kann jedoch auch einen zusätzlichen Aspekt umfassen *(„Interpretieren Sie den vorliegenden Text unter besonderer Berücksichtigung der Metaphorik.")*. In diesem Fall müssen Sie im Rahmen Ihrer Interpretation in besonderem Maße auf den genannten Untersuchungsaspekt eingehen.

Der **weiterführende Schreibauftrag** erfordert in der Regel, dass Sie sich erörternd, darlegend, erklärend und/oder deutend äußern, z. B. durch
- einen Vergleich von Rolle oder/und Verhalten einer Figur des vorgelegten Textes mit einer anderen aus dem Unterricht bekannten Figur,
- eine Verbindung zu einer im Unterricht behandelten Epoche oder zu einem im Unterricht behandelten Werk,
- eine ausführliche Stellungnahme.

> **Beispiele:**
> Erläutern Sie, welche Kritik ein Vertreter der Romantik an vorliegendem Text geübt haben könnte.
>
> Vergleichen Sie das im vorliegenden Text zum Ausdruck gebrachte Frauenbild mit dem Bild, das in dem Ihnen bekannten Roman X von Figur Y entworfen wird.

Hinweise zur Gliederung des weiterführenden Schreibauftrages
Welche Gliederung sich beim **weiterführenden Schreibauftrag** anbietet, ist sehr aufgabenabhängig. Es sollte aber auf jeden Fall eine **aufgabenbezogene Überlei-**

tung formuliert werden. In einer reflektierten Schlussfolgerung am Ende Ihres Aufsatzes können Sie Ihre Ergebnisse bündeln.

Aufgabenart I b: Vergleichende Analyse literarischer Texte
Die vergleichende Analyse unterscheidet sich von der Analyse eines einzelnen literarischen Textes darin, dass Sie zwei Texte aspektbezogen hinsichtlich Ihrer Analyseergebnisse miteinander in Beziehung setzen und vergleichen sollen.

Hinweise zur Aufgabenstellung
Bei der vergleichenden Analyse literarischer Texte werden Ihnen zwei Texte (meistens Gedichte) vorgelegt. In der ersten Teilaufgabe interpretieren Sie den ersten Text und in der zweiten Teilaufgabe vergleichen Sie ihn mit dem zweiten Text. In der Regel werden die zu vergleichenden Aspekte vorgegeben.

Beispiel:
1. Interpretieren Sie das erste der beiden vorliegenden Gedichte. Beachten Sie dabei besonders die Metaphorik.
2. Vergleichen Sie die Konzepte menschlicher Lebensführung, die in beiden Gedichten zur Sprache kommen. Berücksichtigen Sie hierbei die unterschiedlichen Entstehungszeiten.

Bei dieser Aufgabenart wird nicht verlangt, dass Sie eine Interpretation des zweiten Textes verfassen. Um den Vergleich auf feste Füße zu stellen, bedarf es gleichwohl einer vorbereitenden Erarbeitung dieses Textes, bei der Sie ein vertieftes Gesamtverständnis entwickeln. Beim zu verfassenden Vergleich kann es dann nötig sein, an der einen oder anderen Stelle Ihre Überlegungen zum zweiten Text auf dieser Grundlage textanalytisch zu untermauern, u. a. indem Sie diese mit Zitaten oder Verweisen belegen.

In den offiziellen Abituraufgaben bis zum Jahr 2022 wurde noch verlangt, dass Sie auch eine schriftliche Analyse des zweiten Gedichts verfassen. Beachten Sie beim Üben mit diesen Aufgaben, dass das nun nicht mehr der Fall ist.

Hinweise zur Bearbeitung
Einige Formulierungshilfen für die Vergleiche:
- „Während im Gedicht aus der Gegenwart ..., betont das lyrische Ich im Gedicht der Romantik ..."
- „Anders als bei Hölderlin ..." / „Im Gegensatz zu Eichendorff ..." / „Bachmann hingegen ..."
- „Beide Hauptfiguren weisen einerseits eine Reihe ähnlicher Charaktermerkmale auf wie z. B. ...; andererseits ..."
- „Der Anfang der beiden Gedichte unterscheidet sich: Während beim ersten ..., fängt das zweite unvermittelt an, indem ..."
- „Anders als die Nachkriegsprosa, die durch ... gekennzeichnet ist, weist die Erzählung des Expressionismus ..."

Hinweise zur Gliederung
Folgende Gliederung empfiehlt sich bei dieser Aufgabenart:
1 Einleitung
2 Hauptteil
   2.1 Interpretation von Text 1
   2.2 Reflektierte Schlussfolgerung im Sinne einer vernetzten Zusammenschau
   2.3 Aufgabenbezogene Überleitung
   2.4 Aspektbezogener Vergleich von Text 2 mit Text 1
3 Schluss: Reflektierte Schlussfolgerungen im Sinne einer vernetzten Zusammenschau

2.2.2 Aufgabenart II: Analyse von Sachtexten

Aufgabenart II fordert die Analyse von Sachtexten mit überwiegend informierender, argumentierender oder appellativer Funktion. Sie lassen in der Regel weniger Deutungsspielräume zu, müssen jedoch trotzdem hinsichtlich ihrer Intention, der enthaltenen Argumentationsstruktur und des situativen Kontextbezuges interpretiert werden. Es werden Ihnen z. B. Texte vorgelegt, die sich mit Fragen der Literatur, der Sprache, der Medien oder der Kommunikation beschäftigen. Vorwiegend handelt es sich hierbei um Briefe, Rezensionen, (politische) Reden, um Zeitungsartikel oder auch um literaturwissenschaftliche Texte.

Denkbar sind z. B.:
- Rezensionen zu einer Inszenierung von G. E. Lessings *Nathan der Weise,*
- literaturwissenschaftliche Texte zu R. Seethalers *Der Trafikant,*
- Zeitungsartikel zum Thema *Dialekte,*
- dramentheoretische Texte, z. B. ein Brief, in dem sich ein Autor mit seiner Aufgabe als Dramatiker auseinandersetzt.

Hilfreiche Fragen für die Erschließung von Sachtexten

1. Welches sind Anlass, Thema, Inhalt und Intention des Textes?
2. Wer ist der Verfasser? Wer sind die Adressaten?
 Hinweise darauf sind z. B. den Anreden innerhalb des Textes und – im Falle einer Rede – den ausgewiesenen Reaktionen des Publikums zu entnehmen.
3. Inhalt und Argumentation des Textes
 - Wie geht der Verfasser vor, um wirksam zu sein?
 Besonders zu beachten sind die folgenden Elemente in ihrer Funktion/Wirkung:
 – Wovon handelt der Text? In welche Sinnabschnitte lässt sich der Inhalt untergliedern?
 – Wie ist der Text aufgebaut? Welche Argumentationsstruktur stellen Sie fest (Thesen, Argumente, Belege)?
 – Was ist die vorherrschende Funktion des Textes: Darstellung, Selbstoffenbarung/Ausdruck, Appell?

- Welche These(n) vertritt der Verfasser? Spricht er Vermutungen, Annahmen oder Überzeugungen aus?
- Enthalten die Thesen Forderungen? Falls ja: Welche Forderungen werden gestellt?
- Mit welchen Argumenten werden Thesen gestützt (z. B. Tatsachen, Gesetzmäßigkeiten, Forschungsergebnisse, Meinungen von Autoritäten oder Experten, allgemeine/persönliche Erfahrungen)?
- Mit welchen Belegen bzw. Beispielen verdeutlicht der Verfasser seine Argumente?
- Zieht der Verfasser Schlussfolgerungen?
- Wie setzt sich der Verfasser mit möglichen Einwänden auseinander?

4. Sprachlich-rhetorische Gestaltung
   - Auf welcher Sprachebene bewegt sich der Verfasser? Benutzt er Fachsprache(n), Umgangssprache, Vulgärsprache?
   - Wie lässt sich die verwendete Sprache charakterisieren? Handelt es sich um einen sachlichen Sprachstil oder ist die benutzte Sprache emotional geprägt?
   - Welche Stilmittel verwendet der Verfasser (z. B. Bilder, Vergleiche, Metaphern, Antithesen, Klimaxe, Negationen, rhetorische Fragen)?
   - Welche Wirkung soll durch die Verwendung dieser Stilmittel erzielt werden?
   - Wie lässt sich der Satzbau charakterisieren (hypotaktisch vs. parataktisch)?
   - Besitzt der Text einen appellativen Charakter?
   - Soll der Leser gegebenenfalls manipuliert werden?

5. Rezeption des Textes
   - Wie wurde der Text aufgenommen?
   - Welche Reaktionen sind zu erwarten?

Hinweise zur Gliederung der Analyse

Die oben zu 1 genannten Aspekte (Anlass, Thema und Intention des Textes) sowie zu 2 (Verfasser, Adressaten) sollten in Kurzform auch Bestandteil der **Einleitung** sein, sie werden ausführlich im Hauptteil bearbeitet.

> **Beispiel für eine Einleitung:**
> Zu seinem Brief vom ... wurde der Dramatiker ... durch die Vorwürfe seiner Familie veranlasst. Er will sich vor seinen Eltern rechtfertigen, wendet sich an seine Familie und erklärt, worin er seine Aufgabe als Dichter sieht. Besonderen Wert legt er darauf, sich von anerkannten Dichtern wie ... abzugrenzen. Sein Brief lässt die Annahme zu, dass er an das Verständnis seiner Familie appelliert.

Bei der **Analyse** (siehe die oben genannten Aspekte 3 und 4) müssen Sie darauf achten, dass Sie die Untersuchungsgesichtspunkte miteinander in Verbindung setzen und nicht nur additiv aneinanderreihen. Das bloße Aufzählen verdeutlicht z. B. nicht, aus welcher Wirkungsabsicht heraus die eine oder andere Textentscheidung vom Autor getroffen wurde.

Am **Schluss** des Analyseteils sollten Sie ein bündelndes Zwischenresümee in Form einer reflektierten Schlussfolgerung formulieren.

Hinweise zur Bearbeitung
Wichtig ist vor allem, dass Sie darauf achten, Merkmale des Textes nicht einfach nur aufzulisten. Sie müssen vielmehr stets die **Funktion bzw. Wirkung der verwendeten Elemente** hinterfragen – z. B.:
- Woran wird deutlich, dass der Verfasser weniger argumentiert als manipuliert?
- Welche Wirkung soll durch den Einsatz der rhetorischen Fragen an Stelle X des Textes hervorgerufen werden?

Da der Text in einem bestimmten **Kommunikationszusammenhang** steht, ist es erforderlich, auch diesen angemessen darzustellen. Nur auf diese Weise lassen sich Aussagen zur Funktion von Besonderheiten des Textes treffen. So ist es z. B. bei **Reden** wichtig, sowohl den zeitlichen Bezug herzustellen als auch den Zuhörerkreis zu betrachten, vor dem die Rede gehalten wurde. Machen Sie sich bewusst, dass jeder Text andere Eigenarten hat. So kann es bezogen auf den einen Text besonders wichtig sein, auf Anlass und Adressaten einzugehen. Bezogen auf einen anderen Text, z. B. den Werkstattbericht eines Autors, kann dies eher unbedeutend sein.

Aufgabenart II a: Analyse eines Sachtextes
(ggf. mit weiterführendem Schreibauftrag)

Wie Aufgabenart I a (vgl. ab S. VII) sieht auch Aufgabenart II a die Möglichkeit eines **weiterführenden Schreibauftrages** vor. Bei solchen Aufgaben wird in der Regel die Textanalyse etwas höher bepunktet sein als der weiterführende Schreibauftrag: Sollte ausnahmsweise eine bloße Analyse einer Textgrundlage gefordert sein, gilt das im Folgenden zur Textuntersuchung Gesagte entsprechend.

Hinweise zur Aufgabenstellung
Die Aufgabenstellung fordert die **Analyse des Sachtextes**. Der Arbeitsauftrag beschränkt sich selten nur auf die Aufforderung *„Analysieren Sie den vorliegenden Text"*, er weist vielmehr überwiegend eine Schwerpunktsetzung auf, z. B. *„Analysieren Sie den vorliegenden Text unter besonderer Berücksichtigung der Frage, welcher Mittel der Leserlenkung sich der Verfasser bedient"*. In diesem Fall müssen Sie im Rahmen Ihrer Analyse besonders ausführlich auf diesen zusätzlichen Aspekt eingehen. Das kann z. B. dadurch geschehen, dass Sie rhetorische Mittel hinsichtlich der Wirkung, die durch sie erzielt werden soll, untersuchen und zudem erläutern, wie dadurch die Intention des Verfassers deutlich wird.

Beim **weiterführenden Schreibauftrag** sollen Sie mit Bezug zu dem in Teilaufgabe 1 analysierten Text(auszug) im Unterricht erworbene Kenntnisse einbringen und anwenden. Der weiterführende Schreibauftrag verlangt z. B.:
- ein In-Bezug-Setzen zu einem im Unterricht behandelten Werk, z. B. wenn ein literaturtheoretischer Text zur Analyse vorliegt;

   Beispiel:
   Verdeutlichen Sie, inwiefern sich die hier vertretene Position in literarischen Werken des 19. Jahrhunderts nachweisen lässt. Beziehen Sie sich dabei vor allem auf Robert Seethalers „Der Trafikant".

- eine Prüfung der Aussagen des in Teilaufgabe 1 analysierten Textes auf der Grundlage der Kenntnisse zu einem im Unterricht behandelten Sachthema (z. B. „Soziolekte");
- bei einem produktionsorientierten Auftrag: eine eigene kurze Rede zu einem bestimmten Anlass, z. B. der geplanten Namensgebung Ihres Gymnasiums im Anschluss an einen Zeitungsartikel, der sich mit der für die Neubenennung infrage kommenden Person kritisch auseinandersetzt.

Hinweise zur Bearbeitung
Die Untersuchung der Argumentation steht in der Regel im Vordergrund der Analyse. Eine Berücksichtigung der sprachlich-rhetorischen Mittel wird ebenfalls oft gefordert. Es gilt vor allem, Inhalt, Gestaltungsweise und Wirkung des Textes herauszuarbeiten und dabei alle relevanten textimmanenten Aspekte zu berücksichtigen.

Hinweise zur Gliederung des weiterführenden Schreibauftrages
Welche Gliederung sich beim **weiterführenden Schreibauftrag** anbietet, ist sehr aufgabenabhängig. Es sollte aber auf jeden Fall eine **aufgabenbezogene Überleitung** formuliert werden. In einer reflektierten Schlussfolgerung am Ende Ihres Aufsatzes können Sie Ihre Ergebnisse bündeln.

Aufgabenart IIb: Vergleichende Analyse von Sachtexten

Die vergleichende Analyse unterscheidet sich von der Analyse eines einzelnen Sachtextes nur darin, dass Sie zwei Texte hinsichtlich Ihrer Analyseergebnisse miteinander in Beziehung setzen und vergleichen sollen.

Hinweise zur Aufgabenstellung
Sie haben zwei Sachtexte zu bearbeiten, die Sie zunächst analysieren und anschließend miteinander vergleichen sollen.

Beispiel:
1. Untersuchen Sie den vorliegenden Textauszug 1 im Hinblick auf die Position des Verfassers und stellen Sie die Kerngedanken dar, mit denen er seine Position vertritt.
2. Stellen Sie dar, wie in Text 2 das Verhältnis von Welterfahrung und gegenseitigem Verstehen bestimmt wird. Vergleichen Sie die beiden Texte dahingehend, in welchen Punkten Autor A und B übereinstimmen und in welchen sie sich unterscheiden. Nehmen Sie abschließend begründet Stellung, indem Sie für eine der beiden Positionen Partei ergreifen.

Hinweise zur Bearbeitung
Einige Formulierungshilfen für den Vergleich:
- „Während Text 1 auf ... abzielt, verfolgt Text 2 die Intention ...";
- „Anders als in Text 1 ..." / „Im Gegensatz zu Text 1 ...";
- „Dieser Aspekt wird im Vergleich dazu in Text 1 ... thematisiert";

- „Während in Text 1 davon ausgegangen wird, dass …, wird in Text 2 die Behauptung aufgestellt, … sei …";
- „Anders als in Text 1 wird in Text 2 … positiv bewertet".

Hinweise zur Gliederung
Folgende Gliederung empfiehlt sich bei dieser Aufgabenart:
  1 Einleitung
  2 Hauptteil
      2.1 Analyse von Text 1
      2.2 Reflektierte Schlussfolgerung im Sinne einer vernetzten Zusammenschau
      2.3 Aufgabenbezogene Überleitung
      2.4 Analyse von Text 2
      2.5 Aspektbezogener Vergleich der beiden Texte
  3 Schluss: Reflektierte Schlussfolgerungen im Sinne einer vernetzten Zusammenschau

Sie sollten in der **Einleitung** den ersten Sachtext kurz im Hinblick auf Anlass, Thema, Verfasser, Intention und Adressaten vorstellen sowie das Thema benennen.

Sie müssen im **Hauptteil**

- zunächst den ersten Text im Hinblick auf die vorgegebenen Aspekte (im obigen Beispiel: *„Position des Verfassers"* und *„Kerngedanken"*) analysieren,
- danach in einer geeigneten Überleitung den zweiten Text kurz vorstellen und dann ebenfalls unter Berücksichtigung des vorgegebenen Aspektes/der vorgegebenen Aspekte analysieren (im obigen Beispiel: *„Verhältnis von Welterfahrung und gegenseitigem Verstehen"*),
- anschließend die Übereinstimmungen bzw. Unterschiede herausstellen.

Beenden Sie Ihre Ausführungen mit einem geeigneten **Schluss**.

2.2.3 Aufgabenart III: Erörterung von Sachtexten mit und ohne Bezug auf einen literarischen Text

Zentraler Bezugspunkt der Erörterung ist die differenzierte Erfassung der inhaltlichen Teilaussagen und der Argumentationsstruktur eines Sachtextes, gegebenenfalls verschiedener kurzer Sachtexte (Verstehensleistung). Daran anschließend soll die Erörterung der gestellten Problemfrage im Rahmen einer eigenständigen Argumentation erfolgen (Argumentationsleistung). Für die Erörterung gibt es meist mehr Punkte als für die Textuntersuchung. Daher sollten Sie sich bei der eingeschränkten Analyse auf das Wesentliche konzentrieren.

Hinweise zur Aufgabenstellung
Diese Aufgabenart fordert von Ihnen in der ersten Teilaufgabe meist eine **eingeschränkte Analyse** des Sachtextes. Dies bedeutet, dass sich die Textuntersuchung vor allem auf die Argumentationsstruktur sowie den Argumentationsansatz des jeweiligen Textes konzentriert.

Beispiel:
Erschließen Sie die Hauptaussagen des Textes und analysieren Sie ihn im Hinblick auf den Argumentationsansatz und die Argumentationsstruktur.

Die geforderte **Erörterung** in der zweiten Teilaufgabe wird sich in der Regel beziehen auf
- die im vorgelegten Sachtext vertretene Position oder
- eine im Text ausführlich entfaltete These sowie entsprechende Argumente.

Als Grundlage für die eigentliche Erörterung wird manchmal zunächst eine **Darstellung** von Zusammenhängen oder Sachverhalten gefordert, die von Ihnen aufgrund Ihres im Unterricht erworbenen (Text-)Wissens geleistet werden kann.

Hilfreiche Fragen für die Erschließung von Sachtexten bei der Aufgabenart III
Je nach Aufgabenstellung gelten die allgemeinen Hinweise zur Sachtextanalyse ab S. IX. Da in der Regel die Argumentationsstruktur des Textes im Mittelpunkt steht, sind die folgenden Fragen besonders wichtig:
- Welche These(n) vertritt der Verfasser?
- Spricht er Vermutungen, Annahmen oder Überzeugungen aus?
- Enthalten die Thesen Forderungen? Falls ja: Welche Forderungen werden gestellt?
- Mit welchen Argumenten werden Thesen gestützt (z. B. Tatsachen, Gesetzmäßigkeiten, Forschungsergebnisse, Meinungen von Autoritäten bzw. Experten, allgemeine/persönliche Erfahrungen)?
- Mit welchen Belegen bzw. Beispielen verdeutlicht der Verfasser seine Argumente?
- Zieht der Verfasser Schlussfolgerungen?
- Wie setzt sich der Verfasser mit möglichen Einwänden auseinander?

Hinweise zur Bearbeitung
Beachten Sie hierzu die „Hinweise zur Bearbeitung" eines Sachtextes auf S. XI. Um die Aussagen eines Sachtextes in einen größeren Kontext einordnen zu können, bedarf es des Hinzuziehens von Unterrichtswissen.

Im Rahmen Ihrer **Erörterung** ist vor allem wichtig, dass Sie die Hauptthesen der Textvorlage und die vorgebrachten Argumente kritisch hinterfragen:
- Was spricht für die Stimmigkeit der Thesen?
- Welche Gegenargumente lassen sich anführen?
- Bietet sich gegebenenfalls ein Kompromiss an?

Hinweise zur Gliederung
Folgende Gliederung empfiehlt sich bei dieser Aufgabenstellung:
- 1 Einleitung
- 2 Hauptteil
  - 2.1 Sachtextanalyse
  - 2.2 Reflektierte Schlussfolgerung im Sinne einer vernetzten Zusammenschau
  - 2.3 Aufgabenbezogene Überleitung
  - 2.4 Erörterung
- 3 Schluss: Reflektierte Schlussfolgerung/begründete Stellungnahme

In der **Einleitung** sollten Sie kurz auf Titel, Textsorte, Autor und Entstehungszeit Bezug nehmen und das Thema benennen.
Im **Hauptteil** gehen Sie auf die in der Aufgabenstellung genannten Analyseaspekte ein. In der Regel wird dabei die Argumentationsstruktur eine zentrale Rolle spielen.

Wie sich die **Erörterung** aufbauen lässt, hängt stark von der Textvorlage und der Aufgabenstellung ab. Nicht immer wird sich eine blockbildende Pro-und-Kontra-Erörterung, bei der zunächst alle Pro-Argumente und dann alle Kontra-Argumente (oder umgekehrt) angeführt werden, oder eine fortlaufend antithetische Pro-und-Kontra-Erörterung, die nacheinander jeweils ein Pro-Argument und ein Kontra-Argument einander gegenüberstellt, durchführen lassen – insbesondere, wenn keine Problemfrage oder These vorgegeben ist, die es zu erörtern gilt. Oft verlangt die Aufgabenart beispielsweise lediglich die Erörterung der Argumentation einer Textvorlage. In solchen Fällen bietet es sich an, sich im Erörterungsaufbau nach den Einzelaussagen bzw. -argumenten zu richten: Prüfen Sie diese in sinnvoller Weise nacheinander. Falls möglich, ist es gut, wenn Sie Ihre stärksten Argumente an den Schluss setzen.

Sie haben grundsätzlich drei Möglichkeiten für Ihre eigene Positionierung:

A Stimmen Sie begründet der Position/der These/dem Argument zu:
„Den Standpunkt des Verfassers halte ich insofern für richtig (teile ich), als …"
„Wenn der Verfasser kritisiert, dass …, so kann ich das bekräftigen, denn …"

B Lehnen Sie begründet die Position/die These/das Argument ab:
„Im Gegensatz zum Verfasser bin ich überhaupt nicht der Ansicht, dass …"
„Schon allein aus Grund X ist die These … nicht haltbar".

C Differenzieren Sie, d. h. stimmen Sie in Teilen zu und lehnen Sie in Teilen ab:
„Zwar hat der Verfasser recht, wenn er … fordert, aber …"
„Sicher kann man dem Verfasser darin zustimmen, dass …, aber er beachtet dabei nicht …"

Achten Sie darauf, Ihre Position immer sachlich und differenziert zu begründen, und wenden Sie hierfür die Kompetenzen an, die Sie im Unterricht erworben haben.

Zum **Schluss** Ihrer Ausführung fassen Sie die Ergebnisse Ihrer Erörterung im Sinne reflektierter Schlussfolgerungen zusammen.

Aufgabenart III a: Erörterung von Sachtexten

Aufgaben der Aufgabenart III a können sich auf alle im Unterricht obligatorisch behandelten Themen beziehen, die keinen Bezug zu einem literarischen Text aufweisen.

Mögliche Themen:
- theoretische Abhandlungen, z. B. über Dialekte oder den sprachgeschichtlichen Wandel,
- die Funktion und Aufgabe von Literatur, geäußert z. B. in Briefen, die ein Dichter verfasst hat.

Beispiel:
1. Analysieren Sie den Text ... des Verfassers ... im Hinblick auf seine Thesen zur regionalen Identität und auf seine Argumentationsstruktur.
2. Stellen Sie sprachpflegerische Argumente zum Thema Dialekte dar. Überprüfen Sie auf dieser Grundlage, inwieweit die vom Verfasser geäußerten Thesen und Argumente plausibel sind.

Aufgabenart III b: Erörterung von Sachtexten mit Bezug auf einen literarischen Text

Diese Aufgabenart verknüpft die differenzierte Erfassung von Inhalt und Argumentation eines Sachtextes mit dem Deutungswissen zu einem literarischen Werk.

Mögliche Themen:
- (kritische) Stellungnahme zu einer im vorgelegten Sachtext geäußerten Meinung (z. B. zur Bedeutung einer bestimmten literarischen Person) vor dem Hintergrund der im Unterricht behandelten Ganzschrift(en),
- (kritische) Stellungnahme zu Rezensionen von Filmen oder Theaterstücken.

In der ersten Teilaufgabe wird in der Regel verlangt, dass Sie den Sachtext im Hinblick auf die vertretene Position und auf den Gedanken- bzw. Argumentationsgang untersuchen. In der zweiten Teilaufgabe schließt sich dann eine **Auseinandersetzung mit dem Sachtext** an, wobei Sie meist anhand des **literarischen Bezugstextes überprüfen** sollen, inwiefern der Verfasser des Sachtextes mit seinen Überlegungen richtig liegt. Häufig ist dabei die zu erörternde Position, These oder Frage nicht in der Aufgabenstellung vorgegeben, sondern muss aus dem Sachtext erschlossen werden.

Beispiel:
1. Untersuchen Sie den Text ... des Verfassers ... im Hinblick auf seine Deutung der Figur Nathan und auf seine Argumentationsstruktur.
2. Stellen Sie dar, wie Nathan in Lessings „Nathan der Weise" dem Herrscher Saladin gegenüber auftritt. Erörtern Sie auf dieser Grundlage, ob die Deutung des Verfassers ... stimmig ist.

2.2.4 Aufgabenart IV: Materialgestütztes Verfassen eines Textes mit fachspezifischem Bezug

Im Unterschied zu der Auseinandersetzung mit literarischen Texten, die eine tiefgründige Analyse in inhaltlicher, sprachlicher und formaler Hinsicht verlangt, geht es bei dieser Aufgabenart darum, die Inhalte eines vorgelegten Materialpools **schnell zu erfassen**, mit eigenem (**Allgemein- und Unterrichts-)Wissen zu verknüpfen** und in einen überzeugenden Schreibplan zu integrieren.

Materialgestützte Aufgaben haben entweder einen **überwiegend erklärenden** oder **überwiegend argumentierenden Schwerpunkt**. Je nach Schwerpunkt sollten Sie bei der Sichtung der Materialien das Hauptaugenmerk entweder mehr auf die Sachinformationen und Erläuterungen oder auf die Argumentation und Wertung legen.

Hinweise zur Aufgabenstellung
Die Aufgabe besteht erstens aus der Beschreibung einer fiktiven Schreibsituation und zweitens aus dem Schreibauftrag. Sie enthält Hinweise auf das Thema, auf die zu verfassende Textsorte sowie auf den Adressatenkreis. Darüber hinaus fordert Sie zur Formulierung einer passenden Überschrift auf, gibt eine ungefähre Wörterzahl für Ihren Text vor und signalisiert Ihnen, ob die Aufgabe einen argumentierenden oder einen informierenden Schwerpunkt aufweist.

Beispiel:
Situation
Im Unterricht haben Sie sich zwei Monate lang mit dem Thema „Gendern" beschäftigt. In Ihrer Schule sollen an einem Aktionstag der Oberstufe zum Thema „Gleichberechtigung" Diskussionsbeiträge aus verschiedenen Fächern in Form eines umfangreichen Handouts vorgestellt werden.
Neben Mitschüler*innen und Lehrer*innen werden auch Eltern eingeladen.

Schreibauftrag
Verfassen Sie für das Fach Deutsch einen Kommentar zu der Frage, ob „sprachliches Gendern" ein sinnvoller Beitrag zur Stärkung der Gleichberechtigung in der Schule ist.
Formulieren Sie eine prägnante Überschrift und stützen Sie sich bei Ihrer Argumentation auf die Texte des Materialpools sowie auf Ihr eigenes Wissen zum Thema.
Ihr Beitrag sollte etwa 1000 Wörter umfassen.

Tipp: Zählen Sie bei der Vorbereitung des Deutschabiturs einmal, wie viele Wörter Sie mit Ihrer Handschrift für eine Spalte eines Klausurbogens benötigen. Dann können Sie in der Abiturprüfung besser abschätzen, wie viele Spalten Sie in etwa für Ihren Aufsatz nutzen können – ohne ständig die Wörter zu zählen.

Hilfreiche Fragen für die Erschließung der Aufgabenstellung
Lesen Sie zunächst genau die Aufgabenstellung, da Sie Ihnen wichtige Hinweise für den zu verfassenden Text gibt – und zwar zu …

- … dem **Thema** (Was ist das Hauptthema, zu dem ich mich äußern soll? Aus welchem Fachbereich stammt das Thema?)
- … dem **Schreibziel** (In welchem kommunikativen Zusammenhang steht mein Schreibauftrag? Was sind Anlass und Ziel?)
- … dem **Adressatenbezug** (Wer sind meine Leser? Gibt es bestimmte Merkmale und Eigenschaften, die diese von anderen unterscheiden, z. B. Alter, Geschlecht, Schulabschluss, Beruf etc.?)
- … der **Textsorte** (Welche Textsorte soll ich schreiben? Welche fachlichen Anforderungen werden an diese Textsorte gestellt?)

Hilfreiche Fragen für die Erschließung der Materialien
Da die Arbeitszeit für eine tiefgründige Auswertung des Materialpools nicht ausreicht, sollen Sie diese lediglich als „Informationsquelle" nutzen. Filtern Sie bei einem „**überfliegenden Lesen**" aus ihnen heraus, was für die Aufgabenstellung und das Thema wesentlich und für Ihre Ausführungen brauchbar ist.

Folgende Fragen helfen dabei:
- Was ist das Hauptthema?
- Welche Informationen und Meinungen sind im Materialpool enthalten? Welche davon sind für meinen eigenen Text relevant?
- Lassen sich unterschiedliche Positionen feststellen? Wenn ja: Welche sind das?
- Hat das jeweilige Material eher informierenden oder argumentierenden Charakter?
- Welches sind die Kernbegriffe?
- An wen richtet sich der jeweilige Text?
- Wer ist der Autor bzw. die Autorin und um was für eine Quelle handelt es sich? Lassen sich Rückschlüsse auf ihre Glaubwürdigkeit ziehen?
- Liegt ein appellativer Text vor, z. B. eine Rede oder ein Plakattext?
- Welche Informationen/Argumente kann ich für meinen eigenen Text verwenden?

*Grundsätzliche Fragen bei **diskontinuierlichen Texten:***
- Gibt die Überschrift bereits erste Hinweise auf das dargestellte Thema?
- Wird ein Zeitpunkt / Zeitraum abgebildet? Wenn ja, welcher?
- Wer ist der Herausgeber / Verfasser – aus welcher Quelle stammt die Information?
- Wie glaubwürdig und richtig ist die Aussage?

Hinweise zur Vorbereitung des Schreibprozesses
Bereiten Sie dann Ihren eigenen Schreibprozess vor, indem Sie …
- … die bisher gewonnenen Informationen durch **eigenes Vorwissen** zum Thema aus dem Unterricht und aus Ihrem Privatleben **anreichern**,
- … **zusammengehörige Aspekte und Teilthemen** auf Ihrem Konzeptpapier in einer Übersicht (z. B. Tabelle, Cluster, Mindmap) entsprechend **anordnen** und dabei auch veranschaulichende Beispiele und geeignete Zitate notieren,
- … sich die **Merkmale der geforderten Textsorte** noch einmal bewusst machen (häufigste Textsorten: Plakat-Text/Flyer-Text, Leserbrief, Kommentar sowie Beitrag für die Abitur-/Schülerzeitung oder den Jahresbericht der Schule),
- … Ihr **Schreibziel** festlegen – und zwar unter Berücksichtigung der Erwartungen der Leserinnen und Leser.

Hinweise zur Gliederung Ihres Textes
In der **Einleitung** gilt es in der Regel, beim Leser **Interesse** zu wecken und dafür einen geeigneten Einstieg zu finden. Den **Hauptteil** können Sie gegebenenfalls nach **Unterthemen** untergliedern. Am Ende müssen Sie einen geeigneten **Schluss** formulieren. Hierfür bieten sich z. B. ein Fazit, eine Schlussfolgerung, eine Einschätzung, ein Appell, eine Forderung oder auch ein Ausblick an.

Hinweise zum Verfassen des Textes
Nachdem Sie sich bei der Erstellung des Schreibplans Gedanken über Inhalt und Aufbau Ihres Textes gemacht haben, steht dessen Abfassung nun nichts mehr im Wege. Achten Sie dabei v.a. auf folgende Punkte:
- Geben Sie Ihrem Text eine prägnante Überschrift, die wie die Einleitung das Interesse Ihrer Leserinnen und Leser weckt.
- Veranschaulichen Sie allgemeine Aussagen, indem Sie Beispiele hinzufügen.
- Schreiben Sie abwechslungsreich – sowohl im Hinblick auf die Wortwahl (z. B. bei Kausalzusammenhängen nicht immer „weil", sondern auch „da", „wegen", „infolge") als auch hinsichtlich der Satzkonstruktionen (z. B. durch Variation der Satzglied-Reihenfolge).
- Gestalten Sie Ihre Ausführung so, wie es für die **geforderte Textsorte typisch** ist: So zeichnet sich z. B. ein Kommentar meist durch eine lebendigere rhetorische Gestaltung aus, mit der die eigene Meinung gestützt wird, als ein Lexikonartikel, der eher sachlich verfasst ist.
- Fügen Sie an geeigneten Stellen prägnante, nicht zu lange Zitate ein.
- Gestalten Sie die Übergänge zwischen einzelnen Abschnitten abwechslungsreich.
- Nutzen Sie die **textsortenspezifischen Möglichkeiten des Layouts** (z. B. Zwischenüberschriften bei einem Zeitungsartikel).

3 Anforderungsbereiche und Operatoren

3.1 Anforderungsbereiche (AFB)

In der Abiturprüfung erwarten Sie Aufgabenstellungen, die klar definierte Anforderungen an Ihre Verstehens- und an Ihre Darstellungsleistung stellen. Diese Anforderungen und die zugehörigen Arbeitsanweisungen lassen sich den drei verschiedenen **Anforderungsbereichen I bis III** zuordnen, die aufeinander aufbauen und von Ihnen einen zunehmenden Grad an Komplexität und an Abstraktionsfähigkeit verlangen.

Jede Abiturprüfungsaufgabe setzt sich aus Elementen dieser drei Anforderungsbereiche zusammen. Dies bedeutet, es werden von Ihnen bei der Bearbeitung der Aufgaben grundsätzlich Leistungen dreier verschiedener Leistungsniveaus verlangt: die **Wiedergabe von Kenntnissen** (Anforderungsbereich I), die **Anwendung dieser Kenntnisse** (Anforderungsbereich II) sowie das **Problemlösen und Werten** (Anforderungsbereich III). Der Schwerpunkt der Anforderungen liegt bei allen Aufgabenarten im Anforderungsbereich II, für den die meisten Punkte bei der Bewertung vergeben werden.

3.2 Operatoren

Operatoren definieren, welche Anforderungen mit einer Arbeitsanweisung verbunden sind. Sie zeigen zudem, welches Anforderungsniveau mit ihrer Hilfe angesteuert werden soll. Sie dienen durch ihre eindeutige Definition sowohl dazu, Arbeitsaufträge unmissverständlich zu formulieren und voneinander abzugrenzen als auch einheitliche Bewertungs- und Korrekturmaßstäbe zu ermöglichen und vorzugeben. Daher ist es äußerst wichtig, dass Sie sich mit den Anforderungen, die durch die einzelnen Operatoren an Sie gestellt werden, eingehend auseinandersetzen und sich bewusst machen, was jeweils konkret von Ihnen gefordert wird.

In der folgenden Tabelle werden die AFB im Zusammenhang mit den einzelnen Operatoren skizziert, die einzelnen Operatoren definiert und mit einem Beispiel erläutert.

Übersicht über die Operatoren

Operator	Definition	AFB	Beispiel
analysieren	einen Text als Ganzes oder aspektorientiert unter Wahrung des funktionalen Zusammenhangs von Inhalt, Form und Sprache erschließen und das Ergebnis der Erschließung darlegen	I, II, III	*Analysieren Sie* die Rede unter Berücksichtigung der Anmerkungen. *Analysieren Sie* den vorliegenden Text *im Hinblick auf die Argumentationsstruktur.*
begründen	ein Analyseergebnis, Urteil, eine Einschätzung, eine Wertung fachlich und sachlich absichern (durch einen entsprechenden Beleg, Beispiele, eine Argumentation)	III	*Begründen Sie* Ihre Einschätzung mithilfe Ihrer Kenntnisse zur Funktion von Dialekten.
(be)nennen	aus einem Text entnommene Informationen, Aspekte eines Sachverhalts, Fakten zusammentragen	I	*Nennen Sie wesentliche Merkmale* eines Sonetts.
beschreiben	Sachverhalte, Situationen, Vorgänge, Merkmale von Personen bzw. Figuren sachlich darlegen	I, II	*Beschreiben Sie die äußere Form* des Gedichtes.
beurteilen	einen Sachverhalt, eine Aussage, eine Figur auf Basis von Kriterien bzw. begründeten Wertmaßstäben einschätzen	II, III	*Beurteilen Sie* den Versuch des Autors, die Ereignisse und Folgen des 11. Septembers 2001 in lyrischer Form darzustellen.
charakterisieren	die jeweilige Eigenart von Figuren/ Sachverhalten herausarbeiten	II, III	*Charakterisieren Sie* die *Titelfigur* der Kurzgeschichte.
darstellen	Inhalte, Probleme, Sachverhalte und deren Zusammenhänge aufzeigen	I, II	*Stellen Sie die Bedeutung des Briefs* für den Handlungsverlauf *dar.*

deuten	unter Berücksichtigung des Wechselbezuges von Textstrukturen, Funktionen und Intentionen, der erfassten zentralen strukturbildenden genretypischen, syntaktischen, semantischen und stilistisch-rhetorischen Elemente und ihrer Funktion für das Textganze Ergebnisse der Textbeschreibung in einen Erklärungszusammenhang bringen	III	*Deuten Sie* Wortfeldschwerpunkte und Metaphern vor dem Hintergrund Ihrer bis dahin erfolgten Texterläuterungen, u. a. im Zusammenhang mit dem Epochenbezug.
einordnen	eine Aussage, einen Text, einen Sachverhalt unter Verwendung von Kontextwissen begründet in einen vorgegebenen Zusammenhang stellen	I, II	*Ordnen Sie* dieses Gedicht *epochal ein.*
entwerfen	in Verbindung mit einer Textvorlage auf der Grundlage einer konkreten Arbeitsanweisung einen eigenen Text unter Benennung der notwendigen Entscheidungen und Arbeitsschritte planen	III	*Entwerfen Sie* einen Schluss für diesen Text.
erklären	Textaussagen, Sachverhalte auf der Basis von Kenntnissen und Einsichten differenziert darstellen und durch zusätzliche Informationen und Beispiele veranschaulichen	II	*Erklären Sie* den Einfluss des Dialekterwerbs auf das Sprachvermögen.
erläutern	Materialien, Sachverhalte, Zusammenhänge, Thesen in einen Begründungszusammenhang stellen und mit zusätzlichen Informationen und Beispielen veranschaulichen	II, III	*Erläutern Sie* Lessings Theaterverständnis *durch Miteinbeziehen* seines Dramas X.
erörtern	auf der Grundlage einer Materialanalyse oder -auswertung eine These oder Problemstellung unter Abwägung von Argumenten hinterfragen und zu einem Urteil gelangen	I, II, III	*Erörtern Sie* die Notwendigkeit von Sprachförderkonzepten im Zusammenhang mit den Aussagen der beiden vorliegenden Texte.
erschließen	an Texten, Textaussagen, Problemstellungen, Sachverhalten kriterienorientiert bzw. aspektgeleitet arbeiten	II	*Erschließen Sie* anhand der Bildsprache *die Grundstimmung des Textes.*
formulieren	einen Sachverhalt, Zusammenhang, eine methodische Entscheidung, eine Problemstellung strukturiert, fachsprachlich zutreffend darlegen	–	*Formulieren Sie eine Gegenthese* aus der Sicht eines Expressionisten.
gestalten	in Verbindung mit einer Textvorlage, auf der Grundlage einer konkreten Arbeitsanweisung einen eigenen Text nach ausgewiesenen Kriterien erarbeiten	III	*Gestalten Sie* ein Flugblatt textlich und grafisch, das die Intention der analysierten Rede widerspiegelt.
in Beziehung setzen	Zusammenhänge unter vorgegebenen oder selbst gewählten Gesichtspunkten begründet herstellen	II, III	*Setzen Sie* Ihre Ergebnisse in *Beziehung* zur aktuellen Kritik an *Sozialen Medien.*

interpretieren	auf der Grundlage einer Analyse im Ganzen oder aspektorientiert Sinnzusammenhänge erschließen und unter Einbeziehung der Wechselwirkung zwischen Inhalt, Form und Sprache zu einer schlüssigen (Gesamt-)Deutung gelangen	I, II, III	*Interpretieren Sie* das vorliegende Gedicht. *Interpretieren Sie* den vorliegenden Text im Zusammenhang mit den Ihnen bekannten Dramentheorien.
prüfen	eine Textaussage, These, Argumentation, ein Analyseergebnis, einen Sachverhalt auf der Grundlage eigener Kenntnisse, Einsichten oder Textkenntnis auf ihre/seine Angemessenheit hin untersuchen und zu Ergebnissen kommen	III	*Prüfen Sie*, ob die Figurendeutung des Verfassers stimmig ist.
sich auseinandersetzen mit	eine Aussage, eine Problemstellung argumentativ und urteilend abwägen	II, III	*Setzen Sie sich* mit der Position des Schriftstellers vor dem Hintergrund Ihrer Kenntnisse zum Expressionismus *auseinander*.
(kritisch) Stellung nehmen	die Einschätzung einer Problemstellung, Problemlösung, eines Sachverhaltes, einer Wertung auf der Grundlage fachlicher Kenntnis und Einsicht nach kritischer Prüfung und sorgfältiger Abwägung formulieren	III	*Nehmen Sie* zu den Aussagen des Autors *kritisch Stellung*, indem Sie Erkenntnisse der Sprachsoziologie berücksichtigen.
überprüfen	Aussagen/Behauptungen kritisch hinterfragen und ihre Gültigkeit kriterienorientiert und begründet einschätzen	II, III	*Überprüfen Sie* die Stimmigkeit der Aussage anhand der Gliederung und der rhetorischen Mittel.
untersuchen	an Texten, Textaussagen, Problemstellungen, Sachverhalten kriterienorientiert bzw. aspektgeleitet arbeiten	II	*Untersuchen Sie*, inwiefern *die rhetorischen Mittel* die Aussageabsicht verstärken.
verfassen	auf der Grundlage einer Auswertung von Materialien wesentliche Aspekte eines Sachverhaltes in informierender oder argumentierender Form adressatenbezogen und zielorientiert darlegen	I, II, III	*Verfassen Sie* einen Leserbrief zu dem Artikel des Autors.
vergleichen	nach vorgegebenen oder selbst gewählten Gesichtspunkten Gemeinsamkeiten, Ähnlichkeiten und Unterschiede herausarbeiten und gegeneinander abwägen	II, III	*Vergleichen Sie* die Figurenkonstellation mit derjenigen im Drama X. *Vergleichen Sie* Art und Wirkung der Metaphorik in den Texten.
wiedergeben	Inhalte, Zusammenhänge in eigenen Worten sachlich und fachsprachlich richtig formulieren	I	*Geben Sie* die Hauptgedanken der Rede *wieder*.
zusammenfassen	Inhalte oder Aussagen komprimiert wiedergeben	I, II	*Fassen Sie* die Überlegungen des Verfassers X *zusammen*.

Quelle (Spalten 1–3): https://www.standardsicherung.schulministerium.nrw.de/cms/zentralabitur-gost/faecher/getfile.php?file=5330

4 Bewertung der Abiturklausur

Bei der Bewertung Ihrer Prüfungsleistung werden beide Teilaufgaben einzeln mit Notenpunkten versehen; es ist deshalb unbedingt notwendig, dass Sie **beide Teilaufgaben** bearbeiten. Auf Leistungen zum AFB II entfällt hierbei der größte Punkteanteil. Aus der vorgegebenen Bepunktung setzt sich durch Addition die Gesamtpunktzahl zusammen. Insgesamt werden im Fach Deutsch genau 100 Punkte vergeben, davon 72 für die inhaltliche und 28 Punkte für die Darstellungsleistung.

Für die Note „gut" müssen annähernd vier Fünftel (mindestens 75 %) der Höchstpunktzahl erreicht werden. Die Note „ausreichend" soll erteilt werden, wenn annähernd die Hälfte (45 %) der vorgesehenen Höchstpunktzahl erreicht wird.

4.1 Anforderungen an die inhaltliche Leistung

Bei der Bewertung des inhaltlich-sachlichen Gehaltes Ihrer Ausführungen werden folgende Aspekte berücksichtigt:

Aufgabenarten I–III:
- sachlich richtige Wiedergabe/Darstellung auf der Grundlage richtigen und vollständigen Textverständnisses
- Aufzeigen erschließbarer situativer Bezüge eines Textes sowie seiner Bedeutung im historischen und/oder aktuellen Kontext
- richtige Bestimmung von Textart und zentralen Strukturelementen, wie z. B. Zeit-/Handlungsgerüst, Erzählperspektive, Figurenkonstellation, Argumentationsaufbau
- Erläuterungen von Wortschatz, Satzbau und poetischen oder rhetorischen Mitteln eines Textes im Zusammenhang mit ihrer Funktion und Wirkung
- sachangemessenes Erörtern fachspezifischer Sachverhalte, z. B. Überprüfung von Text- oder Wissenszusammenhängen im Hinblick auf eine These, die im ersten Arbeitsschritt aus einer Textvorlage zu entwickeln ist

Aufgabenart IV:
- Formulierung einer Überschrift, die die Intention Ihres eigenen Textes enthält
- Berücksichtigung der geforderten Textsorte und der für diese typischen Textmerkmale
- klare Darstellung der eigenen Position (bei argumentierenden Texten); klare Vermittlung der Sachinformationen, die für das Thema relevant sind (bei informierenden Texten)
- erkennbare Argumentation mit dem Ziel, die in der Aufgabenstellung benannten Adressaten von der eigenen Sehweise zu überzeugen (bei argumentierenden Texten); sinnvolle Gewichtung der Sachinformationen mit dem Ziel einer ausgewogenen Darstellung, die den Adressaten angemessen über das Thema informiert (bei informierenden Texten)
- Herstellung hinreichender Bezüge zu den relevanten Inhalten der Texte des Materialpools

- Einbezug von (Unterrichts-)Wissen in die eigene Darstellung und überzeugende Verknüpfung mit Inhalten des Materialpools
- Formulierung eines geeigneten Schlusses (insbesondere bei argumentierenden Texten: ein Fazit)

4.2 Anforderungen an die Darstellungsleistung

Neben dem inhaltlich-sachlich richtigen Ertrag kommt der Darstellungsleistung eine große Bedeutung zu – hierbei sind vor allem folgende Kriterien relevant:

- *Sachgerechte Strukturierung*
  Untergliedern Sie Ihre Darstellung in sinnvolle Absätze und Abschnitte, kennzeichnen Sie diese durch Einrückungen bzw. Leerzeilen.
- *Wissenschaftspropädeutische Richtigkeit*
  Stellen Sie Ihre Zitier- und Belegkompetenz unter Beweis.
- *Verwendung von Fachbegriffen*
  Auch im Fach Deutsch hat jedes „Kind" einen Namen: Belegen Sie also jedes Phänomen mit einem Fachbegriff, benennen Sie z. B. Stilmittel der Textanalyse ebenso wie literarische Epochen.
- *Stilistisch richtiges Schreiben*
  Unterlassen Sie umgangssprachliche Formulierungen, verwenden Sie ausschließlich Hoch- und Fachsprache, variieren Sie Satzanfänge.
- *Hypothesen/Vermutungen*
  Kennzeichnen Sie ungesicherte Aussagen, Vermutungen und Hypothesen als solche, grenzen Sie diese gegen gesicherte Aussagen ab:

  Beispiele:
  Es ist zu vermuten …
  Es könnte sein, dass …
  Für eine gesicherte Aussage fehlen folgende Informationen …
- *Syntaktisch richtige Schreibweise*
  Schreiben Sie in vollständigen Sätzen, achten Sie auf die richtige Wortstellung.
- *Verwendung einer präzisen und differenzierten Sprache*
  „Missbrauchen" Sie Hilfsverben nicht als Vollverben; benutzen Sie Synonyme statt Wiederholungen; variieren Sie beim Satzbau, wählen Sie Nebensatzkonstruktionen statt Hauptsatzketten. Denken Sie bei materialgestützten Aufgaben daran, Ihre Schreibweise auf den Adressatenkreis und auf das Ziel Ihres Textes auszurichten.
- *Rechtschreibung:* Im Klausurraum liegen Rechtschreibwörterbücher aus – Sie sollten sich nicht zu schade sein nachzusehen, wenn Sie unsicher sind.

Berücksichtigen Sie bei Ihrer Ausführung diese Anforderungen an **die korrekte Verwendung der deutschen Sprache**. Denn: gehäufte Verstöße gegen die sprachliche Richtigkeit führen im Rahmen der Bewertung der Darstellungsleistung zu Nichtgewährung von Punkten.

4.3 Formale Anforderungen

Berücksichtigen Sie bei Ihrer Ausführung auch die Anforderungen an **die äußere Form** einer Klausur.

- *Deckblatt-Vorgabe:* Berücksichtigen Sie die an Ihrer Schule getroffene Regelung.
- *Layout-Vorgabe:* Beachten Sie diese – an manchen Schulen darf z. B. nur eine halbe Seite je Bogen beschrieben werden, der Rest dient dann als halbseitiger Rand.
- *Seitenzahlen:* Fügen Sie ab Seite 2 diese am Fuß jeder Seite bei – nummerieren Sie erst am Schluss, wenn keine Einschübe mehr erfolgen!
- *Nachträge:* Setzen Sie diese als Fußnoten durchnummeriert an den Schluss jeder Teilaufgabe oder einheitlich ganz an den Schluss, quetschen Sie solche Zusätze nicht nachträglich in den Text oder an den Rand.
- *Sauberkeit:* Streichen Sie nicht unsauber durch. Setzen Sie zu Streichendes ggf. in eckige Klammern oder fügen eine entsprechende Fußnote zur Erklärung bei.
- *Zeilenende:* Respektieren Sie den Rand, trennen Sie Wörter, schreiben Sie nicht über den Rand hinaus.
- *Kopf- und Fußzeile:* Diese gehören zum Seitenaufbau und sind kein geeigneter Platz für Zusätze oder Nachträge.

4.4 Punktgestützter Erwartungshorizont (dargestellt an Übungsaufgabe 3)

Aufgabenstellung: **Punkte**

1. Interpretieren Sie Albert Ostermaiers Gedicht *the motel chronicles*.   42
2. Vergleichen Sie Ostermaiers Gedicht mit Joseph von Eichendorffs Gedicht *Allgemeines Wandern* im Hinblick darauf, wie das Motiv des Unterwegsseins inhaltlich ausgestaltet ist und welche Bedeutung das Unterwegssein für die Menschen hat. Setzen Sie die Gedichte abschließend zu ihrem literaturgeschichtlichen Hintergrund in Beziehung.   30

a) Inhaltliche Leistung

Teilaufgabe 1

	Anforderungen	maximal erreichbare Punktzahl
	Die Schülerin/der Schüler	
1	formuliert eine aufgabenbezogene Einleitung unter Berücksichtigung von Autor, Titel, Textsorte, Entstehungszeit.	3
2	nennt das Thema des Gedichtes, etwa: ziellose Reise eines Paares auf der Suche nach einem anderen Leben und ihre Begegnung mit dem trostlosen Leben in Motels.	3

3	beschreibt den formalen Aufbau des Gedichts: – Verzicht auf Strophen, Reim und Satzzeichen, – durchgehende Kleinschreibung, Zeichen „&" statt Wort „und", – scheinbar willkürlich gesetzte Zeilenumbrüche.	4
4	stellt den Inhalt des Gedichtes dar, etwa: – Aufforderung des lyrischen Ichs an sein Gegenüber zum Aufbruch, um mit ihm von Motel zu Motel zu ziehen (V. 1–3), – Lage und Umgebung der Motels (V. 3–11), – Begegnung mit Motel-Besitzern (V. 11–32), – nach den Ereignissen des Tages: Betrachtung des Mondes vom Bett im Motel aus (V. 32–40).	6
5	untersucht das Gedicht im Hinblick auf die „Hauptakteure", z. B.: **Motels:** – Motels als Ort der Einsamkeit (V. 3 f.) und Ferne (V. 5 f.), – Trostlosigkeit („perlen an einer billigen kette", V. 7 f.); **Motel-Besitzer:** – erlebnisarmes Leben („langeweile", V. 12), öde Umgebung, – „regungslose" Reaktion auf Erzählungen ihrer Gäste („stoischen blicken", V. 19 f.), – Kommunikationslosigkeit (V. 25–32); **Paar:** – Erzählungen von der „welt da draußen" (V. 21 f.), – Offenhalten der Tür nach draußen (V. 34 f.), – Betrachtung des Mondes, der – ganz unromantisch – doppelt in Spiegel und Kühlerhaube gebrochen wird (V. 35–40).	9
6	erläutert die sprachlich-stilistischen Gestaltungsmittel des Gedichtes mit Blick auf deren Funktion, z. B.: – fehlende Satzzeichen und Hypotaxe ohne syntaktische Einschnitte zur Vermittlung des Eindrucks des dauerhaften Unterwegs-Seins, – negative Wortwahl (V. 8, 12, 19, 30), Vergleiche (V. 7, 25 f., 29 f., 36 ff.), Metaphern (V. 13, 17 f.), Personifizierung (V. 31 f.) zur Verdeutlichung der Trostlosigkeit des Motels, – im Kontrast hierzu: Aktivität und Erfahrungsoffenheit andeutende Wortwahl (V. 1, 21, 23, 32–35) bezogen auf das Paar, – Brechung des typisch romantischen Mond-Motivs, u. a. durch Wortwahl („sonnt", V. 38), doppelte Spiegelung („Spiegel", V. 35; „auf der Kühlerhaube", V. 37) und Vorstellung, der Mond warte selbst darauf, mitgenommen zu werden (V. 38 ff.) – Andeutung eines offenen Ausgangs durch fehlenden Punkt am Ende (V. 40). *Diese Ergebnisse werden vor dem Hintergrund des Zeitrahmens von 3 Stunden nur teilweise erwartet.*	8

7	deutet das Gedicht, etwa: – Passivität / Trostlosigkeit der Motel-Besitzer im Kontrast zur Offenheit des Paares für die unmittelbare Erfahrung der Welt, – Unterwegs-Sein, getrieben von der Sehnsucht nach der Ferne, als Schutz vor einem ähnlich trostlosen Leben, – Aufscheinen des Potenzials des Reisens, das auch die Möglichkeit des Erlebens der Natur und der Ich-Findung bietet – aber Fehlen einer Realisierung dieses Potenzials. *Diese Ergebnisse werden vor dem Hintergrund des Zeitrahmens von 3 Stunden nur teilweise erwartet.*	9
8	erfüllt ein weiteres aufgabenbezogenes Kriterium (max. 6 P.).	
	Summe erste Teilaufgabe	**42**

Teilaufgabe 2

	Anforderungen	maximal erreichbare Punktzahl
	Die Schülerin / der Schüler	
1	formuliert eine aufgabenbezogene Überleitung unter Nennung von Autor, Titel, Textsorte und Entstehungszeit.	3
2	vergleicht die beiden Gedichte im Hinblick auf inhaltliche Übereinstimmungen, etwa: – gleiche Thematik: das Unterwegs-Sein des Menschen im eigentlichen und im übertragenen Sinn, – Reisen ohne festes Ziel, – das Unterwegs-Sein als Ziel an sich, – Kontrast zwischen Reisenden und Daheimgebliebenen (bei Eichendorf über antithetische Wortwahl: z. B. „trüber Sorgen Haft" [V. 10] vs. „wirrt und jauchzt ohn Ende" [V. 23]).	4
3	vergleicht die beiden Gedichte im Hinblick auf inhaltliche Unterschiede, etwa: – Fußwanderung (Eichendorff) vs. Reise per Pkw (Ostermaier): unterschiedlich „nahe" Eindrücke der jeweiligen Umgebung. – beglückendes Wandern (Eichendorff) vs. freudloses Von-Motel-zu-Motel-Fahren (Ostermaier), – euphorische Begegnung mit der Natur (z. B. V. 21–24) bei Eichendorff vs. Naturferne bei Ostermaier – gelingende Kommunikation („möchte sie alle werben", V. 11; „wird die Welt so munter", V. 17) und positives Miteinander bei Eichendorff vs. weitgehende Kommunikationslosigkeit und fehlende menschliche Beziehungen bei Ostermaier – außer Zweisamkeit des Paares, – Appellfunktion bei Eichendorff vs. Description bei Ostermaier. *Diese Ergebnisse werden vor dem Hintergrund des Zeitrahmens von 3 Stunden nur teilweise erwartet.*	7

4	zeigt bei Ostermaiers Gedicht typische Merkmale der Gegenwartslyrik auf, etwa: – deskriptives Gegenwartsgedicht von Ostermaier – bewusst gesetzte formal unterschiedliche Anlage des Gedichtes im Vergleich zu traditioneller Lyrik, – Entfremdung des Menschen von der Natur, – entromantisierender Umgang mit dem Mond-Motiv, – Armut menschlicher Beziehungen, – moderne Skepsis gegenüber romantischer Glücksverheißung, – der moderne Mensch – auf der Suche, ziel- und glücklos. *Diese Ergebnisse werden vor dem Hintergrund des Zeitrahmens von 3 Stunden nur teilweise erwartet.*	5
5	zeigt bei Eichendorffs Gedicht typische Merkmale der Romantik auf, etwa: – einfache Volksliedform, harmonische Klanggestaltung (Reim; Alliterationen, V. 1, 5, 7) – Reisefreude und fröhliche Leichtigkeit, – euphorische Begegnung mit der positiv dargestellten Natur, – Aufzeigen der idealisierten und idealen Welt, – Dichter als Motivator, der zur Wanderschaft aufruft (appellativ), – Thema „Wanderschaft" im eigentlichen und übertragenen Sinn. *Diese Ergebnisse werden vor dem Hintergrund des Zeitrahmens von 3 Stunden nur teilweise erwartet.*	5
6	deutet das zweite Gedicht im Vergleich mit dem ersten, etwa: – Aufbruch in die Natur als Erlösung aus dem alltäglichen Sein (Eichendorff) vs. fehlende unmittelbare Naturerfahrung (Ostermaier). – Sehnsucht des Menschen nach einem erfüllteren Leben (Eichendorff) vs. Skepsis des desillusionierten modernen Menschen (Ostermaier), – Erwachen des Bewusstseins für die Schönheiten der Natur und des Lebens (Eichendorff) vs. fehlende belebende Wirkung des Unterwegsseins (Ostermaier).	6
7	erfüllt ein weiteres aufgabenbezogenes Kriterium (max. 4 P.).	
	Summe zweite Teilaufgabe	**30**
	Summe inhaltliche Leistung (Teilaufgaben 1 und 2)	**72**

b) Darstellungsleistung

	Anforderungen	maximal erreichbare Punktzahl
	Die Schülerin/der Schüler	
1	strukturiert seinen Text kohärent, schlüssig, stringent und gedanklich klar: – angemessene Gewichtung der Teilaufgaben in der Durchführung, – gegliederte und angemessen gewichtete Anlage der Arbeit, – schlüssige Verbindung der einzelnen Arbeitsschritte, – schlüssige gedankliche Verbindung von Sätzen.	6
2	formuliert unter Beachtung der fachsprachlichen und fachmethodischen Anforderungen: – Trennung von Handlungs- und Metaebene, – begründeter Bezug von beschreibenden, deutenden und wertenden Aussagen, – Verwendung von Fachtermini in sinnvollem Zusammenhang, – Beachtung der Tempora, – korrekte Redewiedergabe (Modalität).	6
3	belegt Aussagen durch angemessenes und korrektes Zitieren: – sinnvoller Gebrauch von vollständigen oder gekürzten Zitaten in begründeter Funktion.	3
4	drückt sich allgemeinsprachlich präzise, stilistisch sicher und begrifflich differenziert aus: – sachlich-distanzierte Schreibweise, – Schriftsprachlichkeit, – begrifflich abstrakte Ausdrucksfähigkeit.	5
5	formuliert lexikalisch und syntaktisch sicher, variabel und komplex (und zugleich klar).	5
6	schreibt sprachlich richtig.	3
	Summe der Darstellungsleistung	**28**
	Gesamtsumme Teile (a) und (b)	**100**

5 Allgemeine Tipps für die Anfertigung der Abiturklausur

5.1 Auswahl der Aufgabe

Am Tag der schriftlichen Prüfung können Sie eine aus vier zur Wahl gestellten Aufgaben auswählen; hierfür haben Sie 30 Minuten Zeit. Deshalb sollten Sie in der Lage sein, nach einem relativ kurzen Blick auf Arbeitsanweisungen und Texte diese Entscheidung zu treffen.

Anhand der **Überschrift** wird bereits klar, um welche Aufgabenart und um welchen Themenschwerpunkt es sich handelt. Auch wenn Sie sofort zu einer Aufgabe tendieren: Entscheiden Sie sich nicht vorschnell, überprüfen Sie in jedem Fall, ob Ihnen die jeweilige **Textgrundlage** „liegt". Entscheiden Sie erst danach. Hierbei kann unter Umständen auch die Tatsache behilflich sein, ob ein solches Thema (bezogen auf ein anderes Textbeispiel) bereits einmal Gegenstand einer **Klausur** war oder Sie sich sonst im Rahmen Ihrer **Vorbereitung** damit beschäftigt haben.

5.2 Zeiteinteilung

Beginnen Sie nicht zu früh mit der Reinschrift – zuerst müssen Sie sich Klarheit darüber verschaffen, welche Anforderungen die Aufgabe umfasst und welche Teilaufgaben erfüllt werden müssen. Zunächst sollten Sie eine **Grobgliederung** anfertigen, um Ihre Gedanken zu dem Thema zu strukturieren und in eine sinnvolle Reihenfolge zu bringen. In Abhängigkeit von der Aufgabenstellung sollten Sie bereits zu diesem Zeitpunkt Ihre **Arbeitshypothese** formulieren, sich die methodische Vorgehensweise überlegen und eine vorläufige Beantwortung gestellter Fragen im Stillen vornehmen.

Für einen **letzten Korrekturgang** sollten Sie am Ende ca. 15 Minuten einplanen. Da gilt es, formale Fehler (Rechtschreibung, Zeichensetzung, Layout-Anforderungen wie Deckblattgestaltung, Seitenzahlen-Hinweise u. a.) zu überprüfen.

Im Vorfeld der Prüfungen können Sie Ihre Zeiteinteilung kontrollieren und verbessern, indem Sie bei Klassenarbeiten oder beim Üben zu Hause die **Zeit**, die Sie **für die Ausfertigung** benötigen, festhalten. Erstellen Sie ein Zeitraster für den gesamten Arbeitsprozess: Maximalzeiten für das Lesen des Textes, für das Markieren im Text und am Rand, für die Gliederung der geplanten Ausführungen auf Konzeptpapier, für die eigentliche Niederschrift und zuletzt für die Überarbeitung am Schluss.

5.3 Notizen beim Erarbeiten der Textinformationen

Markieren Sie die **Operatoren** in der Aufgabenstellung, rufen Sie sich ins Gedächtnis, welche Anforderungen hiermit verbunden sind, und halten Sie sich unbedingt daran! So vermeiden Sie Themaverfehlungen.

Kennzeichnen Sie die Textstellen, die Sie z. B. zur Darlegung der Argumentationsstruktur verwenden oder die Sie als Zitat in Ihre Ausfertigung einfügen wollen. Anmerkungen und Notizen am Rand des Textes können Ihnen helfen, eine Gliederung zu erarbeiten und Ihr methodisches Vorgehen zu strukturieren.

5.4 Strukturierung

Die Aufgabenstellung legt meist durch die exakten Arbeitsanweisungen und die Formulierung in den Teilaufgaben eine Strukturierung nahe, an die Sie sich bei Ihrer Ausfertigung halten sollten. Dennoch wird von Ihnen verlangt, eine darüber hinausgehende Gliederung Ihrer Arbeit vorzunehmen, die logisch stringent und klar verständlich sein soll.

Fügen Sie Absätze ein, wenn Sie einen Gedankengang von einem anderen abheben und betonen wollen oder wenn Sie sich einem neuen Gliederungspunkt zuwenden. So machen Sie deutlich, dass Ihrer Ausfertigung eine klare gedankliche Ordnung zugrunde liegt. Überlegen Sie sich passende Überleitungen zwischen den Teilaufgaben und machen Sie sich frühzeitig Gedanken darüber, wie Sie den Schlussteil sinnvoll gestalten wollen. Damit erleichtern Sie nicht nur die Korrekturarbeit der Lehrkraft, sondern zeigen auch, dass Sie in der Lage sind, strukturiert und folgerichtig zu arbeiten.

5.5 Der Schluss

Der Schlussteil soll Ihre Ausfertigung vervollständigen, das Thema, das der Aufgabenstellung zugrunde liegt, nochmals aufgreifen und unter Bezugnahme auf die einzelnen Teilaufgaben zu einem stimmigen Abschluss führen. Lassen Sie, um im Bild eines Maurers beim Hausbau zu sprechen, mit dem letzten Satz zur letzten Teilaufgabe nicht die Kelle fallen: Zwar ist das gedankliche Gebäude vom Grundsatz her fertig und die Argumentation „dicht" – aber zu einer Ausführung gehört nun einmal ein Abschluss wie zu einem Haus der äußere Verputz. Jede der Teilaufgaben hatte einen eigenen Arbeitsschwerpunkt – und alle hatten etwas mit dem Thema in der Aufgabenstellung zu tun. Dieses Thema ist quasi das Dach, das alle Gebäudeteile überdeckt.
Deshalb: Formulieren Sie Ihren Schlussteil möglichst unter Rückbezug auf die Themenstellung, und fassen Sie die wesentlichen Teilergebnisse in einer vernetzten Zusammenschau zu einem **Fazit** zusammen, ohne hierbei bereits Gesagtes mit derselben Formulierung zu wiederholen („wie gesagt" gehört übrigens grundsätzlich nicht in eine Ausführung, da Sie ansonsten eine überflüssige Wiederholung auch noch selbst ankündigen würden!).

5.6 Materialien und Hilfsmittel

Für die schriftliche Abiturprüfung im Fach Deutsch sind ein deutsches Wörterbuch sowie unkommentierte Textausgaben der unter den „Fokussierungen" aufgeführten Texte (G. E. Lessing: *Nathan der Weise;* R. Seethaler: *Der Trafikant*) im Klausurraum vorhanden.

5.7 Wiederholung und Übung

Wie können Sie am effektivsten wiederholen und üben, wie können Sie Ihre Vorbereitung auf die schriftliche Abiturprüfung Deutsch möglichst optimal gestalten?

Einige Tipps:
- Vergegenwärtigen Sie sich, wozu die einzelnen **Operatoren** aufrufen.
- Gewinnen Sie durch **schriftliches Üben** Sicherheit in der Bearbeitung der vier Aufgabenarten.
- Lesen Sie die **behandelten Pflichtlektüren** (G. E. Lessing: *Nathan der Weise;* R. Seethaler: *Der Trafikant*) noch einmal gründlich.
- Frischen Sie Ihre **allgemeinen Kenntnisse** zu den genannten Schriftstellern anhand Ihrer Unterrichtsmitschriften auf.
- Vergegenwärtigen Sie sich die **Methode der Analyse** eines Dramenauszugs und eines epischen Textes sowie eines Gedichtes.
- Wiederholen Sie **Epochenmerkmale** vor allem durch die Lektüre der Texte aus dem Unterricht und anhand Ihrer Hefteinträge zu diesen Themen. Schwerpunkte:
  – u. a. Romantik ausgehend von Gedichten,
  – Aufklärung ausgehend von Lessings *Nathan der Weise,*
  – dazu literaturgeschichtliches Wissen aus den anderen Epochen, die Sie bei der Analyse lyrischer, epischer und dramatischer Texte behandelt haben.
- Wiederholen Sie **Dramentheorien**, soweit im Unterricht behandelt (z. B. von Aristoteles, Goethe, Schiller, Lessing).
- Arbeiten Sie die im Unterricht vermittelten Kenntnisse zu den **vier inhaltlichen Schwerpunkten** auf:
  – Inhaltsfeld Sprache: Spracherwerbsmodelle, Sprachvarietäten u. a.
  – Inhaltsfeld Texte: Dramentheorien, Textgattungen, Stilmittel u. a.
  – Inhaltsfeld Kommunikation: rhetorisch ausgestaltete Kommunikation in funktionalen Zusammenhängen u. a.
  – Inhaltsfeld Medien: Informationsdarbietung in verschiedenen Medien u. a.
- Verbessern Sie Ihre **Darstellungsleistung**, indem Sie Übungen zu folgenden Teilaspekten durchführen:
  – einen Argumentationsgang schlüssig und gedanklich klar aufbauen,
  – beschreibende, deutende, wertende Aussagen begründet aufeinander beziehen,
  – klar und stilistisch angemessen formulieren: keine Umgangssprache verwenden, Wiederholungen vermeiden, Formulierungen variieren, treffende Begriffe benutzen,
  – Fachsprache an den richtigen Stellen anwenden,
  – Aussagen durch angemessenes und korrektes Zitieren belegen,
  – die Regeln der Rechtschreibung, Zeichensetzung und Grammatik üben.
- Trainieren Sie die Sachtextanalyse:
  – Analysieren Sie Sachtexte vor allem im Hinblick auf ihre Argumentationsstruktur und erörtern Sie die dabei vertretenen Positionen,
  – Untersuchen Sie Sachtexte auch im Hinblick auf die sprachlich-rhetorische Gestaltung.
- Trainieren Sie die Auswertung **diskontinuierlicher Texte** wie Karikaturen, Grafiken, Bilder.

6 Die mündliche Abiturprüfung im Fach Deutsch

Eine mündliche Abiturprüfung gibt es in jedem Fall im vierten Abiturfach. Daneben werden weitere mündliche Prüfungen im ersten bis dritten Abiturfach angesetzt, wenn ansonsten das Bestehen der Abiturprüfung gefährdet ist, weil die Mindestbedingungen gemäß § 29 Abs. 4 APO-GOSt nicht erfüllt sind. Außerdem kann sich jeder zu freiwilligen mündlichen Abiturprüfungen melden, u. a. um seine Abiturdurchschnittsnote zu verbessern. Für mündliche Prüfungen im ersten bis dritten Abiturfach gilt, dass sie inhaltlich nicht dem Stoffgebiet der Abiturklausur oder Leistungsprüfungen der Qualifikationsphase entsprechen dürfen.

Die mündliche Prüfung enthält in der Regel zwei gleichwertige Elemente, durch die einerseits die Fähigkeit zum **Vortrag**, andererseits die Fähigkeit zur Beteiligung an einem **Prüfungsgespräch** überprüft wird. Es gelten ansonsten grundsätzlich dieselben Kriterien für die Bewertung wie bei den schriftlichen Anforderungen, wobei der sprachlichen Darstellung aufgrund der Kommunikationssituation eine besondere Bedeutung zukommt.

Zunächst erhalten Sie eine Aufgabenstellung, die aus einer oder mehreren Teilaufgaben bestehen kann. Für die Bearbeitung dieser Aufgabe stehen Ihnen im Vorbereitungsraum 30 Minuten zur Verfügung. Innerhalb dieser Zeit sollen Sie einen 10- bis 15-minütigen Vortrag vorbereiten, der in sich geschlossen und logisch untergliedert ist. Während des Vortrages können Sie sich auf die Texte sowie auf Ihre stichwortartigen Aufzeichnungen stützen.

Die Kürze der Vorbereitungszeit schließt aus, dass Sie Ihren Vortrag schriftlich ausformulieren; vielmehr ist es notwendig, ähnlich wie bei der Sichtungsphase in der Klausur durch sinnvolles Markieren und knappe Anmerkungen den Vortrag vorzubereiten.

Folgende **Aufgabenarten** sind für den ersten Prüfungsteil vorgesehen:

Aufgabenart I	Analyse eines literarischen Textes (unter Nennung von Bearbeitungsschwerpunkten)
Aufgabenart II	Analyse eines Sachtextes (unter Nennung von Bearbeitungsschwerpunkten)
Aufgabenart III a	Erörterung eines Sachtextes
Aufgabenart III b	Erörterung eines Sachtextes mit Bezug auf einen literarischen Text

Der zweite Prüfungsteil besteht aus einem Prüfungsgespräch, in dem Ihr Hintergrundwissen und Ihre Fähigkeit, größere fachliche und sachliche Zusammenhänge zu erschließen, überprüft werden.

6.1 Prüfungsteil I: eigenständiger Vortrag

Die größten Schwierigkeiten bei der mündlichen Abiturprüfung liegen erfahrungsgemäß im ersten Teil: Hier wird ein mindestens 10-minütiger zusammenhängender, gegliederter Vortrag gefordert. Da es für solch lange Vorträge kaum echte Übungsmöglichkeiten im Unterricht gibt, zumindest nicht für jeden Einzelnen, fehlt es weitgehend an konkreten Vorerfahrungen – daher einige Tipps, mit denen Sie sich auf diese Prüfungssituation vorbereiten und Ihren Vortrag ansprechend gestalten können.

Tipps für die 30-minütige Vorbereitung
- Beginnen Sie sofort konzentriert mit der Bearbeitung.
- Beachten Sie die Themenstellung: Was ist die Zielrichtung der geforderten Bearbeitung?
- Achten Sie auf die Operatoren: Welche konkreten Anforderungen werden gestellt? Bei Mehrteiligkeit: Welche Gliederungshilfe bieten die Teilaufgaben?
- Bedenken Sie den Einstieg: Was führt schnell und zielführend zum Kern der Aufgabenstellung?
- Arbeiten Sie im Text: Fachbegriffe an den Rand schreiben, Quellen-Anmerkungen ergänzen, Stichworte für den Vortrag festlegen; wichtige Zitatstellen markieren.
- Gliedern Sie den geplanten Vortrag: Nummerieren Sie Ihre Markierungen, damit Sie anhand dieser Reihenfolge Ihren Vortrag gestalten können.
- Formulieren Sie ein Fazit: Themenformulierungen beinhalten häufig regelrechte Fragestellungen; bei anderen deutet die letzte Aufgabenstellung auf eine Lösung/Bewertung/Beantwortung hin. Gestalten Sie deshalb den Schluss Ihrer Ausführung mit einem klaren Fazit, in dem Sie eine klar formulierte Antwort geben.

Tipps für den Vortrag
- *Zeitmanagement:* Legen Sie eine Armbanduhr neben Ihr Konzept, schreiben Sie, bevor Sie zu sprechen anfangen, den konkreten Zeitraum für Ihren Vortrag auf Ihr Konzept – so haben Sie klare zeitliche Anhaltspunkte.
- *Grobstruktur:* Nennung der Aufgabenstellung – Einleitung – Bearbeitung der Teilaufgaben – Schlussteil.
- *Leitfaden Ihres Vortrages:* Nutzen Sie Ihre Anmerkungen, die Sie während der Vorbereitungszeit angefertigt haben.
- *Vortragsweise:* Sprechen Sie möglichst frei, klammern Sie sich nicht an Ihr Konzept. Sprechen Sie klar, deutlich und hinreichend laut.
- *Sprechtempo:* Versuchen Sie, nicht zu schnell zu sprechen.
- *Stil:* Vermeiden Sie sowohl „Endlossätze" als auch Aneinanderreihungen und monotone Satzanfänge („Und … und … und …").
- *Sprachniveau:* Verwenden Sie die Fachsprache, die Sie gelernt haben, um zu verdeutlichen, dass Sie Ihr Metier beherrschen.
- *Zitate/Textbelege:* Verdeutlichen Sie während des Vortrages, woher Sie Ihre Aussagen beziehen, indem Sie Kernstellen mit Zeilenhinweis anführen.
- *Nonverbale Kommunikation:* Ein gelegentlicher Blickkontakt zu Ihrem Prüfer/Ihrer Prüferin oder den übrigen Beisitzern zeugt von einem souveränen Umgang mit der Situation und den Kommunikationsregeln.

- *Adressatenbezug:* Bewegen Sie sich bei Ihrem Vortrag auf einer einheitlichen Sprachebene und vergegenwärtigen Sie sich, dass die Adressaten Ihres Vortrags allesamt Deutschlehrerinnen und Deutschlehrer, also Fachleute, sind.

Sie können diesen ersten Teil der mündlichen Prüfung üben und simulieren, indem Sie eine Teilaufgabe der Arbeitsaufträge in diesem Band nehmen, die Vorbereitungszeit exakt einhalten und zwei Kursmitglieder als fiktive Prüfungskommission hinzuziehen. Lassen Sie sich anschließend von Ihrer „Prüfungskommission" begründet darlegen, ob Ihr Vortrag sprachlich und inhaltlich „verstanden" wurde.
Ebenso können Sie natürlich in der Familie oder im Freundeskreis das Referieren üben oder zu diesem Zweck Ihren Vortrag selbst aufnehmen und überprüfen.

6.2 Prüfungsteil II: das Prüfungsgespräch

Die zeitliche Dauer des zweiten Prüfungsteils entspricht derjenigen des ersten Teils: 10 bis 15 Minuten, je nach Verlauf. Auch das Thema des Prüfungsgesprächs muss in Bezug auf das Thema des Vortrags einem anderen Kurshalbjahr entnommen sein. Meistens erfolgt durch den Prüfer/die Prüferin eine Überleitung von Ihrem Vortrag zu diesem zweiten Teil – hier können Sie unmittelbare Bezüge zum Ausgangsthema herstellen.
Im weiteren Verlauf sollen Sie Ihre Kommunikationskompetenzen im Rahmen eines Fachgespräches unter Beweis stellen: Zeigen Sie sich also als gewandter Gesprächspartner, der adressatengerecht und sachkundig die Fragen und Impulse aufgreift und möglichst selbstständig und tiefgründig damit umgeht.

Tipps für das Prüfungsgespräch

- *Sprechanteil:* Je eigenständiger und umfassender Sie als Prüfling mit den Fragen und Impulsen umgehen, desto besser! Begnügen Sie sich nicht mit Kurzantworten, führen Sie länger aus.
- *Erfassen der Frageintention:* Achten Sie auf die Operatoren und auf fachliche Kernbegriffe! Führen Sie sinnvolle Beispiele oder Vergleiche aus dem Unterricht an, zeigen Sie Ihr Hintergrund- und Allgemeinwissen. Aber schweifen Sie nicht ab, bleiben Sie beim Thema.
- *Gesprächsaufbau durch den Prüfer/die Prüferin:* In der Regel gestaltet der Prüfer/die Prüferin ein solches Gespräch nach dem Prinzip „Vom Einfachen zum Schwierigen, vom Einzelfallbeispiel zum Allgemeinen/Modellhaften".
Wenn Sie einen Bezug zu einer Ihnen passend erscheinenden Theorie oder zu einem aus dem Unterricht bekannten Beispiel selbst herstellen können: Tun Sie dies!
- *Unterrichtsbezüge:* Hintergrund aller Fragen und Impulse ist das gemeinsam aus dem Unterricht Bekannte. Stellen Sie also dort, wo möglich, über das gerade angesprochene Einzelbeispiel Vergleiche zu dem im Unterricht Behandelten an, weisen Sie auf Gemeinsamkeiten oder auch auf Unterschiede hin. Machen Sie somit

deutlich, dass Sie den Gesprächsgegenstand aus dem Prüfungsgespräch in größere Zusammenhänge einordnen können.
- *Verständnisproblem:* Sollten Sie mit einer einzelnen Frage einmal nichts anfangen können: Verlieren Sie keine Zeit, bitten Sie an einer solchen Stelle um eine kurze ergänzende Erläuterung.
- *Unterbrechungen:* Lassen Sie sich nicht irritieren. Der Prüfer/die Prüferin möchte Ihnen entweder zurück auf den Haupt(frage)weg helfen oder den Themenschwerpunkt wechseln, was vielleicht nur daran liegt, dass die Prüfungszeit allmählich knapp wird: Werten Sie solche Unterbrechungen in jedem Fall als für Sie günstig und hilfreich.
- *Mimik und Gestik:* Lassen Sie sich nicht durch Äußerlichkeiten irritieren: Jeder ist bemüht, einen möglichst neutralen Eindruck zu machen.

Training/Vorbereitungen

Vereinbaren Sie mit Ihrem Kurslehrer/Ihrer Kurslehrerin möglichst einmal im Verlauf der Qualifikationsphase die Simulation eines solchen Prüfungsgespräches unter Abiturbedingungen. Gegebenenfalls können Sie weitere Trainings mit anderen Mitgliedern Ihres Kurses wechselseitig durchführen, indem Sie die jeweiligen Kurshalbjahresthemen und die Vorgaben zu den unterrichtlichen Voraussetzungen (inhaltliche Schwerpunkte) berücksichtigen.

Viel Erfolg!

> **Grundkurs Deutsch (Nordrhein-Westfalen) – Übungsaufgabe 1**
> **I a: Analyse eines literarischen Textes mit weiterführendem Schreibauftrag**

Materialgrundlage:
Robert Seethaler: *Der Trafikant*

Aufgaben: Punkte
1. Interpretieren Sie den vorliegenden Auszug aus Robert Seethalers Roman *Der Trafikant* unter besonderer Berücksichtigung von Franz' Sicht auf sich selbst. Gehen Sie dabei auch auf die sprachliche und erzählerische Gestaltung ein. 38
2. Erläutern Sie die Bedeutung, die Sigmund Freud für Franz in Seethalers Roman hat. Vergleichen Sie anschließend die Beziehung zwischen Franz und Freud mit der Beziehung Nathans zu seiner Tochter in Lessings Drama *Nathan der Weise*. Gehen Sie dabei auch auf die Frage ein, welchen Einfluss die älteren Figuren auf die jüngeren Figuren haben. 34

Robert Seethaler
Der Trafikant (2012)

Etwa eine Dreiviertelstunde später stand er am Bahnsteig inmitten des dichtesten Gedränges ganz hinten am Eingang zur Bahnhofshalle und beobachtete, wie der Professor in den Zug einstieg. Die Entfernung war zu groß, um seine Augen zu erkennen, aber er konnte sehen, wie seine Kiefer mahlten, als ihn seine Tochter die eisernen
5 Stufen hinaufschob. Seine linke Hand umklammerte die Haltestange, die rechte hielt den Hut auf dem Kopf fest. Er wirkte in diesem Moment so schmal und leicht, dass es Franz nicht gewundert hätte, wenn Anna ihn auf den Arm genommen und wie ein Kind hineingetragen hätte.
Pünktlich nach Fahrplan um 15:25 fuhr der Zug an, nahm schnell Fahrt auf und ver-
10 ließ den Bahnhof in Richtung Westen. Franz schloss die Augen. Wie viele Abschiede kann ein Mensch eigentlich aushalten, dachte er. Vielleicht mehr, als man denkt. Vielleicht keinen einzigen. Nichts als Abschiede, wo man auch bleibt, wohin man auch geht, das hätte einem jemand sagen sollen. Für einen Moment hatte er das Bedürfnis, sich einfach nach vorne fallen zu lassen und mit dem Gesicht auf dem Bahnsteig-
15 trottoir liegen zu bleiben. Ein liegengelassenes Stück Gepäck, verloren, vergessen, nur noch umtrippelt von neugierigen Tauben. Aber das ist doch völliger Blödsinn, dachte er wütend, schüttelte den Kopf und öffnete wieder die Augen. Ein letztes Mal blickte er über die Gleise, die im Sonnenlicht blitzten. Dann drehte er sich um und ging durch die Ankunftshalle zurück und hinaus in die Wiener Nachmittagshelligkeit.
20 Der Himmel war strahlend blau, der Regen hatte den Asphalt reingewaschen, und in den Büschen sangen die Amseln. Vor dem Bahnhofseingang stand die Gaslaterne, an der Franz sich damals gleich nach seiner Ankunft in Wien festklammern musste. Wie

lange war das her? Ein Jahr? Ein halbes Leben? Ein ganzes? Er musste über sich selbst lachen, über diesen komischen Buben, der hier seinerzeit an der Laterne gehangen hatte, mit dem harzigen Waldgeruch in den Haaren, einem Batzen Dreck an den Schuhen und ein paar verdrehten Hoffnungen hinter der Stirn. Und plötzlich wurde ihm bewusst, dass es diesen Buben nicht mehr gab. Weg war der. Abgetrudelt und untergegangen, irgendwo im Strom der Zeit. Wobei das alles ja schon recht schnell gegangen war, dachte er, vielleicht sogar insgesamt ein bisschen zu schnell. Irgendwie fühlte es sich an, als wäre er vor der Zeit aus sich selbst herausgewachsen. Oder einfach herausgetreten aus dem eigenen Ich, wenn man das so sagen konnte. Das Einzige, was blieb, war die Erinnerung an einen schmalen Schatten unter einer Gaslaterne. Er atmete tief ein. Die Stadt roch nach Sommer, Pferden, Diesel und Teer. Über den Gürtel bimmelte eine Straßenbahn heran. Aus einem der Seitenfenster flatterte ein Hakenkreuzfähnchen. Er musste an die Mutter denken, die womöglich jetzt gerade auf einem sonnenwarmen Steg saß und ins flimmernde Ufergeplätscher hinunterweinte. Er dachte an Otto Trsnjek, dessen Krücken nutzlos in der Verkaufsraumecke lehnten. Und er dachte an den Professor, der die Stadtgrenze längst zurückgelassen haben musste und wahrscheinlich schon irgendwo über die niederösterreichischen Erdäpfelfelder in Richtung London sauste. Vielleicht könne man da und dort ein Zeichen setzen, hatte der Professor gesagt, ein kleines Licht in der Dunkelheit, mehr könne man nicht erwarten. Aber auch nicht weniger, dachte Franz und hätte fast laut aufgelacht. Die Straßenbahn bimmelte vorbei und bog in die Mariahilferstraße ein. Das Fähnchen am Fenster sah aus, als ob es tanzte.

Aus: Robert Seethaler, Der Trafikant, Zürich – Berlin (Kein & Aber Pocket), 22. Aufl. 2016, S. 235–237.

Teilaufgabe 1

Hinweise und Tipps

Welche Aufgabenart liegt vor und wie sind die Teilaufgaben gewichtet?
Diese Übungsaufgabe gehört zur **Aufgabenart I a: Analyse eines literarischen Textes mit weiterführendem Schreibauftrag**. Die erste Teilaufgabe ist mit 38 Punkten etwas stärker gewichtet als die zweite Teilaufgabe mit 34 Punkten.

Was verlangt die Aufgabenstellung von mir?
Die erste Teilaufgabe verlangt von Ihnen eine **umfassende Interpretation** des vorliegenden Auszugs aus Robert Seethalers Roman „Der Trafikant". Dabei legt sie einen Fokus auf Franz' Sicht auf sich selbst, also darauf, wie der **Protagonist sich selbst wahrnimmt**. Das heißt allerdings nicht, dass Sie andere wichtige Aspekte außen vor lassen können. So sollten Sie beispielsweise durchaus auch berücksichtigen, wie Franz Professor Freud sieht. Die Untersuchung von **Sprache und erzählerischer Gestaltung** gehört ohnehin zur Interpretation eines epischen Textes dazu, sie wird in der Aufgabenstellung aber noch einmal ausdrücklich hervorgehoben.

Wie gehe ich bei der Bearbeitung der Aufgabe sinnvollerweise vor?
Am Anfang sollte die **mehrfache Lektüre** des Auszugs stehen. In einem ersten schnelleren Lesedurchgang verschaffen Sie sich einen **Überblick über den Auszug** und machen sich bewusst, wo er in der Romanhandlung zu verorten ist. Die weiteren Lesedurchgänge nutzen Sie für die **genauere Erarbeitung** des Auszugs mithilfe von **Markierungen und Randnotizen**. Es ist sinnvoll, für die verschiedenen Aspekte unterschiedliche Farben zu verwenden. Beispielsweise könnten Sie in Blau inhaltlich relevante Textstellen (z. B. „Nichts als Abschiede", Z. 12) markieren, in Rot sprachliche Auffälligkeiten (z. B. „Ellipsen" bei Z. 11f.) notieren und in Grün erzähltechnische Besonderheiten (z. B. „Franz' Perspektive" bei Z. 4) am Text vermerken. Übrigens: Wenn Sie die Farben bei Textanalysen immer in dieser Weise verwenden, fällt es Ihnen auch im Abitur leichter, bei der Textbearbeitung die Übersicht zu behalten. Nach der Texterarbeitung überlegen Sie, wie Sie Ihren Aufsatz **aufbauen** wollen.

Wie kann ich meinen Aufsatz strukturieren?
In der **Einleitung** nennen Sie die Textsorte, den Titel, den Autor, das Erscheinungsjahr des Romans und geben auch schon einen ersten Hinweis auf den Inhalt.
Den **Hauptteil** beginnen Sie am besten mit einer **knappen Einordnung des Auszugs** in den Handlungskontext. Das ist durchaus eine Herausforderung, weil er sich im letzten Teil des Buches findet. Achten Sie darauf, nicht zu ausführlich zu werden, und gehen Sie wirklich nur auf die Aspekte ein, die für das Verständnis des Auszugs nötig sind (u. a. Franz in Wien, freundschaftliche Beziehung zu Sigmund Freud, politische Verhältnisse, die Freud ins Exil zwingen etc.). Anschließend bietet es sich an, kurz den **Aufbau des Auszugs** zu erläutern, um dem Leser so eine erste inhaltliche Orientierung zu geben. Die **detailliertere Interpretation** können Sie dann entweder linear oder aspektorientiert gestalten. Aspektorientiert gehen Sie vor, wenn Sie einzelne Aspekte des Textes (z. B. Franz' Sicht auf sich selbst, erzählerische Gestaltung ...) nacheinander und getrennt voneinander abhandeln. Der folgende Musteraufsatz folgt

- *aber dem linearen Ansatz: Er geht den Text **schrittweise von vorne bis hinten** durch*
- *und thematisiert dabei sozusagen gleichzeitig inhaltliche, sprachliche und erzähltechnische Aspekte – und zwar in ihrem jeweiligen Ineinandergreifen.*
- *Im **Schlussteil** können Sie dann Ihre Interpretationsergebnisse noch einmal **zusammenfassen** oder auch einen Ausblick geben.*

Lösungsvorschlag

In seinem 2012 erschienenen Roman „Der Trafikant" erzählt Robert Seethaler unter anderem die Geschichte einer **ungewöhnlichen Freundschaft** in einer **schrecklichen Zeit**.

Der 17-jährige Franz Huchel muss notgedrungen seine Provinzheimat, das Salzkammergut, verlassen, um in der Großstadt Wien bei Otto Trsnjek den Beruf eines Trafikanten zu erlernen. Dort trifft er den berühmten Psychoanalytiker Sigmund Freud. Mit diesem führt er tiefsinnige **Gespräche** vornehmlich über die Liebe, bis der jüdische Professor nach der Annexion Österreichs durch Nazideutschland gezwungen ist, ins Exil zu gehen. In ihrem letzten Gespräch vor Freuds Abfahrt führen sie noch ein langes **Gespräch**, das teilweise den **Charakter eines Rückblicks** hat: Sie sprechen über Trsnjek, der von der Gestapo verhaftet und offenbar umgebracht worden ist, aber auch über Franz' erste, unerfüllte Liebe, die junge und sexuell erfahrene Böhmin Anezka.

Der vorliegende Auszug schildert in einem ersten Sinnabschnitt (Z. 1–10), wie **Freud** – unterstützt von seiner Tochter Anna – am Wiener Westbahnhof in den **Zug** Richtung London steigt. Den zweiten Abschnitt (Z. 10–44) dominieren die **Vorgänge in Franz' Innerem**, die von der Abschiedssituation und von dem Aufenthalt am Bahnhof ausgelöst werden.

Aus der **Perspektive des Protagonisten** wird der Eindruck vermittelt, dass sich Freuds schon zuvor deutlich werdende **Gebrechlichkeit noch verstärkt** hat. Die Leserinnen und Leser blicken gewissermaßen **mit Franz' Augen** auf die Abfahrtsszene, denn es wird nur das geschildert, was Franz auch sehen kann: „Die Entfernung war zu groß, um seine Augen zu erkennen, aber er konnte sehen, wie seine Kiefer mahlten, als ihn seine Tochter die eisernen Stufen hinaufschob." (Z. 3 ff.) Wie Anna ihrem Vater hilft und wie er die Haltestange umklammert, zeugt von dessen **verschlechtertem Gesundheitszustand**. Unterstrichen wird dies noch von Franz' Wahrnehmung des gealterten Freundes, der auf ihn „so schmal und leicht [wirkt], dass es Franz nicht gewundert hätte, wenn Anna ihn auf den Arm genommen und wie ein Kind hineingetragen hätte" (Z. 6 ff.). Insbesondere der Vergleich mit einem Kind betont die **Hilflosigkeit** des alten Mannes.

Einleitung
Grundinformationen zum Roman

Hauptteil
Einordnung in den Kontext

Textuntersuchung
Allgemeiner Aufbau des Textauszugs

1. Abschnitt: Freuds Abfahrt

Berücksichtigung der Erzähltechnik

Freuds schlechte Verfassung

Berücksichtigung der Sprache

Nach Abfahrt des Zuges sinniert Franz über das Abschiednehmen. Der Wechsel vom Blick in die Ferne hin zu Franz' **Innenwelt** wird durch den Satz „Franz schloss die Augen." (Z. 10) deutlich markiert. Durch die wiederholte **wörtliche Wiedergabe der Gedanken**, die allerdings nicht durch Anführungszeichen gekennzeichnet ist (vgl. Z. 10 f., 16 f.), und durch die **erlebte Rede** (vgl. Z. 22 f., 27 ff.) ermöglicht der Erzähler ab hier immer wieder einen **unmittelbaren Zugang** zu den Vorgängen in Franz' **Innerem**. Dabei wird die Unmittelbarkeit noch durch den authentisch-mündlichen Sprachduktus – kurze, teilweise elliptische Sätze, Redensartlichkeit, einfache, teilweise umgangssprachliche Äußerungen – unterstrichen: „Vielleicht mehr, als man denkt. Vielleicht keinen einzigen. Nichts als Abschiede, wo man auch bleibt, wohin man auch geht, das hätte einem jemand sagen sollen." (Z. 11 ff.) Resigniert stellt Franz hier fest, dass das Leben aus **Abschieden** besteht. Offenbar denkt Franz an die Verluste, die er in der letzten Zeit erleben musste: an Trsnjeks Tod, an die letzte Begegnung mit Anezka und nun eben an Freuds Abfahrt. Durch die **rückblickende Perspektive** werden schon die späteren, wie ein Resümee wirkenden Überlegungen (vgl. Z. 22–33), wie er sich verändert hat, vorbereitet. Dass Franz von den Abschieden **emotional** stark **getroffen** ist, lässt sich aus seinem Bedürfnis ableiten, sich auf den Bahnsteig fallen zu lassen. Den Vergleich mit einem „liegengelassene[n] Stück Gepäck, verloren, vergessen" (Z. 15), kann man als bildhaften Hinweis auf das **Gefühl der Verlorenheit** deuten. Wut packt ihn wegen seiner ‚blödsinnigen' (vgl. Z. 16) Gedanken.

Das Öffnen der Augen markiert nun wieder die Hinwendung zur **Außenwelt**. Franz verlässt die Bahnhofshalle. Die „Wiener Nachmittagshelligkeit" (Z. 19), der blaue Himmel und der vom Regen reingewaschene Asphalt (vgl. Z. 20) vermitteln eine eher **freundliche Atmosphäre**, die wie ein **starker Kontrast** zu Franz' schweren Gedanken wirkt. Vor allem aber steht sie im Gegensatz zu Franz' **Ankunft in Wien**, bei der er von der turbulenten Stadt vollkommen überfordert war. Und an diese Ankunft erinnert er sich jetzt, weil er die Gaslaterne erblickt, an der er sich damals festhalten musste. Die Steigerung in der Selbstbefragung, wie lange die Ankunft her ist („Ein Jahr? Ein halbes Leben? Ein ganzes?", Z. 23), deutet schon auf das **Ausmaß der Veränderung** hin, die er seitdem durchgemacht hat. Aus der Distanz schätzt er die Hoffnungen, die er als unbedarfter Junge aus der Provinz seinerzeit mitgebracht hat, als „verdreht[]" (Z. 26) und somit offenbar als **realitätsfremd** ein. Dieser Junge existiert nun aber nicht mehr. Die verschiedenen **bildlichen Wendungen** für seine Veränderung deuten darauf hin, dass Franz sich nicht ganz sicher ist, wie er diese genauer einordnen soll: als **Verlust** des alten Ichs („Abgetrudelt und untergan-

---

2. Abschnitt: Franz' Reflexionen über sich und seine Situation

Berücksichtigung der Erzähltechnik und ...

... der Sprache

Abschiede als Ausgangspunkt der Reflexionen

Franz' emotionale Verfassung
Berücksichtigung der Sprache

Verlassen der Bahnhofshalle

Atmosphäre als Kontrast

Berücksichtigung der Sprache

Reflexionen über die eigene Veränderung

Berücksichtigung der Sprache

gen", Z. 27 f.), als verwandelnde **Entwicklung** („als wäre er vor der Zeit aus sich selbst herausgewachsen", Z. 30) oder als **Entfremdung** von seinem früheren Ich („Oder einfach herausgetreten aus dem eigenen Ich", Z. 30 f.). Der nachgestellte Zusatz „irgendwo im Strom der Zeit" (Z. 28) erzeugt jedenfalls den Eindruck, dass die **geschichtlichen Geschehnisse** seine Veränderung mitbewirkt haben. In jedem Fall empfindet Franz die **Veränderung als grundlegend**. Franz wendet sich nun kurz dem Hier und Jetzt zu und nimmt die **Stadtatmosphäre** mit verschiedenen Sinnen wahr: olfaktorisch („roch nach Sommer", Z. 33), akustisch („bimmelte eine Straßenbahn", Z. 34), visuell („Aus einem der Seitenfenster flatterte ein Hakenkreuzfähnchen.", Z. 34 f.). [Berücksichtigung der Sprache]

[Atmosphäre]

Und wieder richtet der Erzähler den **Blick ins Innere des Protagonisten**, dessen Gedanken nun den Menschen gelten, die sein Leben in der Vergangenheit bestimmt haben: der Mutter in der idyllischen Heimat, Otto Trsnjek und dem Professor selbst. Franz erinnert sich an das letzte Gespräch mit Freud, der ihm gesagt hat, dass „man da und dort ein Zeichen setzen [könne], ein kleines Licht in der Dunkelheit, mehr könne man nicht erwarten" (Z. 40 ff.). Franz' innere Reaktion – „Aber auch nicht weniger" (Z. 42) – zeigt, dass er zum **Widerstand** bereit ist, ja, dass er ihn sogar als eine **Pflicht** ansieht. Dann unterbricht das Bimmeln der Straßenbahn seine Gedanken, die **Wirklichkeit** hat ihn wieder, zu der aber erneut das Hakenkreuzfähnchen gehört, das für ihn aussieht, „als ob es tanzte" (Z. 44) – ein Symbol dafür, dass der Nationalsozialismus in Österreich triumphiert. [Blick ins Innere und in die Vergangenheit …]

[… als Grundlage für die Bereitschaft zum Widerstand]

[Berücksichtigung der Sprache]

Den Auszug darf man als eine ganz **entscheidende Stelle im Handlungsverlauf** bezeichnen. Denn hier fasst Franz offenbar den Entschluss, ganz im Sinne seines Freundes Freud **ein Zeichen gegen den Nationalsozialismus** zu setzen: Franz wird in der Nacht eine Hakenkreuzfahne am Standartenmast durch die **einbeinige Hose Trsnjeks** ersetzen – eine Tat, die man auch auf die **Persönlichkeitsentwicklung** zurückführen darf, der sich Franz im vorliegenden Auszug bewusst wird. [Schluss Bedeutung der Textstelle – Ausblick auf die Folge-Handlung]

Teilaufgabe 2

Hinweise und Tipps

Was verlangt die Aufgabenstellung von mir?
*Die zweite Teilaufgabe ist zweigeteilt: Zunächst fordert sie von Ihnen einen genaueren Blick auf die Beziehung zwischen Freud und Franz – Sie sollen erläutern, welche **Bedeutung der Psychoanalytiker für den Jugendlichen** hat. Ihre Überlegungen hierzu sind die Grundlage für den zweiten Teil der Teilaufgabe, der eine Verbindung*

zu Lessings Drama „Nathan der Weise" herstellt: Es wird ein **Vergleich zwischen zwei Beziehungen** verlangt, und zwar der Beziehung von **Franz und Freud** auf der einen und der Beziehung von **Nathan und seiner Tochter Recha** auf der anderen Seite. Außerdem erhalten Sie noch den Hinweis, dass Sie dabei den **Einfluss der älteren auf die jüngeren Figuren** berücksichtigen sollen.

Wie gehe ich bei der Bearbeitung der Aufgabe sinnvollerweise vor?

Machen Sie sich am besten zunächst **Notizen** zur Bedeutung Freuds für Franz, beispielsweise mithilfe einer Mindmap oder eines Brainstormings. Vergegenwärtigen Sie sich dafür ihre verschiedenen Begegnungen. Unter anderem folgende Fragen können Ihnen weiterhelfen:

- Aus welchen **Gründen** sucht Franz den Psychoanalytiker auf?
- Welche **Themen dominieren** in den Gesprächen zwischen den beiden?
- Welche **Gedanken und Gefühle** hat Franz in Bezug auf Freud?
- Was ergibt sich aus den Gesprächen? Welche **Handlungsimpulse** geben sie?

Auf der Grundlage dieser Notizen können Sie dann noch überlegen, mit welchen Begriffen sich die **Beziehung** (Vater-Sohn-Beziehung? Freundschaft? ...) bzw. die **Rolle Freuds** (väterlicher Freund? Mentor? Ratgeber? Autorität? Vorbild? ...) passend beschreiben lässt.

Den zweiten Teil der Teilaufgabe bereiten Sie am besten mit einer **Tabelle** vor, in der Sie **Aspekte für den Vergleich** vermerken, beispielsweise in der folgenden Form:

Der Trafikant	Nathan der Weise
selbstgewählte Beziehung	Vater-Tochter-Beziehung
Freud als väterlicher Freund	Nathan als Pflegevater
Franz' Sorge wegen drohendem Verlust des Freundes	Rechas Sorge wegen drohendem Verlust des Vaters
...	...
...	...

Entscheiden Sie dann, wie Sie die beiden Teile Ihrer Ausführungen zu Teilaufgabe 2 aufbauen möchten.

Wie kann ich meinen Aufsatz strukturieren?

Beginnen Sie mit einer **aufgabenbezogenen Überleitung**, in der Sie am besten den Blick vom Textauszug auf den gesamten Roman weiten.

Bei der anschließenden **Erläuterung** der Bedeutung Freuds für Franz können Sie chronologisch durch den Text gehen. Dieses Vorgehen birgt allerdings die Gefahr, ins ausführlichere Nacherzählen zu geraten – und das wiederum kann Sie in Zeitnöte bringen. Deshalb ist es zielführender, Freuds Bedeutung für den Jugendlichen **ausgehend von abstrakteren Aspekten** darzustellen, also beispielsweise zu erläutern, inwiefern man den Psychoanalytiker als Mentor beschreiben kann.

Beim **Vergleich** orientieren Sie sich am besten ebenfalls an bestimmten Gesichtspunkten: So ist es sinnvoll, zunächst einmal ganz grundlegend zu klären, welche **Vor-**

🖎 *aussetzungen für die beiden Beziehungen gelten (z. B. langjährige Vater-Tochter-Beziehung vs. selbstgewählte Begegnungen), um dann **charakteristische Merkmale** der Beziehungen einander **gegenüberzustellen**.*
🖎 *Mit einem **Schlussteil**, in dem Sie die Ergebnisse noch einmal zusammenfassen können, runden Sie Ihren Aufsatz ab.*

Lösungsvorschlag

Franz' großer Schmerz angesichts des Abschieds von Freud zeugt davon, dass er für den jugendlichen Protagonisten zu diesem Zeitpunkt sehr wichtig ist. Welche **Bedeutung** hat **Freud** aber **für Franz im gesamten Roman**?
Schon von Beginn an erscheint der Psychoanalytiker wie ein **beratender Mentor**. So rät er Franz, sich ein Mädchen zu suchen, und gibt ihm so einen **Impuls** für die persönliche Entwicklung, die er im Bereich der **zwischenmenschlichen Beziehungen** nehmen wird: Franz wird mit Anezka erste Erfahrungen mit Liebe, Sexualität und Liebesverlust machen. Die Rolle eines Mentors hat Freud sehr lange inne: Wiederholt kommt Franz mit seinen **Fragen zur Liebe** auf ihn zu und erhält von ihm **Ratschläge**, auch wenn Freud manchmal ratlos wirken mag. Und das von Freud angeregte Aufschreiben der Träume trägt dazu bei, dass Franz sich mit sich selbst auseinandersetzt.

Im Verlauf des Romans entwickelt sich die Beziehung aber auch: Das **Gefälle** zwischen Freud und Franz **verringert sich** und Franz wird zunehmend zu einem **Gesprächspartner auf Augenhöhe**. Das zeigt sich zum Beispiel an Franz' kritischen Bemerkungen zu Freuds „Couchmethode" (S. 141), die – nach Freuds Reaktion zu urteilen – entlarvend sind. Die Beziehung gewinnt zudem **freundschaftliche Züge**: Freud zeigt deutliche Zeichen der Freude, wenn Franz zu ihm kommt, Franz entwickelt Mitleid mit dem Professor wegen dessen zunehmender Gebrechlichkeit und kümmert sich bei ihrem letzten Gespräch liebevoll um den gealterten Mann. Zudem scheint zwischen ihnen ein hohes Maß an **Ehrlichkeit** zu herrschen: So können sie einander eingestehen, wenn sie etwas nicht wissen (vgl. S. 163). Entsprechend schreibt Franz seiner Mutter, dass er und Freud inzwischen befreundet seien. Mit Freuds Flucht aus Wien **verliert** Franz daher einen **väterlichen Freund**, mit dem er sich **über Sorgen und Nöte** austauschen konnte.

Dabei bleibt die **politische Lage** nicht außen vor. Immer wieder sprechen Franz und Freud über die besorgniserregenden Entwicklungen. Man kann davon ausgehen, dass diese Gespräche den Jugendlichen in seiner **politischen Haltung beeinflussen** – beispielsweise wenn Freud das „derzeitige Weltgeschehen" als einen „Tumor, ein Geschwür, eine schwärende [...] Pestbeule" (S. 138)

Überleitung
Hinführung zur Bedeutung Freuds im Roman

Freuds Bedeutung für Franz
Freud als Mentor

Freud als Freund

Politische Ebene

8

bezeichnet. Außerdem lernt Franz mit dem Professor einen Juden näher kennen. So erlaubt ihm unter anderem die persönliche Erfahrung eine **kritische Distanz zur antisemitischen Propaganda:** „Dass er ein Jud ist, stört mich überhaupt nicht. [...] Ich weiß sowieso gar nicht, warum die Leute alle derart draufhauen auf die Juden. Auf mich wirken sie eigentlich ganz anständig." (S. 163) Der **Einfluss des Psychoanalytikers** findet dann seinen **Höhepunkt** in der **oben analysierten Textpassage:** Seine Aussage ermuntert Franz dazu, mit der einbeinigen Hose Trsnjeks am Standartenmast ein „Zeichen" gegen den Nationalsozialismus zu „setzen" (Z. 41).

Man darf Freud daher einen **erheblichen Einfluss** auf Franz bescheinigen – zunächst als **Mentor**, später auch als **väterlicher Freund**. — *Zwischenfazit*

Auch in Gotthold Ephraim Lessings Drama „Nathan der Weise" tritt mit Nathan eine Vaterfigur auf, die **großen Einfluss auf einen jungen Menschen** hat – auf Recha. Inwieweit sich die Beziehung zwischen Franz und Freud und die Beziehung zwischen Recha und Nathan ähneln, soll im Folgenden untersucht werden. — *Überleitung*

Ein offensichtlicher Unterschied liegt natürlich darin, dass Franz Freud erst mit 17 Jahren kennenlernt und Freud **nicht die Rolle eines Vaters** gegenüber Franz innehat, während Nathan schon seit vielen Jahren der **Ziehvater** von Recha ist. Nathan ist insofern „offiziell" der für Recha **verantwortliche Erzieher**. Franz dagegen **wählt** sich Freud als **Bezugsperson**. Der langjährigen Erziehung der Tochter durch den Vater in „Nathan der Weise" stehen in „Der Trafikant" intensive, aber eher seltene Begegnungen zwischen Franz und Freud gegenüber. — *Vergleich mit „Nathan der Weise" Voraussetzungen der Beziehung*

Nathan und Recha haben eine enge **Vater-Tochter-Bindung**, die sich unter anderem im emotionalen Wiedersehen nach dem Brand und Rechas späterer Angst zeigt, ihren Vater zu verlieren. Die Beziehung ist zudem von großer Offenheit geprägt: „Schon die Möglichkeit, mein Herz / Euch lieber zu verhüllen, macht mich zittern." (II, 4) Zwar sind auch Freud und Franz sehr offen miteinander, doch ist die Bindung zwischen ihnen durchaus **anderer Art:** Sie beruht bei Franz vor allem auf dem Bedürfnis, bei einem erfahrenen Menschen **Rat zu finden**, und für Freud scheint der Kontakt zu Franz vor allem deswegen angenehm zu sein, weil er in dem Jungen das „frische, kraftvolle [...] Leben" (S. 122) sieht, das für ihn selbst **schon lange vorbei** ist. Gleichwohl kann man auch bei Freud und Franz von einer **starken Bindung** sprechen – nicht zuletzt die Reaktion des Jugendlichen auf Freuds Flucht unterstreicht dies. — *Art der Beziehung*

Beide Beziehungen zeichnet dabei – zumindest längere Zeit – ein gewisses **Gefälle** aus: Man spürt durchgängig die **Überlegenheit des Vaters** gegenüber der Tochter – beispielsweise wenn Nathan Recha als **geschickter Pädagoge** von ihrer irrationalen Schwärme- — *Hierarchie in den Beziehungen* rei für den Tempelherrn abbringt und Recha sich dann wünscht, nie mehr von Nathan allein gelassen zu werden (vgl. I, 2).

Das **Gefälle zwischen Freud und Franz** zeigt sich darin, dass der Jugendliche sich mit **Fragen an den alternden Psychoanalytiker** richtet, die dieser vor dem Hintergrund seiner Lebenserfahrung und seiner wissenschaftlichen Expertise beantworten soll. Während aber Nathan fast durchgehend als ein **Repräsentant von Wissen und Vernunft** erscheint, wird bei Freud zunehmend deutlich, dass sein Wissen begrenzt ist. Der starken **Vernunftorientierung bei Nathan** steht bei Freud das **Wissen um das eigene Nicht-Wissen** gegenüber: „Wir kommen nicht auf die Welt, um Antworten zu finden, sondern um Fragen zu stellen." (vgl. S. 224). Das **Gefälle** zwischen Franz und Freud **schrumpft** zudem im Zuge des **vertrauteren Umgangs** der beiden miteinander und angesichts der zunehmenden Gebrechlichkeit des Älteren. Rolle von Wissen und Nicht-Wissen

Entsprechend der psychoanalytischen Theorie betont Freud gegenüber Franz ausdrücklich die **Welt der Triebe** – er ermuntert Franz geradezu, diese zu betreten. Nathan will dagegen zwar möglicherweise vorhandene Liebesgefühle seiner Tochter akzeptieren (vgl. II, 4), aber offenbar auch die **Kontrolle** behalten: „Nur / Versprich mir: wenn dein Herz vernehmlicher / Sich einst erklärt, mir seiner Wünsche keinen / Zu bergen." (II, 4) Haltung zum Liebesleben der Jugendlichen

Beide Figuren, sowohl Freud als auch Nathan, fördern bei ihren „Schützlingen" ein **selbstbewusstes Auftreten**: So ist Recha sehr diskussionsfreudig, wie sich schon in den Gesprächen mit Nathan zeigt. Und später erklärt sie Daja selbstsicher die Unsinnigkeit religiöser Grabenkämpfe. Damit folgt sie dem umfassenden **Toleranzprogramm ihres Vatervorbildes**. Der Einfluss Freuds auf Franz ist ebenfalls stark, aber anderer Natur: Nicht in der Rolle eines Erziehers, sondern der eines **väterlichen Freundes** prägt Freud die Einstellung des Jugendlichen zu den gegenwärtigen Entwicklungen mit. Während dabei die politische Grundhaltung Rechas einen eher **allgemeinmenschlichen Bezug** hat, handelt Franz **konkret politisch**, indem er sich mit seiner nächtlichen Aktion am Standartenmast gegen die herrschenden Nationalsozialisten positioniert. Selbstbewusstsein und politische Haltung

Trotz einiger Differenzen lässt sich vor diesem Hintergrund festhalten, dass der **Einfluss**, den die Vaterfiguren Nathan und Freud auf die Jugendlichen Recha und Franz haben, in eine **ähnliche Richtung** geht: Sie helfen ihnen nicht nur dabei, ein **selbstbewusstes Ich** auszubilden, sondern prägen auch deutlich ihre **Einstellung in politischen Angelegenheiten** – und zwar in Richtung eines **menschenfreundlichen Humanismus**. **Schluss** Zusammenfassung der Ergebnisse

Grundkurs Deutsch (Nordrhein-Westfalen): Übungsaufgabe 2
I b: Vergleichende Analyse literarischer Texte

Materialgrundlage
Joseph von Eichendorff: *Die zwei Gesellen*
Franz Grillparzer: *In der Fremde*

Aufgaben:
1. Interpretieren Sie Joseph von Eichendorffs Gedicht *Die zwei Gesellen*. 42
2. Vergleichen Sie Eichendorffs Gedicht mit Franz Grillparzers Gedicht *In der Fremde* im Hinblick darauf, welche Sicht auf das Reisen vermittelt wird und welche Bedeutung ihm zukommt. Gehen Sie auch darauf ein, inwiefern in den Gedichten ein bestimmtes Bild von der menschlichen Existenz deutlich wird. 30

Joseph von Eichendorff (1788–1857)
Die zwei Gesellen (1818)

Es zogen zwei rüst'ge Gesellen
Zum erstenmal von Haus,
So jubelnd recht in die hellen,
Klingenden, singenden Wellen
5 Des vollen Frühlings hinaus.

Die strebten nach hohen Dingen,
Die wollten, trotz Lust und Schmerz,
Was Recht's in der Welt vollbringen,
Und wem sie vorüber gingen,
10 Dem lachten Sinnen und Herz. –

Der erste, der fand ein Liebchen,
Die Schwieger kauft' Hof und Haus;
Der wiegte gar bald ein Bübchen
Und sah aus heimlichem Stübchen
15 Behaglich ins Feld hinaus.

Dem zweiten sangen und logen
Die tausend Stimmen im Grund,
Verlockend' Sirenen, und zogen
Ihn in der buhlenden Wogen
20 Farbig klingenden Schlund.

Und wie er auftaucht' vom Schlunde,
Da war er müde und alt,
Sein Schifflein das lag im Grunde,
So still war's rings in die Runde,
25 Und über die Wasser weht's kalt.

Es singen und klingen die Wellen
Des Frühlings wohl über mir;
Und seh ich so kecke Gesellen,
Die Tränen im Auge mir schwellen –
30 Ach Gott, führ uns liebreich zu dir!

Aus: Joseph von Eichendorff: Werke, Bd. 1., Düsseldorf und Zürich: Artemis und Winkler 1996.

Franz Grillparzer (1791–1872)
In der Fremde

Schon bin ich müd zu reisen,
Wär's doch damit am Rand,
Vor Hören und vor Sehen
Vergeht mir der Verstand.

5 So willst Du denn nach Hause?
O nein! Nur nicht nach Haus!
Dort stirbt des Lebens Leben
Im Einerlei mir aus.

Wo also willst Du weilen?
10 Wo findest Du die Statt?
O Mensch, der nur zwei Fremden
Und keine Heimat hat.

Aus: Franz Grillparzer: Gedichte (abrufbar unter: https://gutenberg.spiegel.de/buch/gedichte-9680/6; zuletzt aufgerufen am 18.06.2019)

Teilaufgabe 1

Hinweise und Tipps

Welche Aufgabenart liegt vor und wie sind die Teilaufgaben gewichtet?
Die Aufgabenart dieser Übungsaufgabe ist die „**Vergleichende Analyse literarischer Texte**" (Aufgabentyp I b). Teilaufgabe 1 ist mit 42 Punkten etwas stärker gewichtet als Teilaufgabe 2 mit 30 Punkten.

Was verlangt die Aufgabenstellung von mir?
Teilaufgabe 1 fordert eine **Interpretation** des Gedichts „Die zwei Gesellen" von Joseph von Eichendorff. Das bedeutet, dass Sie den Text in **inhaltlicher, formaler** und **sprachlicher Hinsicht** untersuchen müssen, um zu einer fundierten Deutung zu gelangen. Gesichtspunkte sind Ihnen von der Aufgabenstellung nicht vorgegeben – aber ein Blick in Teilaufgabe 2 zeigt Ihnen, dass es gut ist, die im Gedicht entwickelte **Sicht auf das Reisen**, die **Bedeutung des Reisens** und die Frage zu beachten, inwiefern ein bestimmtes **Bild des Menschen** deutlich wird.

Wie gehe ich bei der Bearbeitung der Aufgabe sinnvollerweise vor?
Erarbeiten Sie sich Eichendorffs „Die zwei Gesellen" zunächst mithilfe von **Markierungen** und **Randnotizen**. Bei diesem erzählerisch angelegten Gedicht ist es besonders sinnvoll, mit einer **Einteilung in Sinnabschnitte** zu beginnen – das erleichtert es Ihnen, den Überblick über diesen verhältnismäßig langen Text zu behalten. Die **formalen Kennzeichen**, die es bei Gedichten zu berücksichtigen gilt (Strophenzahl, Verszahl pro Strophe, Metrum, Reime), können Sie sich auf einem Notizzettel vermerken. Die **sprachlichen Mittel** markieren Sie am besten farbig im Text. Mithilfe von knappen Kommentaren am Rand können Sie sich dabei schon vor Augen führen, welche Funktion bzw. Wirkung sie haben (z. B. Diminutive in Strophe 3 → Betonung der Beschaulichkeit der Lebenssituation).
Für die **Deutung** des Gedichts ist die **letzte Strophe** besonders wichtig, da hier eine **Perspektive von außen** auf die zwei Gesellen eingenommen wird und ihre Reisen implizit **bewertet** werden. Machen Sie sich vor dem Schreiben des Aufsatzes bewusst, in welche Richtung diese Bewertung geht und welche Sicht auf den Menschen an sich darin aufscheint.

Wie kann ich meinen Aufsatz strukturieren?
Teilen Sie Ihren Aufsatz in eine **Einleitung** mit den grundlegenden Informationen zum Gedicht, einen **Hauptteil** mit der Textuntersuchung und -deutung und in eine **reflektierte Schlussfolgerung** ein.
Der Hauptteil sollte mit einem Absatz über die **formalen Kennzeichen** des Gedichts beginnen. Bei der nun folgenden Analyse ist es ratsam, **linear** vorzugehen, zumal das Gedicht – wie schon erwähnt – eine **erzählerische Grundanlage** hat. Handeln Sie also die einzelnen Strophen bzw. Sinnabschnitte nacheinander ab und verzahnen Sie die inhaltliche und sprachliche Untersuchung miteinander.

Lösungsvorschlag

„Das Leben ist eine große Entdeckungsreise." So lautet ein schlichter Spruch fürs Poesiealbum, verharmlosend vielleicht, aber nie verkehrt, in jedem Fall eine brauchbare Ermutigung für junge Leute zu positiver Sicht und aktiver Gestaltung ihres Lebens. Das **Motiv der Entdeckungsreise** findet sich auch in Joseph von Eichendorffs Gedicht „Die zwei Gesellen" aus dem Jahr 1818.

Es handelt sich dabei um sechs Strophen zu jeweils fünf Versen, die sich nach dem Schema abaab reimen. Die a-Zeilen weisen klingende, die b-Zeilen stumpfe Kadenzen auf. Die Verse haben durchgängig drei Hebungen, aber unterschiedlich viele Senkungen, was einen ebenso lebhaften wie volkstümlichen Klangeindruck erzeugt. Zum **Stil eines Volksliedes** gehören auch der eher einfache Satzbau und der meist gängige Wortschatz, der jedoch, wie zu zeigen ist, zu **ungewöhnlicher Metaphorik** kombiniert wird.

Das Gedicht beginnt nach dem klassischen **Muster einer Erzählung**: „Es zogen zwei rüst'ge Gesellen / Zum erstenmal von Haus" (V. 1 f.). Hierbei bleibt offen, ob es sich um die traditionelle Wanderschaft von Handwerksgesellen handelt, die einen Teil ihrer Berufserfahrung in der Fremde erwerben, oder ob zwei beliebige junge Männer die – in früheren Zeiten sonst eher seltene – Möglichkeit einer langen Reise haben. In jedem Fall sind sie kräftig und unternehmungslustig. Zu ihrer **Aufbruchsstimmung** und frohen **Erwartung von etwas Neuem** passt die Jahreszeit des „vollen Frühlings" (V. 5), welcher mit dem Bild von „hellen, / Klingenden, singenden Wellen" (V. 3 f.) beschrieben wird. Die Reisenden fühlen sich wie von einer angenehmen, klaren Flut umspielt und getragen. Deren Singen – nicht Rauschen – entspricht dem eigenen Jubel (vgl. V. 3). **Bewegung und Klang der Wellen** werden in der Synkope am Anfang des vierten Verses und in den zwei aufeinanderfolgenden Daktylen des Binnenreims versinnlicht.

In der zweiten Strophe erfolgt eine kurze gemeinsame **Charakterisierung der beiden Gesellen**, betont durch die anaphorische Wiederholung von „Die" (V. 6 f.). Beide haben sich **hohe Ziele gesetzt**. Sie wollen in der Welt etwas bewirken und sich weder durch oberflächliche Vergnügungen noch durch Schwierigkeiten und Leiden davon abhalten lassen. Ihre **zuversichtliche Ausstrahlung** wirkt positiv auf die Menschen, denen sie begegnen (vgl. V. 9 f.).

Die dritte Strophe befasst sich mit dem ersten der zwei Gesellen: „Der erste, der fand ein Liebchen" (V. 11). Die Wiederholung von „der", jetzt als Pronomen, klingt sehr volksliedhaft, ebenso wie das Diminutiv „Liebchen", dem noch „Bübchen" (V. 13) und „Stübchen" (V. 14) folgen. (Man kennt solche Diminutive etwa aus „Alle meine Entchen" und „Hänschen klein".) Alles in der Existenz

	Einleitung Lebensreise
	Vorstellung von „Die zwei Gesellen"
	Hauptteil Formale Kennzeichen
	Erste Strophe: Aufbruch
	Zusammenspiel von Form und Inhalt
	Zweite Strophe: hohe Ziele
	Dritte Strophe: der erste Geselle – häusliche Idylle

des ersten Gesellen wird verniedlicht, das **Glück fällt ihm in den Schoß** wie im harmlosesten Teil eines Märchens. Einer Heirat mit seiner Liebsten scheint nichts im Wege zu stehen. Seinen Besitz („Hof und Haus", V. 12 – einprägsam durch die Alliteration) muss er sich nicht selbst erwerben, er bekommt ihn von einer Verwandten seiner Frau geschenkt. Ein Stammhalter lässt nicht lang auf sich warten. Die Felder braucht er offenbar nicht zu beackern, sondern kann sie vom „heimliche[n]" (V. 14), das heißt wohl heimeligen Wohnzimmer aus „[b]ehaglich" (V. 15) betrachten, setzt also keinen Fuß vor die Tür. Seine einzige Tätigkeit scheint das Kinderwiegen zu sein. Dass der Säugling vielleicht stundenlang schreit oder dass auch geschenkter Besitz Probleme bereiten und Einsatz verlangen kann, zumindest Verwaltungsarbeit, bleibt in diesem **Idyll satter Zufriedenheit** ausgeblendet.

Der länger dauernden Reise des zweiten Gesellen ist nicht eine, sondern sind zwei Strophen gewidmet. Er **verhält sich ähnlich passiv** wie der erste, auch sein Leben scheint kampflos zu verlaufen, aber doch ganz **gegensätzlich**. Anstelle eines einzigen Liebchens begegnen ihm „tausend Stimmen" (V. 17), „[v]erlockend' Sirenen" (V. 18). Der Ausdruck, welcher der griechischen Mythologie entnommen ist, fällt aus dem Volksliedton heraus, doch auch in heimischen Sagen gibt es das **Motiv der Wassernixe**, die mit ihrem herrlichen Gesang den Menschen ins Verderben zieht. Das Wort „Grund" (V. 17) bedeutet so viel wie **Abgrund**. Aus den „[k]lingenden, singenden Wellen" von Vers 4 ist nun „der buhlenden Wogen / Farbig klingende[r] Schlund" geworden (V. 19 f.). Das **Wasser, Symbol des Lebens, aber auch der Gefahr**, ist tief und reißend; es wird in Vers 19 selbst personifiziert, indem es um den Menschen „buhlt", das heißt wirbt. In der fast expressionistisch anmutenden Synästhesie „farbig klingend" spricht es Sehsinn und Gehör zugleich an; eine Synkope hebt das Wort „farbig" zusätzlich hervor. Das allmähliche Versinken im Strudel wird durch zwei Enjambements – Vers 18 auf 19 und 19 auf 20 – klanglich unterstützt.

Man weiß nicht genau, welche Art **Verlockungen** das Leben für den zweiten Gesellen bereithält. Zweifellos aber sind sie **trügerisch** (vgl. V. 16) und führen letztlich nicht zum Glück. Der Gedanke liegt nahe, dass er viele sexuelle Abenteuer erlebt, jedoch keine dauerhafte Liebe. Ebenso könnte er sich Alkohol und Drogen hingeben und seine Gesundheit ruinieren oder auch nur ständig etwas Neues ausprobieren, dessen er bald wieder überdrüssig wird. Es scheint sich hier um einen Menschen zu handeln, der sich angesichts der **Überfülle von Möglichkeiten** für keinen bestimmten Weg entscheiden kann, sei es Familie, Beruf oder sonst eine Aufgabe oder Passion.

Kein selbst erarbeitetes Glück

Ausblendung möglicher Probleme

Vierte und fünfte Strophe: der zweite Geselle – gefährdende Abenteuer

Wasser als zentrales Symbol

Mögliche Versuchungen für den zweiten Gesellen

„Und wie er auftaucht' vom Schlunde" (V. 21): Erst im Alter kommt der zweite Geselle zur **Besinnung**. Seine Bilanz ist kläglich: „Sein Schifflein das lag im Grunde" (V. 23). Aus der Liedsprache übersetzt mag das heißen, dass er **jeden Halt und auch jede Lebensenergie verloren** hat. Er ist einsam und hat kein Zuhause, weder ein konkretes noch ein geistiges. Die ganze Welt erscheint ihm kalt und stumm – „[s]o still" (V. 24) wird durch die schwebende Betonung am Versanfang und durch die Inversion akzentuiert –, weil er offenbar keinen Sinn in ihr gefunden hat.

_{Klägliche Lebensbilanz}

_{Existenzielle Verlorenheit des zweiten Gesellen}

Die letzte Strophe schließt den Kreis zum hoffnungsvollen Anfang: „Es singen und klingen die Wellen / Des Frühlings wohl über mir" (V. 26 f.). Hier tritt **erstmals ein lyrisches Ich** explizit in Erscheinung. Es ist an die Stelle von mehreren Betrachtern in der zweiten Strophe gerückt. Dort hieß es: „Und wem sie vorüber gingen, / Dem lachten Sinnen und Herz." (V. 9 f.). Nun sagt das lyrische Ich: „Und seh ich so kecke Gesellen, / Die Tränen im Auge mir schwellen" (V. 28 f.). Es hat vor den früheren Betrachtern einen **Wissensvorsprung**, indem es die **zwei beispielhaften Schicksale** kennt. Interessant ist, dass es offensichtlich das Leben nicht nur des zweiten, sondern auch des ersten Gesellen für beweinenswert hält. Dieser hat in seiner beschränkten Häuslichkeit die ursprünglichen hohen Ziele wohl ebenso verfehlt wie der zweite.

_{Letzte Strophe: Aufhebung in Gott}

Der Schluss ist folgerichtig, auch wenn er – schon durch den Gedankenstrich im vorletzten Vers – zunächst abrupt wirkt. Das Gedicht handelt von Menschen, die **aus eigener Kraft nicht zu einem wirklichen Lebenssinn gelangen** können. Aus religiöser Sicht gilt dies für alle Menschen, denn alle **Sinnstiftung** ist **an Gott gebunden**. Darum steht zuletzt die **demütige Bitte**, in die das lyrische Ich sich miteinschließt: Gott möge die Lebensläufe in seine Hand nehmen und zur Vollendung führen.

Damit folgt das Gedicht einem **religiösen Menschen- und Weltbild**, nach dem der Mensch auf die Hilfe des gütigen Gottes angewiesen ist, um seinen Weg in der Welt finden zu können.

_{Reflektierte Schlussfolgerung}

Teilaufgabe 2

Hinweise und Tipps

Was verlangt die Aufgabenstellung von mir?
*Teilaufgabe 2 fordert einen **Gedichtvergleich**, und zwar des in Teilaufgabe 1 interpretierten Gedichts mit dem ebenfalls vorliegenden Gedicht „In der Fremde" von Franz Grillparzer. Der **Vergleich** ist **aspektorientiert** angelegt: Es gilt, Unterschiede und Gemeinsamkeiten im Hinblick auf **drei Schwerpunkte** (Sicht auf das Reisen, seine Bedeutung und das möglicherweise deutlich werdende Bild von der menschlichen*

Existenz) *herauszuarbeiten. Ein Vergleich sprachlicher bzw. formaler Kennzeichen ist also nicht verlangt.*

Wie gehe ich bei der Bearbeitung der Aufgabe sinnvollerweise vor?
Auch wenn Sie keine Interpretation von Grillparzers Gedicht verfassen müssen, ist es erforderlich, dass Sie es als Vorarbeit **gründlich untersuchen**. Legen Sie dabei den Fokus auf die in der Aufgabenstellung genannten Schwerpunkte, damit Sie nicht unnötig Zeit verlieren. So erübrigt sich beispielsweise eine Untersuchung der Form.

Das Grillparzer-Gedicht ist zwar weniger erzählerisch angelegt als Eichendorffs Gedicht, doch ist es trotzdem hilfreich, es zunächst ebenfalls in **Sinnabschnitte** zu unterteilen, um einen Überblick über den Inhalt zu bekommen. Hiervon ausgehend erarbeiten Sie mit Markierungen und Randnotizen, wie das Reisen gesehen und bewertet wird.

Beginnen Sie dann mit der **Vorarbeit** für den **Vergleich**. Notieren Sie dafür am besten die drei von der Aufgabenstellung **vorgegebenen Gesichtspunkte** (z. B. in Frageform) und vermerken Sie dann **Unterschiede** und **Gemeinsamkeiten** der beiden Gedichte:

- Welche **Sicht auf das Reisen** wird vermittelt? Überlegen Sie hier, wie das **konkrete Reisen** jeweils gesehen wird (unter anderem, ob es positiv oder negativ gesehen wird).
- Welche **Bedeutung** kommt dem Reisen zu? Hier sollten Sie auf die Abstraktionsebene gelangen. Fragen Sie sich zum Beispiel, welche Bedeutung das Unterwegssein als solches hat und ob das Gedicht ihm eine darüber hinausgehende Bedeutung zuschreibt (z. B. Reise als Lebensweg).
- Wird in den Gedichten ein bestimmtes **Bild der menschlichen Existenz** vermittelt? Prüfen Sie hier, ob das Gedicht zu einer Aussage über den Menschen an sich (z. B. über seine Stellung in der Welt) tendiert.

Wie kann ich meinen Aufsatz strukturieren?
Nach einer **aufgabenbezogenen Überleitung**, die die grundlegenden Informationen zum zweiten Gedicht enthält, formulieren Sie im **Hauptteil** den Gedichtvergleich. Entscheiden Sie sich, ob Sie die Gedichte eher **blockweise** oder **in einzelnen Aspekten** einander gegenüberstellen wollen. Beides ist möglich, der „verzahnte" Vergleich erlaubt aber meist eine differenziertere Darstellung, indem sich hier kleinere Unterschiede in direktem Bezug zum anderen Text herausstellen lassen. Runden Sie auch die zweite Teilaufgabe mit einer **reflektierten Schlussfolgerung** ab.

Was gibt es bei der Aufgabe sonst noch zu beachten?
Weil keine eigene Interpretation des zweiten Gedichts gefordert wird, kann es nötig sein, an der einen oder anderen Stelle im Vergleich Ihre Lesart dieses Gedichts mithilfe von Belegen und Erläuterungen zu untermauern.

Lösungsvorschlag

Die beiden Existenzformen **Sesshaftigkeit und Unterwegssein** erscheinen auch in dem undatierten Gedicht „In der Fremde" von Franz Grillparzer, der von 1791 bis 1872 lebte – und auch dort werden sie als problematisch dargestellt.
In Eichendorffs Gedicht ist das Reisen allerdings zunächst äußerst **positiv konnotiert**: Die beiden Gesellen brechen voller Tatendrang in eine freundliche Frühlingsnatur auf, ihre frohe Stimmung überträgt sich auf andere Menschen (vgl. die Strophen 1 und 2). Im Vergleich dazu fällt bei Grillparzer die **einseitig negative Sichtweise** des lyrischen Ich auf. Entgegen der landläufigen Meinung, dass Reisen bildet, scheint es hier sogar den Verstand zu kosten: „Vor Hören und vor Sehen / Vergeht mir der Verstand." (V. 3 f.) Kein Wort über schöne Landschaften und Gebäude, fremde Sprachen, kulinarische Spezialitäten, interessante Menschen und deren Sitten und Gebräuche, sondern nur über das strapaziöse Sehen und Hören, das weder mit Erholung noch mit Horizonterweiterung zu tun hat – im Gegenteil. Grillparzers lyrischem Ich ergeht es ähnlich wie Eichendorffs zweitem Gesellen, den die Reise mit ihren **visuellen und auditiven Reizen** schließlich **ermüdet** (vgl. V. 16–20, 22). Allerdings scheint dieser Effekt des Reisens bei Grillparzer vorzeitig (vgl. „[s]chon", V. 1) einzutreten, während dies bei Eichendorff erst im Alter der Fall ist.
Das **Unterwegssein** wird dabei in beiden Fällen mit der Existenzform der **Sesshaftigkeit kontrastiert**. Das Gedicht des Romantikers stellt ihm den Lebensentwurf des ersten Gesellen gegenüber, dessen Wanderschaft schon bald in einem neu gefundenen Zuhause mit Frau und Kind endet. In Grillparzers Gedicht dagegen erfolgt die Kontrastierung über die Überlegung des lyrischen Ich, „nach Hause" (V. 5) zurückzukehren. Gemeinsam ist den Texten dabei, dass diese Alternative **nicht als positives Gegenbild** zum Unterwegssein ausgemalt wird. Eichendorffs lyrisches Ich machen beide Lebensentwürfe traurig, und Grillparzers lyrisches Ich wehrt den Gedanken an die Heimkehr vehement mit dem Hinweis auf den dort zu erwartenden **zermürbenden Alltag** ab: „Dort stirbt des Lebens Leben / Im Einerlei mir aus." (V. 7 f.)
In beiden Gedichten ist das Reisen erst einmal ganz konkret als das **Unterwegssein in der Welt** zu verstehen. Bei Grillparzer wird dabei **kein Anspruch auf Allgemeingültigkeit** erhoben. Es geht letztlich nicht um das Reisen an sich, sondern um einen bestimmten Reisenden, der Identifikationsmöglichkeiten eröffnet, aber nicht erzwingt. Das lyrische Ich beschränkt sich in seiner Selbstansprache („Du", V. 5, 9 f.) ganz auf die eigene **Psychologie**: „Leben" (V. 7), „Heimat" (V. 12) und „Fremde[]" (V. 11) stehen für ein persönli-

Aufgabenbezogene Überleitung
Vorstellung von „In der Fremde"

Hauptteil: Vergleich
Eichendorff: Reisen zunächst positiv vs. Grillparzer: Reisen einseitig negativ besetzt

Problem der Ermüdung durch das Reisen in beiden Gedichten

Kontrast zwischen Unterwegssein und Sesshaftigkeit

Grillparzer: Beschränkung auf persönliche Psychologie

ches Existenzgefühl. Eine **objektive philosophische Sicht auf den Menschen und die Welt** wird **nicht vermittelt**. Allenfalls in der möglicherweise verallgemeinernden Ansprache „O Mensch" (V. 11) kann der Leser eine Andeutung sehen, dass sich das lyrische Ich als Vertreter eines bestimmten Menschentyps empfindet.

„Die zwei Gesellen" treten ebenfalls eine Reise im Wortsinn an. Anders als bei Grillparzer hat sie ein Ziel, zwar keinen bestimmten Ort, aber einen Zweck. Sie wollen sich **in der Welt bewähren**. Ihr Antrieb ist nicht nur moralischer Ehrgeiz, sondern auch Lust, denn die Welt erscheint ihnen alles in allem schön und verlockend.

<small>Eichendorff: Ziel der Reise</small>

Ebenso wenig wie Grillparzers handelt Eichendorffs Gedicht vom Reisen an sich; aber anders als bei Grillparzer geht es nicht um eine Einzelexistenz, sondern um die **menschliche Existenz als solche**. „In der Fremde" thematisiert die Psyche eines Individuums, „Die zwei Gesellen" das **Dasein des Menschen innerhalb der göttlichen Ordnung**. Eichendorffs lyrisches Ich blickt auf zwei ganz gewiss exemplarische Lebensläufe, eine durchschnittlich-bürgerliche und eine interessante, aber buchstäblich gestrandete Existenz. Zwar spielen subjektive Gefühle eine wichtige Rolle, wie Behagen, Faszination, Erschöpfung, Rührung, Angst und Trauer. Eigentliches Thema aber ist die **Diskrepanz zwischen der hohen Bestimmung des Menschen und seiner Unzulänglichkeit**, das Scheitern im Diesseits, das nur **Gott zum Guten wenden** kann. Die Gesellen haben nach dem Ende ihrer Reisen daher **noch einen Weg vor sich**: Die Reise im Wortsinn wird hier zur **Lebensreise** erweitert – und ihr Gelingen hängt von **Gottes Gnade** ab: „Ach Gott, führ uns liebreich zu dir!" (V. 30)

<small>Eichendorff: menschliches Dasein in göttlicher Ordnung</small>

Ein solcher **Hoffnung und Sinn stiftender Ausblick** fehlt in Grillparzers Gedicht. Es endet mit zwei offen bleibenden Fragen (vgl. V. 9 f.), die die **Hilflosigkeit** des lyrischen Ich im Hinblick darauf zeigen, wo es einen Ort, an dem es sich wohlfühlt, finden kann – und mit der **Klage**, „keine Heimat" (V. 12) zu haben. Es wird wohl seine Reise trotz Unerträglichkeit verlängern.

<small>Grillparzer: Heimatlosigkeit</small>

Dem **verzweifelten Gefühl der Fremdheit und Heimatlosigkeit** steht in Eichendorffs Gedicht ein **christliches Weltverständnis** gegenüber. Dort wird die menschliche Erfahrung, aus eigenem Vermögen nicht mehr weiterzukommen, in der Hoffnung aufgehoben, dass sich ein **neuer Weg** öffnen werde. Die Lebensreise kann prinzipiell noch ein gutes Ende nehmen. Grillparzers Gedicht dagegen zeigt keine Hoffnung auf; es bleibt der Eindruck von **Ausweglosigkeit**.

<small>Reflektierte Schlussfolgerung</small>

> **Grundkurs Deutsch (Nordrhein-Westfalen) – Übungsaufgabe 3**
> **I b: Vergleichende Analyse literarischer Texte**

Materialgrundlage:
Albert Ostermaier: *the motel chronicles*
Joseph von Eichendorff: *Allgemeines Wandern*

Aufgaben: Punkte
1. Interpretieren Sie Albert Ostermaiers Gedicht *the motel chronicles*. 42
2. Vergleichen Sie Ostermaiers Gedicht mit Joseph von Eichendorffs Gedicht *Allgemeines Wandern* im Hinblick darauf, wie das Motiv des Unterwegsseins inhaltlich ausgestaltet ist. Setzen Sie die Gedichte abschließend zu ihrem literaturgeschichtlichen Hintergrund in Beziehung. 30

Albert Ostermaier (*1967)
the motel chronicles (1999)

lass uns einfach aufbrechen
überleg nicht lange & von
motel zu motel ziehen es
müssen die einsamsten
5 sein die irgendwo auf einer
landstrasse ins nirgends
wie perlen an einer
billigen kette mit
platz dazwischen für
10 landebahnen tankstellen &
shops deren besitzer vor
langeweile
permanent im kreis gehen
wenn wir uns von ihnen
15 die schlüssel holen & in
ihren blicken den wüsten
sand sehen der ihnen die
farbe aus den augen
getrieben hat den stoischen
20 blicken wenn wir ihnen
erzählen von der welt
da draussen in den
städten hinter der sonne
& dass das leben dort
25 tatsächlich wie in den

fernsehprogrammen ist
die sie nachts statt worten
wechseln während
ihre kaugummis wie
30 sprechblasen zerplatzen
das bier in den händen
einschläft & wir noch
immer wach auf unserem
bett liegen bei offener
35 tür durch den spiegel
zuschauen wie der mond
sich auf der kühlerhaube
sonnt & wartet dass
ein truck vorbeizieht &
40 ihn mitnimmt

*Aus: Albert Ostermaier, Heartcore: Gedichte.
Suhrkamp Verlag. Frankfurt a. M. 1999. S. 27*

Joseph von Eichendorff (1788–1857)
Allgemeines Wandern (1837)

Vom Grund bis zu den Gipfeln,
So weit man sehen kann,
Jetzt blüht's in allen Wipfeln,
Nun geht das Wandern an:

5 Die Quellen von den Klüften[1],
Die Ström auf grünem Plan[2],
Die Lerchen hoch in Lüften,
Der Dichter frisch voran.

Und die im Tal verderben
10 In trüber Sorgen Haft,
Er möcht sie alle werben
Zu dieser Wanderschaft.

Und von den Bergen nieder
Erschallt sein Lied ins Tal,
15 Und die zerstreuten Brüder
Faßt Heimweh allzumal.

Da wird die Welt so munter
Und nimmt die Reiseschuh,
Sein Liebchen mittendrunter
20 Die nickt ihm heimlich zu.

Und über Felsenwände
Und auf dem grünen Plan
Das wirrt und jauchzt ohn Ende –
Nun geht das Wandern an!

Aus: Joseph von Eichendorff, Gedichte. Ausgabe letzter Hand. 1841.

Anmerkungen:
1 *Klüften:* Spalten bzw. Risse im Gestein oder Fels
2 *Plan:* Ebene, Fläche (hier auf die Landschaft bezogen)

Teilaufgabe 1

Hinweise und Tipps

- **Welche Aufgabenart liegt vor und wie sind die Teilaufgaben gewichtet?**
- Bei der vorliegenden Übungsaufgabe für das Abitur handelt es sich um den **Aufgabentyp I b**. Gefordert wird hierbei eine „**Vergleichende Analyse von literarischen Texten**". Dabei soll ein Gedicht von Albert Ostermaier interpretiert werden, um dieses dann mit einem Gedicht von Joseph von Eichendorff zu vergleichen. Teilaufgabe 1 ist mit 42 Punkten etwas stärker gewichtet als Teilaufgabe 2 mit 30 Punkten.
- **Was verlangt die Aufgabenstellung von mir?**
- Die erste Teilaufgabe entspricht einer **offenen Aufgabenstellung** ohne weitere Schwerpunktsetzungen. Das bedeutet, dass Sie selbst entscheiden müssen, welche Aspekte bei Ostermaiers Gedicht besonders relevant sind. Der komplexe Operator „**interpretieren**" verlangt dabei von Ihnen, dass Sie das Gedicht nach den im Unterricht erworbenen Kompetenzen im Umgang mit lyrischen Texten **untersuchen** und **deuten**. Dabei ist neben dem Inhalt insbesondere die **Form des lyrischen Sprechens** zu beachten, also die Sprache und die formale Anlage des Gedichts. Nur so können Sie zu einer **eigenständigen Deutung** (Sinnkonstruktion) gelangen.
- **Wie gehe ich bei der Bearbeitung der Aufgabe sinnvollerweise vor?**
- Da der Operator auf komplexe Interpretationsleistungen abzielt, müssen Sie sich noch einmal vergegenwärtigen, welche **Aspekte** für die Untersuchung eines Gedichts von **Bedeutung** sind und wie sie zueinander in **Beziehung** zu setzen sind. Lesen Sie sodann das Ostermaier-Gedicht ganz durch und notieren Sie sich, was Ihnen **bei der Lektüre aufgefallen** ist. Lesen Sie es dann ein zweites Mal und **markieren, unterstreichen** und **kommentieren** Sie es dabei entsprechend den zu untersuchenden Aspekten.
- Sortieren und bündeln Sie Ihre Notizen, Anmerkungen und Kommentare – so können Sie Ihre Interpretation bereits **vorstrukturieren**.
- Bevor Sie Ihre Untersuchungsergebnisse in einer schriftlichen Analyse darlegen, vergegenwärtigen Sie sich am besten noch einmal die im Unterricht erworbene **Struktur einer Textanalyse**, damit Sie auf der Basis Ihrer Untersuchungsergebnisse eine in sich **schlüssige und kohärente Deutung** verfassen können.
- **Wie kann ich meinen Aufsatz strukturieren?**
- Auf der Basis Ihrer Vorarbeit sollten Ihre Ausführungen eine **Einleitung**, einen **Hauptteil** und einen **Schluss** mit entsprechenden gedanklichen **Verknüpfungen** aufweisen. In der Einleitung machen Sie Angaben zu Autor, Titel, Textsorte, Thematik und Entstehungszeit. Im **Hauptteil** sollten Sie dann systematisch geordnet die einzelnen Aspekte ausführen, um im **Schluss** zu einer **reflektierten Deutung im größeren Zusammenhang** zu gelangen.
- **Was gibt es bei dieser Aufgabe sonst noch zu beachten?**
- Der aspektgeleitete Vergleich der beiden Gedichte verlangt von Ihnen schon bei der Analyse von Ostermaiers Gedicht **aufmerksames und zielführendes Lesen** im Hinblick auf das **Motiv des Unterwegsseins**. Denn wenn Sie diesen Aspekt schon in Teil-

aufgabe 1 im Fokus haben, fällt es Ihnen erheblich leichter, in Teilaufgabe 2 den Vergleich zu verfassen. Eine **literaturhistorische Zuordnung** muss in Teilaufgabe 1 **noch nicht zwingend** *geleistet werden, da diese erst in Teilaufgabe 2 explizit eingefordert wird. Dennoch ist es hilfreich, den Epochenkontext schon bei der Bearbeitung von Ostermaiers Text im Hinterkopf zu haben.*

Lösungsvorschlag

Das Gedicht „the motel chronicles" stammt von Albert Ostermaier und wurde 1999 in einem Gedichtband des Lyrikers veröffentlicht.	Einleitung
Der Text irritiert den Leser im ersten Moment wegen seiner ungewöhnlichen Form. Er verzichtet auf traditionelle Gedichtmerkmale wie Strophen und Reime sowie auf Satzzeichen. Zudem greift er auf Kleinschreibung, das Zeichen „&" (statt des Wortes „und") und scheinbar willkürlich gesetzte Zeilenumbrüche zurück. Es handelt sich um einen – auch in seiner äußeren Form – **bewusst gestalteten Text**, der bei genauerer Betrachtung durchaus kunstvoll genannt werden kann.	Hauptteil Erster Leseeindruck und Form
Das Gedicht beginnt (vgl. V. 1–3) mit der vom lyrischen Ich an sein Gegenüber gerichteten Aufforderung zum spontanen Aufbruch aus einer nicht näher bestimmten Lebenssituation. Es möchte mit ihm – wie in einem Roadmovie – „von / motel zu motel" (V. 2 f.) ziehen. Etwas anders als der Titel vermuten lässt, wird hier also nicht die Geschichte verschiedener Motels erzählt. Die ziellose Reise des – so darf man schließen – **Pärchens** steht im Mittelpunkt des Gedichts. Im Folgenden wird zunächst Lage und Umgebung der Motels geschildert (vgl. V. 4–11). Dann beschreibt das lyrische Ich die Begegnung mit den Motelbesitzern (vgl. V. 11–32), die mit leeren Blicken ihre Arbeit verrichten und nachts Kaugummi kauend und Bier trinkend durch die TV-Kanäle zappen. Abschließend wendet sich das Gedicht den beiden Reisenden (vgl. V. 32–40) zu, die nach den Erlebnissen des Tages wach auf ihrem Bett liegen und im Spiegel den Mond beobachten, der sich zudem auf einer Kühlerhaube spiegelt.	Inhalt und Aufbau
Das lyrische Ich sucht offenbar **Ferne** („irgendwo", V. 5) und **Einsamkeit** („es / müssen die einsamsten / sein", V. 3 ff.; „landstrasse ins nirgends", V. 6). Der Vergleich mit einer billigen Perlenkette (vgl. V. 7 f.) deutet dabei bereits die **Trostlosigkeit** der Motels an. Was das Paar genau erlebt, erfährt man nicht. Der Fokus wird bald auf das erlebnisarme Leben der Motelbesitzer verlagert.	Lage der Motels und Umgebung
Deren „langeweile" (V. 12) wird direkt benannt – dass sie „permanent im kreis gehen", kann man als Bild für die **Eintönigkeit ihrer Lebenssituation** verstehen. Mit eindrucksvollen **Bildern**, **Vergleichen** und **Metaphern** verdeutlicht Ostermaier ihre **Trostlosigkeit**. Die **öde Umgebung** spiegelt sich in ihren Augen und Blicken wi-	Die Motelbesitzer

der: „in / ihren blicken den wüsten / sand [...] der ihnen die / farbe aus den augen / getrieben hat" (V. 15–19). Auf die Erzählungen der Gäste reagieren sie **regungslos** mit „stoischen blicken" (V. 19 f.). In ihrer landschaftlichen wie menschlichen Einsamkeit haben sie nichts zu erzählen, sondern erfahren lediglich von den Gästen etwas über das Leben in den fernen Städten, das „tatsächlich wie in den / fernsehprogrammen ist" (V. 25 f.). Es scheint **keine Kommunikation** oder ein freudiges Miteinander zu geben: Anstatt „worte[]" zu „wechseln" (V. 27 f.), konsumieren sie – Fernsehen, Kaugummis, Bier. Der Mangel an zwischenmenschlicher Verständigung zeigt sich auch im Vergleich der zerplatzenden Kaugummis mit Sprechblasen. Die Motelinhaber sitzen nicht beim Bier in geselliger Runde, sondern „das bier in den händen" (V. 31) schläft ein – die Personifikation des Getränks wirkt hier aber nicht wie eine Belebung des Unbelebten, sondern unterstreicht nur die **trostlose Atmosphäre**.

Vor diesem Hintergrund erklärt sich der **Titel** des Gedichts – denn es werden sehr wohl Geschichten der Motels und ihrer Betreiber erzählt, auch wenn diese völlig stumm bleiben und nur hören können, was ihnen die Gäste berichten.

Gedichttitel

Im Gegensatz zu den einschlafenden Motelinhabern liegt das Paar wach auf dem Bett. Die „offene[] tür" (34 f.) deutet ihre **Offenheit** für die **unmittelbare Erfahrung der Welt** an, die die Motelbesitzer nur über das Medium Fernsehen, also mittelbar, wahrnehmen können. Dass das Paar den Mond – ein typisch romantisches Motiv – beobachtet, weckt kurzzeitig Assoziationen an Harmonie, Einheit mit der Natur und eine Liebesnacht. Doch die geweckten Vorstellungen werden **mehrfach gebrochen**: Erstens wird der Mond in einer Art paradoxem, **irritierendem Sprachspiel** erwähnt – er sonnt sich (vgl. V. 38). Zweitens ist die Beobachtung doch nicht so unmittelbar wie zunächst gedacht, denn sie ist von einer **zweifachen Spiegelung** geprägt („durch den Spiegel", V. 35; „auf der Kühlerhaube", V. 37). Drittens „wartet" der Mond darauf, „dass / ein truck vorbeizieht & / ihn mitnimmt" (V. 38 ff.), scheint also selbst **Sehnsucht** nach der Ferne zu haben. Das Gedicht ist zwar darauf angelegt, das trostlose Leben der anderen im **Kontrast** zum Leben des aktiven Paares darzustellen, doch zugleich wird der **Eindruck unterlaufen**, dass ihr **Unterwegssein ungetrübtes Glück** bedeutet.

Das Paar

Während die Motelbesitzer in trostloser Resignation leben, sucht das **Paar nach einem anderen Leben**. Sein Unterwegssein könnte dabei eine Art **Schutz vor solcher Trostlosigkeit** sein. Es ist bezeichnend, dass die Motelinhaber „permanent im kreis gehen" (V. 13), während es das Paar in die Ferne zieht.

Der Aspekt des **permanenten Unterwegsseins** spiegelt sich im **Fehlen von Satzzeichen** und in der **Syntax**: Ab V. 3 besteht das

Syntaktische und formale Anlage

Gedicht aus einem hypotaktischen Satz, der wie bei einer nicht enden wollenden Reise ohne syntaktische Einschnitte voranschreitet. Aufgrund der Komplexität des Satzes entgeht es dem Leser fast, dass der Relativsatz (V. 5–11) nie syntaktisch geschlossen wird – es fehlt das Prädikat. Zusammen mit dem Umstand, dass das Gedicht mit dem Bild des Weiterfahrens und ohne Punkt endet, könnte man dies als Hinweis auf die ins Offene weisende Bewegung deuten.
Das in früheren Texten der Literaturgeschichte häufig dargestellte **Potenzial des Reisens** als Möglichkeit, der Trostlosigkeit zu entfliehen, die Natur zu erleben oder gar das Ich zu formen, scheint in Ostermaiers Gedicht nur noch auf – **realisierbar wirkt es nicht**. Darin darf man die **moderne Skepsis gegenüber einfachen Glücksverheißungen und Idealisierungen** mitlesen.

Schluss
Reflektierte Gesamtdeutung

Teilaufgabe 2

Hinweise und Tipps

Was verlangt die Aufgabenstellung von mir?

Teilaufgabe 2 verlangt von Ihnen den **Vergleich** von Ostermaiers Text mit dem zweiten Gedicht „Allgemeines Wandern" von Eichendorff. Es wird ein Aspekt benannt, auf den sich der Vergleich konzentrieren sollte: das **Motiv des Unterwegsseins**.
Zusätzlich wird von Ihnen erwartet, dass Sie die beiden Gedichte aufgrund Ihrer Untersuchungsergebnisse **literarischen Epochen** zuordnen.

Wie gehe ich bei der Bearbeitung der Aufgabe sinnvollerweise vor?

Zunächst erschließen Sie sich das zweite Gedicht mithilfe von Markierungen und Randnotizen. Denn nur wenn Sie ein **vertieftes Verständnis** des Textes gewonnen haben, können Sie den Vergleich in angemessener Weise bewältigen. Das Verfassen des **Vergleichs** bereiten Sie am besten vor, indem Sie – z.B. in einer Tabelle – die **Unterschiede und Gemeinsamkeiten** vermerken, und zwar bezogen auf die jeweils geforderten Aspekte:

Ostermaier	Eichendorff
– offenbar mit dem Auto unterwegs	– zu Fuß unterwegs
– ...	– ...
– Unterwegssein im Kontrast zu Trostlosigkeit der Daheimbleibenden	– Unterwegssein im Kontrast zu Trostlosigkeit der Daheimbleibenden
– prägende Stimmung: trostlos	– prägende Stimmung: euphorisch
– ...	– ...

Zur Vorbereitung der literaturgeschichtlichen Zuordnung machen Sie sich noch einmal kurz die **Kennzeichen der Romantik und der Gegenwartsliteratur** bewusst und

✒ *denken Sie daran, dass hierbei auch formale Aspekte relevant sein können.* **Notieren**
✒ *Sie dann Merkmale der Gedichte, die sich hierzu in Bezug setzen lassen.*

✒ **Wie kann ich meinen Aufsatz strukturieren?**
✒ *Beginnen Sie mit einer **aufgabenbezogenen Überleitung**, in der Sie z. B. das beide*
✒ *Texte verbindende Motiv des Unterwegsseins erwähnen. Im **Hauptteil** formulieren*
✒ *Sie den Vergleich aus. Achten Sie darauf, Ihre Ergebnisse **aspektorientiert, geordnet***
✒ ***und aufeinander aufbauend** darzulegen. Die literaturgeschichtliche Einordnung*
✒ *lässt sich als Schlussteil gestalten.*

✒ **Was gibt es bei der Aufgabe sonst noch zu beachten?**
✒ *Während Sie in Ihrer Interpretation des Ostermaier-Gedichts dessen Deutung bereits*
✒ *am Text ausführlich belegt haben, gilt das für Eichendorffs Gedicht nicht, da Sie zu*
✒ *diesem keine gesonderte Interpretation verfassen sollten. Daher kann es nötig sein, im*
✒ *Zuge des Vergleichs an gewissen Stellen die Lesart dieses Gedichts etwas genauer zu*
✒ *erläutern und zu untermauern – zum Beispiel mithilfe von Textbelegen.*

Lösungsvorschlag

Auch das Gedicht „Allgemeines Wandern" von Joseph von Eichendorff aus dem Jahr 1837 ist von dem **Motiv des Unterwegsseins** geprägt. Allerdings **unterscheiden** sie sich doch stark im Hinblick darauf, wie dieses inhaltlich und atmosphärisch ausgestaltet wird. Während das Paar in Ostermaiers Gedicht mit dem **Auto** von Motel zu Motel reist, wandern bei Eichendorff die Menschen, sind also **zu Fuß** unterwegs. Diese zunächst oberflächlich erscheinende Beobachtung ist aber durchaus bedeutsam: Die Wandernden erleben die erwachende und reiche **Frühlingsnatur hautnah** (vgl. z. B. V. 1, 3, 5), während das Auto fahrende Paar an die Straße gebunden ist und die Umgebung **nur aus dem Fahrzeug wahrnehmen** kann. Es wirkt zudem so, als käme es mit der Natur kaum in Berührung: Jedenfalls nehmen die beiden Reisenden vor allem Elemente der Zivilisation wie Motels, Landebahnen und Tankstellen wahr. Die Natur kommt allenfalls als Spiegelung vor („in / ihren blicken den wüsten / sand", V. 15 ff., vgl. auch V. 35) – von **unmittelbarer Naturerfahrung** kann hier daher **keine Rede** sein. Bei Eichendorffs Gedicht darf man dabei annehmen, dass die Menschen nur den Tag über unterwegs sind, während das Paar bei Ostermaier eine unbestimmte Zeit lang reist. Gemeinsam ist ihnen allerdings, dass sie kein bestimmtes Ziel ansteuern bzw. dass in gewisser Weise das **Unterwegssein das Ziel** ist.

In beiden Gedichten wird ein **Kontrast zwischen den Reisenden** und **denen, die in ihrem Zuhause sind**, aufgebaut. Bei Ostermaier stehen dem reiselustigen Paar die gelangweilten Motelbesitzer in ihrer öden Trostlosigkeit gegenüber, bei Eichendorff dem aufbre-

Aufgabenbezogene Überleitung

Vergleich
Art des Unterwegsseins

Bezug zur Umgebung/zur Natur

Dauer des Unterwegsseins

Unbestimmtes Ziel

Kontrast zwischen Reisenden und Daheimgebliebenen

chenden „Dichter" (V. 8) die Menschen, die „[i]n trüber Sorgen Haft" (V. 10) „im Tal verderben" (V. 9). Doch kraft seines „Lied[es]" (V. 14) gelingt es dem Dichter, die Menschen **zur Wanderschaft zu bewegen**: „Da wird die Welt so munter / Und nimmt die Reiseschuh" (V. 17 f.). Eine solch positive Wirkung von Kommunikation bleibt in Ostermaiers Gedicht aus: Sie findet erst gar nicht statt (vgl. V. 27, 30) oder hat keine **vergleichbar belebende Wirkung**, wie der Umstand zeigt, dass das Leben in der „welt / da draussen" (Z. 21 f.), von der das Paar erzählt, „tatsächlich wie in den fernsehprogrammen" (Z. 25 f.) ist – eine Reise dorthin erscheint also nicht gerade lohnenswert. Kommunikation

Und auch die Tour des Paares selbst scheint **nicht zu beglücken**. Sie erleben nichts für sie Schönes, Einmaliges oder Bedeutsames, nichts, was sie wirklich ergreift, emotional berührt – zumindest erfährt der Leser nichts davon. Selbst die im letzten Teil des Gedichts angespielte romantische Situation ist **mehrfach gebrochen**, sodass sie als Bild beglückender Zweisamkeit kaum taugt. Reisen erscheint hier also **nicht als Form berauschender Welterfahrung**. In Eichendorffs Gedicht dagegen wird das **Unterwegssein gepriesen**. Grund dafür sind die im Frühling aufblühende Natur und das wiedererweckte Leben (vgl. V. 3 f.). Das Wandern wird als eine durchweg beglückende, nahezu **euphorisierende Begegnung mit der Natur** empfunden – „Das wirrt und jauchzt ohn Ende" (V. 23) – und bedeutet zudem **Geselligkeit**. Mit dem Reisen verbundene Erfahrungen

Das Unterwegssein in Eichendorffs Gedicht hat so in mehrfacher Hinsicht eine ganz andere Bedeutung als in Ostermaiers Gedicht: Beim Romantiker führt es die **Menschen mit der Natur zusammen**, erzeugt **überschäumende Freude** und verbindet die Menschen zu einer **Gemeinschaft** – beim Gegenwartsschriftsteller **fehlt eine echte Begegnung mit der Natur**, die Reise scheint **nicht besonders beglückend** zu sein und **gemeinschaftsstiftend** ist sie allenfalls im Hinblick auf die **Zweierbeziehung des Paares**. Zusammenfassung

Typisch für die Romantik sind dabei in Eichendorffs Gedicht sicherlich die **schlichte Volksliedform** (u. a. dreihebiger Jambus, Wechsel von weiblichen und männlichen Kadenzen), die harmonische **Klanggestaltung** (vgl. z. B. die Alliteration „Lerchen [...] Lüften", V. 7) und die **einfache Sprache** als Sprache des Volkes sowie das Thema der **Wanderschaft**. Die wichtige Rolle des im Gedicht genannten **Dichters als Motivator**, der die Menschen aufruft, seinem Vorbild nachzueifern und sich in die Natur zu begeben, entspricht dabei der großen Bedeutung, die damals dem Poeten zugeschrieben wurde: Ihm fiel die Aufgabe zu, die Welt zu **romantisieren**. Er machte die **ideale und idealisierte Welt** sichtbar. Schluss
Epochenbezug Romantik (Eichendorff)

Dieser so positiven Botschaft steht das Gedicht „the motel chronicles" von Albert Ostermaier diametral entgegen. Es gibt nichts Fröhliches, Beglückendes, obwohl die Menschen es sich leisten können, mit dem Auto lange Reisen zu unternehmen. Die **desillusionierende Wirkung** des Gedichts ist dabei ebenso als typischer Zug moderner Lyrik zu verstehen wie seine formale Anlage mit durchgehender **Kleinschreibung** und ohne **Satzzeichen**. Besonders im Kontrast zu Eichendorffs Gedicht kann man hier die Darstellung einer (in der Gegenwartsliteratur häufiger zu findenden) **Entfremdung des Menschen von der Natur** mitlesen – eine Entfremdung, die sich auch aus dem die Distanz fördernden, technischen Reisemittel des Autos ergibt. Treibt man die Deutung noch weiter, dann kann man gegebenenfalls das Unterwegssein hier auch als Sinnbild des modernen Menschen insgesamt deuten: immer auf der Suche, aber ziellos.

<small>Epochenbezug Moderne (Ostermaier)</small>

Grundkurs Deutsch (Nordrhein-Westfalen) – Übungsaufgabe 4
II a: Analyse eines Sachtextes mit weiterführendem Schreibauftrag

Materialgrundlage
Friedhelm Zubke: *Motive moralischen Handelns in Lessings „Nathan der Weise"*

Aufgaben:
1. Analysieren Sie den vorliegenden Textauszug aus Friedhelm Zubkes literaturwissenschaftlichem Werk *Motive moralischen Handelns in Lessings „Nathan der Weise"*. Untersuchen Sie dabei, wie der Verfasser seine Position gedanklich entwickelt und argumentativ ausgestaltet. Berücksichtigen Sie zudem die sprachliche Gestaltung. 39
2. Stellen Sie knapp die drei Frauenfiguren Recha, Daja und Sittah in ihren Grundzügen dar. Prüfen Sie am Beispiel Rechas abwägend, ob bzw. inwiefern Zubkes Einschätzung zuzustimmen ist, dass in *Nathan der Weise* die Frauen die Handelnden seien, während die Männer nur reagieren würden. 33

Friedhelm Zubke
Motive moralischen Handelns in Lessings *Nathan der Weise* (Auszug)

Durch einen Vergleich der handelnden Personen in „Nathan der Weise" kommt man zu einem überraschenden Ergebnis: Der eindrucksvolle Monolog Nathans im Sultanspalast oder der furchteinflößende Auftritt des Patriarchen im Gespräch mit dem Tempelherrn mag nach dem ersten Augenschein den Eindruck erwecken, die Männer
5 seien es, von denen das Handeln ausgeht. Eine genaue Textanalyse ergibt, dass Nathan, der Patriarch und die übrigen Männer auf ein Ereignis oder auf eine Situation reagieren. Nathan wurde vom Sultan eine Aufgabe gestellt, auf die er mit einem „Geschichtchen", der Ringparabel, reagiert. So hofft er der bedrohlichen Situation entkommen zu können. (III, 7) Ähnlich der Patriarch. Als er einer Anfrage des Tem-
10 pelherrn entnimmt, dass in Jerusalem ein Jude lebt, der seine christlich getaufte Pflegetochter nicht in ihrem Glauben unterweist, sieht er sich gefordert, diesen Frevel mit dem historisch überkommenen Kirchenrecht zu sanktionieren. (IV, 2) Im „Nathan" reagieren Männer, sie sind nicht die Agierenden, von denen eine entscheidende Initiative ausgeht. Couragiert Handelnde, die mit ihrer Initiative in das Geschehen ein-
15 greifen, sind Frauen.

Lessing stellt die Frau gleichwertig neben den Mann. Damit setzt Lessing sich deutlich vom Frauenbild des 18. Jahrhunderts ab. Das Jahrhundert Lessings sah die Frau nicht als ein dem Mann gleichwertiges menschliches Wesen an. Sie war dem Mann untertan. Für Rousseau war die Frau ihrem Mann Gehorsam schuldig, sie hatte
20 ihm zu gefallen. (Rousseau 1983[1], Fünftes Buch, insbes. S. 429 ff.) Von Bildung blieb die Frau ausgeschlossen. Ihre Unterweisung beschränkte sich auf Tätigkeiten, die als fraulich galten. In seinem „Lied von der Glocke" verbannt Schiller die Frau in das Haus. Er zeichnet eine Familienidylle mit der überkommenen Frauenrolle: „Und

drinnen waltet / Die züchtige Hausfrau / Die Mutter der Kinder, / Und herrschet weise / Im häuslichen Kreise". (Schiller 2004², Bd. 1, S. 433) Dort, im Hause, hat sie ihren Wirkungskreis. Schillers Frauenbild im „Lied von der Glocke" reiht sich ein in eine lange Tradition. […]³

Recha, Sittah und Daja im „Nathan"
Mit ihrer rationalen Argumentation weist Recha sich als Tochter Nathans aus. Sie hat gelernt, Verunsicherungen, ja selbst Versuchen der Einschüchterung mit der Waffe der Vernunft zu begegnen. Als Agierende ist sie selbst Nathan überlegen: Er hält seine Gefühle unter Kontrolle, während Recha sie bewusst strategisch zur Durchsetzung ihrer Interessen einsetzt.

Auffallend ist es, mit welcher Konsequenz Recha ihre Interessen gegenüber Erwachsenen vertritt. Dem Vater wirft die 18-Jährige nach dessen Rückkehr von einer langen Geschäftsreise vor, nicht sie, die Tochter, als erste begrüßt zu haben, sondern sich vorher mit Daja unterhalten zu haben. Um ihrem Anrecht als Bevorzugte des Vaters Geltung zu verleihen, setzt Recha sich darüber hinweg, dass Nathan Daja als erste Person begegnete. Nathan lässt sich die Zurechtweisung durch seine Tochter gefallen, weil er ahnt, dass Recha das vertrauensvolle Vater-Tochter-Verhältnis gewahrt wissen will. Der erheblich älteren Daja ist Recha im Gespräch überlegen. Stringentes Denken, mit dem Recha zu brillieren versteht, ist Daja fremd. Ihren Verstand setzt Recha nicht ein, um sich über andere zu erheben, sie agiert ohne jeden Anflug von Herabsetzung.

Welche Aktivität Recha entfalten kann, stellt sie unter Beweis, als ihr bewusst wird, dass der Patriarch ihren Vater mit dem Tod auf dem Scheiterhaufen bestrafen wird, wenn er erfährt, dass Nathan seine Tochter nicht als Christin erzieht, dass er sie im jüdischen Glauben aufwachsen lässt. Recha sieht sich zum Handeln gezwungen, als sie erkennt, dass sie gegen ihren Willen vom Vater getrennt werden soll.

Hilfe verspricht Recha sich von dem in Jerusalem politisch Einflussreichsten, dem Sultan. Sie sucht ihn aber nicht direkt auf, sie erhofft sich ein weitaus größeres Maß an Unterstützung, wenn es ihr gelingt, die Schwester Saladins für sich zu gewinnen. Auf das Angebot Sittahs, sie als gleichwertige Partnerin anzusehen, geht Recha nicht ein, weil sie Sittah in der Rolle der Schwester des Mächtigen mit ihrem Anliegen erreichen will. Deshalb greift Recha keine der ihr von Sittah vorgeschlagenen Anreden – „Freundin", „Schwester" oder „Mütterchen" – (V, 6, V. 372 f.) auf. Sie bleibt stattdessen bei der Anrede „Prinzessin". (V, 6, V. 371) Recha durchschaut, dass die kommunikative Ebene von Schwestern die zwischen ihr und Sittah bestehenden gesellschaftlichen Schranken nicht niederreißt. Die Angebote „Freundin" und „Schwester" können nicht ernst gemeint sein, wenn Sittah Recha gegenüber auch die Rolle des „Mütterchen" spielen will. Kritik enthält Rechas Entgegnung: „Sittah, / Du spottest deiner kleinen Schwester". (V., 6, V. 377). Trotz der sie umtreibenden Sorge um den Vater nimmt Recha hellwach die Gesprächssituation wahr. Sittahs Versuch, mit ihr zu spielen, über sie zu spotten, weist Recha zurück. Unabhängig vom Altersunterschied zwischen ihr und Sittah verlangt Recha, als Gesprächspartnerin ernst genommen zu werden. In ähnlicher Weise trat Recha Dajas Gottesbild entgegen: „Daja! / Was sprichst du da nun wieder, liebe Daja! / Du hast doch wahrlich deine sonderbaren Begriffe!" (III, 1, V. 37 ff.) Recha wirkt hier wie eine Ältere, die eine unerfahrenere Jüngere nachsichtig auf eine nicht haltbare Meinung hinweist. In beiden Situationen setzt Recha sich mit älteren, erfahreneren Gesprächspartnerinnen furchtlos auseinander. Sie steckt das Feld für gleichberechtigte Kommunikation ab.

Aus: Friedhelm Zubke: Motive moralischen Handelns in Lessings „Nathan der Weise". Universitätsverlag Göttingen, 2008, S. 133–135.

Anmerkungen:
1 Erstveröffentlicht von Jean-Jacques Rousseau (1712–1778) im Jahr 1762.
2 Friedrich Schillers *Lied von der Glocke* stammt ursprünglich aus dem Jahr 1799.
3 Die Textkürzung an dieser Stelle betrifft nur etwa zehn Zeilen und beeinträchtigt nicht die argumentative Struktur: Der Verfasser führt hier nur weitere Belege für das tradierte Frauenbild an.

Teilaufgabe 1

Hinweise und Tipps

Welche Aufgabenart liegt vor und wie sind die Teilaufgaben gewichtet?
*Die Aufgabenstellung entspricht dem **Aufgabentyp II a**: Analyse eines Sachtextes mit weiterführendem Schreibauftrag. Die **Punkteverteilung** für beide Teilaufgaben ist **fast gleich**, was Sie sowohl bei der Zeiteinteilung als auch beim Umfang der zu verfassenden Lösungsteile beachten sollten.*

Was verlangt die Aufgabenstellung von mir?
*Durch den sich auf alle drei Anforderungsbereiche beziehenden **Operator „Analysieren"** wird eine umfassende Durchdringung des vorliegenden Textauszugs erwartet, die allerdings durch die angegebenen Teilaspekte fokussiert wird. So sollen Sie darauf eingehen, wie der Verfasser seine **Position gedanklich entwickelt** und **argumentativ ausgestaltet**. Mit der gedanklichen Entwicklung der Position ist gemeint, welche inhaltlichen Aspekte der Verfasser aufeinander folgen lässt. Der Aspekt der argumentativen Ausgestaltung bezieht sich auf die Frage, wie der Verfasser argumentiert, also unter anderem darauf, welche Funktion einzelne Teile des Textes für seinen Versuch haben, die eigene Position als die richtige erscheinen zu lassen, und auf welche Art und Weise er seine Auffassung begründet.*
*Außerdem gilt es auch einen besonderen Fokus auf die **Sprachgestaltung** zu legen.*

Wie gehe ich bei der Bearbeitung der Aufgabe sinnvollerweise vor?
*Zunächst lesen Sie sich den vorliegenden Textauszug einmal konzentriert durch und versuchen dabei bereits, einzelne **Sinnabschnitte** auszumachen, nach denen er sich sinnvoll gliedern lässt. Danach können Sie bei **mehreren weiteren Lesedurchgängen** einzelne Stellen farbig markieren, die Ihnen für die Analyse wichtig erscheinen. Achten Sie dabei besonders auf den **Argumentationsgang** und **sprachlich-stilistische Auffälligkeiten**, die Sie in Ihrem Aufsatz erwähnen wollen.*

Wie kann ich meinen Aufsatz strukturieren?
*In der **Einleitung** können Sie über ein Interesse weckendes Thema zur eigentlichen Aufgabe hinführen. Auf jeden Fall stellen Sie den vorliegenden Textauszug kurz vor,*

- indem Sie den Verfasser, den Titel, das Erscheinungsjahr und das Thema nennen.
- Der **Hauptteil** umfasst die **Analyse** des Textauszugs. Gehen Sie dabei am besten nach den einzelnen Sinnabschnitten vor und stellen Sie dar, wie der Verfasser versucht, seine Leser von seiner Meinung zu überzeugen. Schon dabei können Sie immer wieder auch auf einzelne **sprachliche Mittel und deren Funktion** im Text hinweisen.
- Darüber hinaus bietet es sich an, am Ende noch einmal in einem separaten Abschnitt auf bestimmte sprachliche Aspekte einzugehen, die den gesamten Textauszug prägen.
- Es ist sinnvoll, die erste Teilaufgabe mit einer Art **Zwischenfazit** abzuschließen, an das Sie dann in Teilaufgabe 2 anknüpfen können.

- *Was gibt es bei dieser Aufgabe sonst noch zu beachten?*
- Bei der Bearbeitung der vorliegenden Aufgabe ist es besonders wichtig, den Textauszug **nicht einfach nur zusammenzufassen** und seinen Inhalt nachzuerzählen. Das würde dem Operator „analysieren" nicht gerecht werden. Stattdessen sollten Sie den Argumentationsgang des Textes herausarbeiten und untersuchen, wie der Verfasser seine Inhalte darlegt und warum er es auf diese Weise tut.

Lösungsvorschlag

Gotthold Ephraim Lessings 1779 erschienenes Schauspiel „Nathan der Weise" gilt als das Drama der **Aufklärung** schlechthin. Sein titelgebender **Protagonist steht** wie kaum eine andere literarische Figur für den **Sieg der Vernunft über Vorurteile** und über religiösen Fanatismus. **Nebenfiguren** wie Recha und Sittah genießen dagegen **weit weniger Berühmtheit** – zu Unrecht, meint Friedhelm Zubke, der in dem vorliegenden Auszug aus seinem 2008 erschienenen literaturwissenschaftlichen Werk „Motive moralischen Handelns in Lessings ‚Nathan der Weise'" die **Frauenfiguren** als die **eigentlichen Akteure** der Dramenhandlung ausmacht.

Einleitung
Nathan als paradigmatische Figur der Aufklärung

Hinführung zu Zubkes Text und Vorstellung des vorliegenden Textauszugs

Der Textauszug lässt sich in **drei Teile** gliedern: Im ersten Abschnitt (Z. 1–15) formuliert Zubke seine **These**, im zweiten Abschnitt (Z. 16–27) führt er in einem Exkurs aus, dass Lessing sich mit seiner Darstellung der weiblichen Figuren vom Frauenbild des 18. Jahrhunderts abhebt, und der dritte und zugleich längste Teil (Z. 28–71) enthält **Beispiele**, die die These stützen sollen. Schon diese Klarheit des Aufbaus lässt den Text auf struktureller Ebene **seriös und wissenschaftlich wirken**.

Hauptteil
Argumentative Grundstruktur des Textes

Zubke beginnt mit einem „überraschenden Ergebnis" (Z. 2), zu dem seine Untersuchung des Dramas „Nathan der Weise" gekommen sei. Dieses beschreibt er in Form einer **Gegenüberstellung**: Zunächst schildert er den ersten Eindruck, den das Stück mit seinen zentralen Szenen wie Nathans Darlegung der Ringparabel oder dem Wüten des Patriarchen im Gespräch mit dem Tempelherrn erwecken würde, um diesen anschließend zu korrigieren und ins Gegenteil zu verkehren: Obwohl es zunächst so wirke, als seien es „die **Männer**

Analyse des 1. Sinnabschnitts: Deutungshypothese

[...], **von denen das Handeln ausgeht**" (Z. 4 f.), kommt Zubke zu dem Schluss, dass diese **eigentlich nur reagieren** würden, was er anhand der beiden bereits genannten Szenen beispielhaft belegt. Am Ende des ersten Sinnabschnitts fasst er seine Deutungshypothese in zwei chiastisch gebauten Sätzen zusammen, die inhaltlich antithetisch aufeinander bezogen sind und dadurch seiner Behauptung besonderes Gewicht verleihen: Nicht die Männer seien in Lessings Drama die aktiv Agierenden, sondern die **Frauen**, „die mit ihrer Initiative in das Geschehen eingreifen" (Z. 14 f.), **seien die eigentlichen Handlungsträger.**

Auf diese These folgt im zweiten Sinnabschnitt ein knapper (literatur-)geschichtlicher **Exkurs zum Frauenbild des 18. Jahrhunderts**, von dem Lessing laut Zubke mit seiner Darstellung abweicht. Auch hier arbeitet Zubke wieder mit **Entgegensetzungen** und Beispielen: Er kontrastiert das damals dominierende **Frauenbild**, nach dem eine Frau „dem Mann untertan" (Z. 18 f.) sein sollte, mit **Lessings Auffassung von der Rolle der Frau** („Lessing stellt die Frau gleichwertig neben den Mann.", Z. 16). Um **Lessings Modernität** zu unterstreichen, nennt er zwei bekannte Beispiele aus Wissenschaft und Literatur, die das vorherrschende Frauenbild veranschaulichen. Er beschreibt **Rousseaus Weltanschauung**, nach der die Frau ihrem Mann zu gehorchen hatte und von Bildung ausgeschlossen bleiben sollte (vgl. Z. 19 ff.), und zitiert **Schillers „Lied von der Glocke"**, in dem die Frau explizit auf den häuslichen Bereich verwiesen wird (vgl. Z. 22 ff.). Die kundigen Leser*innen haben dabei sicher im Hinterkopf, dass mit Sittah und Recha in „Nathan der Weise" zwei durchaus gebildete Frauen auftreten, die sich nicht auf eine als typisch weiblich geltende Sphäre beschränken lassen. Auf diese Weise schafft es Zubke, **Lessing und sein Werk als besonders fortschrittlich** zu zeigen und damit implizit auch seine eigene Behauptung von den **aktiv handelnden Frauenfiguren** in Lessings Hauptwerk zu **untermauern.**

Analyse des 2. Sinnabschnitts: Exkurs zum Frauenbild des 18. Jahrhunderts

Der längste und letzte Abschnitt des Auszugs widmet sich einer detaillierten **Betrachtung der Frauenfiguren** in Lessings dramatischem Gedicht – und zwar mit dem Hauptaugenmerk auf Recha. Zubke präsentiert sie durch erneute **Gegenüberstellungen mit anderen Figuren** des Stücks als besonders scharfsinnig, **intelligent und selbstbewusst.** Damit verfolgt er wiederum das Ziel, seine anfangs aufgestellte These glaubwürdig zu belegen. Aus diesem Grund beginnt er gleich damit, Recha als „selbst Nathan überlegen" (Z. 31) zu zeigen. An dieser Stelle benutzt er in seinem ansonsten eher **sachlich gehaltenen Text** sogar ein sprachliches Bild: Für Zubke ist Recha „mit der Waffe der Vernunft" (Z. 30 f.) ausgestattet. Damit betont er, wie wirksam Rechas **rationales Denken** ist und wie **kämpferisch** sie dieses für ihre Zwecke einsetzt. Auch

Analyse des 3. Sinnabschnitts: Beispiele aus „Nathan der Weise"

damit versucht Zubke also wieder, **Recha als aktiv handelnde Figur** herauszustellen. Die gleiche Intention liegt seinen Ausführungen zu **Rechas Gesprächsverhalten** gegenüber Erwachsenen zugrunde. Er betont ihre Jugend gleich mehrmals (vgl. Z. 34 f., 41, 64 ff., 68 ff.), um ihre **kommunikative Stärke** noch deutlicher hervorzuheben. Außerdem unterstreicht er auf diese Weise die **aufklärerische Botschaft** des Stücks, da diejenige, die am vernünftigsten zu argumentieren weiß, in seinen Augen am Ende die größte Überzeugungskraft besitzt und am überlegensten wirkt. In diesem Zusammenhang verwendet Zubke metaphorisch anmutende Verben und Adjektive wie „brillieren" (Z. 42) oder „hellwach" (Z. 63), die Rechas geistige Gaben nachdrücklich veranschaulichen. Immer wieder kommen außerdem **Begriffe aus den Wortfamilien des Handelns und der Aktivität** in Bezug auf Recha vor (vgl. Z. 31, 43, 45, 48). Auch über diese Wortwahl versucht Zubke, seine Deutungshypothese von der Handlungsaktivität der Frauenfiguren zu untermauern. Er betont darüber hinaus immer wieder, wie es **Recha** gelingt, **als gleichberechtigte** bzw. sogar als **überlegene Gesprächspartnerin** ernst genommen zu werden. Dazu zitiert er mehrere Stellen des Dramentextes direkt, um am Ende den Schluss zu ziehen: „Sie [Recha] steckt das Feld für gleichberechtigte Kommunikation ab." (Z. 71) Mit dieser bildlichen Umschreibung macht Zubke deutlich, dass seiner Meinung nach Recha die **Gesprächsführung dominiert** – und damit auch den weiteren Verlauf der Handlung kontrolliert. Der gesamte Textauszug ist also so angelegt, dass Zubkes anfängliche **Deutungshypothese** aus dem ersten Sinnabschnitt für seine Leserschaft möglichst nachvollziehbar **belegt und begründet** wird.

Diesem Ziel ist auch die sprachliche Gestaltung des gesamten Textes untergeordnet. Zubke verzichtet weitgehend auf eine ausschmückende, bildhafte Darstellung, sondern formuliert seinen Text **sachlich-argumentativ**, im Stil **wissenschaftlicher Neutralität** (vgl. z. B. den Titel) und mit durchaus gehobener Wortwahl, in der sich sein hoher wissenschaftlicher Anspruch widerspiegelt (z. B. „sanktionieren", Z. 12; „Couragiert", Z. 14). Der Verfasser will offenbar durch Objektivität und auf fachlicher Ebene überzeugen. Durch die Bezugnahme auf verschiedene Textstellen und durch die Einbindung **direkter Zitate aus literarischen Werken** (vgl. Z. 23 ff., 61 f., 66 ff.) weist Zubke seine Methoden- und Fachkenntnisse nach und unterstreicht so die Glaubwürdigkeit, die man einem Experten zuzusprechen geneigt ist. Im überwiegenden Teil des Textes verwendet er einen **hypotaktischen Satzbau**, der erklärend und informativ wirkt und komplexe Gedankengänge in einem wissenschaftlichen Stil veranschaulicht (vgl. z. B. Z. 2 ff., 9 ff., 35 ff., 45 ff., 51 ff.). Allerdings fällt auf, dass er im zweiten Sinnabschnitt

Sprachliche Gestaltung

(vgl. Z. 16–27) vermehrt auf **parataktische Konstruktionen** zurückgreift („Lessing stellt die Frau gleichwertig neben den Mann.", Z. 16; „Von Bildung blieb die Frau ausgeschlossen.", Z. 20 f.). Dadurch erzeugt Zubke den Eindruck, dass es sich um Tatsachen handelt, die nicht weiter zur Diskussion gestellt werden müssen. Neben dem Satzbau nutzt Zubke auch die Stellung der Glieder in einem Satz, um die seiner Meinung nach besonders **bedeutungstragenden Begriffe** zu betonen. So platziert er z.B. bestimmte Satzglieder am Satzanfang, die Rechas wachen Geist unterstreichen (vgl. Z. 42, 61). Außerdem nutzt der Verfasser das Mittel der **Kontrastierung** dazu, die Besonderheiten der Figuren, um die es gerade geht, herauszustellen (vgl. Z. 2 ff., 12 ff., 16 ff., 31 ff.) – anstatt nur deren Eigenschaften bzw. Verhaltensweisen zu charakterisieren. Dadurch vermag er mögliche Gegenargumente bereits vorwegzunehmen und zu entkräften, wodurch seine Schlussfolgerungen noch überzeugender erscheinen.

Insgesamt dient Zubkes Darstellung sowohl auf inhaltlicher als auch auf sprachlich-argumentativer Ebene dazu, seine **These von den aktiv handelnden Frauenfiguren** und den im Vergleich eher nur reagierenden Männerfiguren in Lessings Drama zu belegen.   Schluss

Teilaufgabe 2

Hinweise und Tipps

Was verlangt die Aufgabenstellung von mir?
*Die Aufgabenstellung der zweiten Teilaufgabe besteht aus zwei Teilen. In einem ersten Schritt werden Sie dazu aufgefordert, die **drei Frauenfiguren** in Lessings Drama knapp **darzustellen**. Anschließend sollen Sie dann am Beispiel Rechas abwägend – das heißt, mithilfe von **Pro- und Kontra-Argumenten** – **überprüfen**, ob bzw. inwiefern **Zubkes Einschätzung** zuzustimmen ist, dass in „Nathan der Weise" die Frauen die Handelnden seien, während die Männer nur reagieren würden. Die Aufgabenstellung verlangt also eine Erörterung.*

Wie gehe ich bei der Bearbeitung der Aufgabe sinnvollerweise vor?
*Rufen Sie sich zunächst ins Gedächtnis zurück, was Sie über die drei Frauenfiguren aus Lessings Drama wissen. Machen Sie sich am besten einige **Stichpunkte zu jeder der genannten Frauen**. Es geht weniger darum, die einzelnen Auftritte der jeweiligen Figur nachzuerzählen, sondern darum, deren **grundsätzliche Anlage im Drama** herauszuarbeiten; versuchen Sie daher, die Stichpunkte auf die Bedeutung der Figuren für das Stück zu fokussieren.*
*Gehen Sie anschließend die **Stellen des Dramas** durch, **an denen Recha auftritt**, um einerseits **Belege für Zubkes These** zu finden, um andererseits aber auch **Ausschnitte** auszumachen, mit denen Sie ihm **widersprechen** können. Es empfiehlt sich dabei,*

- *die im Textauszug genannten Beispiele zum Ausgangspunkt zu nehmen, die Zubke zur Stützung seiner Behauptung anführt. Hinterfragen Sie diese kritisch und stellen Sie auf einem Notizblatt **befürwortende und relativierende Argumente** zusammen, die Sie für Ihren Aufsatz verwenden wollen.*
- **Wie kann ich meinen Aufsatz strukturieren?**
- *Beginnen Sie mit einer **aufgabenbezogenen Überleitung**, mit der Sie zu den Themen der zweiten Teilaufgabe hinführen. Für den **Hauptteil** gibt die Aufgabenstellung bereits eine **Grobgliederung** vor: erstens die Darstellung der drei Frauenfiguren, zweitens die Überprüfung der These am Beispiel Rechas. Den **Schlussteil** können Sie für eine Synthese nutzen, in der Sie auf der Basis Ihrer Argumentation ein differenziertes **Urteil** über Zubkes These fällen.*
- **Was gibt es bei dieser Aufgabe sonst noch zu beachten?**
- *Je nach Textstelle aus Lessings Werk, auf die Sie sich beziehen, kann es sinnvoll sein, neben belegenden Textverweisen (mithilfe des Kürzels „vgl.") auch direkte Zitate einzubinden, die Ihre Ausführungen stützen. Achten Sie aber darauf, nicht zu viel Zeit für die Suche nach solchen Zitaten aufzuwenden.*

Lösungsvorschlag

Aber auch wenn Zubkes Einschätzung zunächst nachvollziehbar wirkt, so muss man doch fragen, ob es nicht auch gute Gründe gibt, diese zu relativieren. Im Folgenden werden daher in einem ersten Schritt die **drei Frauenfiguren des Stücks** kurz vorgestellt, um im Anschluss daran an Recha zu **überprüfen**, inwiefern **Zubkes Betrachtung** zuzustimmen ist. Aufgaben-
bezogene
Überleitung

In der Waise **Recha** laufen alle drei Religionen, die im Stück vorkommen, zusammen: Sie ist die leibliche Tochter einer Christin und eines gebürtigen Moslems, aber nach dem Tod ihrer Eltern von dem Juden Nathan adoptiert worden, der sie in keinem bestimmten Glauben erzieht. Recha ist zwar durchaus empfänglich für Schwärmerei, hat aber auch eine **selbstbewusste Haltung** ausgebildet. Zugleich schaut sie mit großer **Anhänglichkeit zu ihrem Adoptivvater auf**, den sie fast bis zum Ende des Stücks für ihren leiblichen Vater hält. Nathan versagt ihr zwar eine aus Büchern gewonnene Gelehrsamkeit, lässt ihr aber eine **Bildung** angedeihen, die in Erfahrung wurzelt und die er höher schätzt als reines Buchwissen. Hauptteil
Vorstellung der weiblichen Figuren des Dramas
Recha

Bei der Christin Daja handelt es sich um Rechas **schwärmerische Gesellschafterin**, die bei Nathan angestellt ist. Als sie nach der Rettung Rechas durch den Tempelherrn eine Chance wittert, Jerusalem verlassen und nach Europa übersiedeln zu können, setzt sie alles daran, ihren Zögling mit dem Christen zu verkuppeln. Ihre **Loyalität gegenüber Nathan gibt sie zugunsten ihrer Religion auf:** Sie offenbart dem Tempelherrn Rechas christliche Herkunft – Daja und bringt damit ihren Dienstherrn in Gefahr, weil der Tempelherr sich mit diesem Wissen an den dogmatischen Patriarchen wendet. Auch klärt sie Recha über ihre wahre Herkunft auf, als Nathan sich weigert, seine Adoptivtochter dem Tempelherrn zur Frau zu geben. Mit einer **Mischung aus Einfältigkeit und Engstirnigkeit** stellt Daja eine Art **Gegenspielerin zu Nathan mit seiner religiösen Toleranz** dar.

Sittah steht als Schwester an Saladins Seite und unterstützt ihn mit ihrer **berechnenden Intelligenz**, die teilweise bis zur **Skrupellosigkeit** reicht. So ist sie es, die den **Plan** entwickelt, Nathan hereinzulegen, um dadurch an Geld für die leere Staatskasse zu kommen. Sie wäre auch bereit, Nathans Zustimmung zu einer Heirat zwischen dem Tempelherrn und Recha zu erzwingen. Im Gespräch mit Recha erweist sich Sittah als **geschickt:** Sie äußert sich voller Anerkennung über Nathan, schafft so Nähe zu Recha und bringt sie schließlich dazu, ihr die Wahrheit über ihre Herkunft zu offenbaren. Sittah stellt einen rationalen, stets wohlinformierten **Gegenpol zu ihrem** eher naiven und weltfremden, dafür aber offenen und ehrlichen **Bruder** dar, auf den sie jedoch großen Einfluss zu haben scheint.

Sittah

Obwohl auch die Beschreibungen von Daja und Sittah zeigen, dass beide stellenweise durchaus die Dramenhandlung voranbringen, soll im Folgenden am Beispiel Rechas geprüft werden, ob Zubke mit seiner Behauptung recht hat, dass in „Nathan der Weise" die Frauen die Handelnden seien, während die Männer nur reagieren würden.

Überprüfung von Zubkes Einschätzung anhand von Recha

Zunächst einmal lassen sich einige Szenen finden, in denen **Recha** die **Handlung vorantreibt**. So ist sie es, die Nathan dazu drängt, das **Gespräch mit dem Tempelherrn zu suchen**, damit sie sich bei diesem für ihre Rettung aus dem Feuer bedanken kann.

Zustimmende Argumente

Drängen Rechas auf Gespräch mit ihrem Retter

Doch nicht nur auf Nathan hat Recha Einfluss, sondern auch auf andere männliche Figuren des Dramas: Der **Tempelherr** zeigt sich zunehmend **fasziniert von der jungen Frau**. Nach der ersten Begegnung, bei der sie das Gespräch lenkt, ringt der Tempelherr mit sich und wird **von seinen für Recha entbrannten Gefühlen beherrscht** (vgl. III, 8). Von seiner eigenen Überheblichkeit beschämt, gesteht er sich schließlich ein, dass er als Christ die Tochter eines Juden liebt, und ist bereit, seine Judenfeindlichkeit zu überwinden. **Rechas Bestehen** auf dem Treffen und ihr Auftreten gegenüber dem Tempelherrn, der stark auf sie reagiert, tragen also dazu bei, dass er seine **Auffassung gegenüber Juden ändert**.

Rechas Wirkung auf den Tempelherrn

In der vorletzten Szene gelingt es Recha außerdem, den **Sultan von ihrer Meinung zur Vaterschaft zu überzeugen**. Voller Angst und Verzweiflung, Nathan nach der Entdeckung ihrer wahren Herkunft als Vater zu verlieren, konfrontiert sie Saladin mit der Frage: „Aber macht denn nur das Blut / Den Vater? nur das Blut?" (V, 7,

Saladins Übernahme von Rechas Meinung zur Vaterschaft

V. 3653 f.) Dieser antwortet darauf wenige Verse später mit den Worten: „Jawohl: das Blut, das Blut allein / Macht lange noch den Vater nicht!" (V, 7, V. 3662 f.) Allein das **Wiederaufgreifen von Rechas Wortwahl** macht hier deutlich, dass Recha den Sultan erweichen konnte und er ihre Einstellung übernommen hat.

Trotz der genannten Szenen, die Zubkes These zu bestätigen scheinen, muss sie in dieser Konsequenz doch relativiert werden. Schließlich zeigt eine Vielzahl von Stellen des Stücks, dass **auch die Männer die Handlung aktiv vorantreiben** und Recha oftmals nichts anderes übrig bleibt, als **auf deren Taten zu reagieren**. Relativierende Argumente

Allein die Tatsache, dass **Nathan als Rechas Erzieher** fungiert, weist darauf hin, dass ihr Adoptivvater derjenige ist, der eine bestimmte Denkrichtung vorgibt, die **Recha als hingebungsvolle Tochter** von ihm übernimmt. So schämt sie sich ihm gegenüber für ihren schwärmerischen Ausbruch über ihren Retter, den sie als Engel anstelle eines Menschen aus Fleisch und Blut angesehen hat. Ihre **Abkehr von diesem Wunderglauben**, von dem sie anfangs völlig überzeugt schien, zeigt, wie wichtig ihr die Meinung ihres Vaters ist. Dies lässt kaum etwas von der von Zubke als so selbstbewusst und emanzipiert gezeichneten Frauenfigur erkennen. Nathan als Erzieher Rechas

Darüber hinaus hat Recha zwar durchaus Einfluss auf den oben bereits erwähnten Sinneswandel des Tempelherrn, allerdings ist es Nathan, der diesen wirklich überzeugt und von seinem Judenhass abbringt (vgl. II, 5). Der **Tempelherr** ist also schon vor seiner Begegnung mit Recha **kein fanatischer Judenhasser** mehr, weshalb die Behauptung, seine moralische Besserung sei allein auf Recha zurückzuführen, zurückgewiesen werden muss. Nathans Einfluss auf den Tempelherrn

Des Weiteren wird Recha auch eher als **abhängig und hilflos** gezeigt, wenn es um die **Enthüllung ihrer Herkunft** und den Umgang damit geht. So erfährt der Tempelherr früher als sie selbst von ihrer Abstammung und hält es sogar für besser, sie nie in das Geheimnis einzuweihen. Seine in diesem Zusammenhang gebrauchten Worte lassen sehr deutlich erkennen, dass es nicht Recha ist, die hier den Ablauf der Handlung bestimmt, wenn es heißt: „Spart / Ihr die Entdeckung doch! – Noch habt Ihr ja, / Ihr ganz allein, mit ihr zu schalten. Gebt / Sie mir! Ich bitt Euch, Nathan; gebt sie mir!" (V, 5, V. 3442 ff.) Und auch nachdem Daja ihrem Schützling schließlich die Wahrheit offenbart hat, zeigt Rechas verzweifelter Ausbruch bei Sittah und dem Sultan, wie **wenig Kontrolle** sie **über ihre Lage** hat und wie **ausgeliefert** sie sich den Entscheidungen anderer fühlt, die ihr sogar ihren Vater wegnehmen könnten (vgl. V, 6). Das Gespräch mit Sittah geht im Übrigen auch nicht auf Rechas Initiative zurück, wie Zubke es suggeriert, sondern auf Sittahs (vgl. IV, 8). Abhängigkeit Rechas bei Enthüllung ihrer Herkunft

Zu guter Letzt ist es dann **Nathan**, der am Ende sämtliche **Familienverhältnisse aufklärt** und auch Recha die wahren Verwandtschaftsbeziehungen offenbart. Vermutlich hätte Recha ohne sein Zutun nie erfahren, dass es sich beim Tempelherrn um ihren Bruder handelt und dass sie die Nichte des Sultans ist. Noch kurz vor dieser Entdeckung sieht es ganz so aus, als würde es zu einer **Verheiratung von Recha** und dem Tempelherrn kommen. Erst durch **Nathans aktive Recherchen** und die **Offenlegung der Ergebnisse** wird dies verhindert. Als Handelnde spielt **Recha** daher am Ende des Stücks eine untergeordnete Rolle und erscheint hier keinesfalls als die von Zubke geschilderte selbstbewusste, unabhängige junge Frau, die durch ihre Initiativen die Handlung steuert.

Vor dem Hintergrund all dieser Aspekte muss **Zubkes Einschätzung** in Bezug auf Recha **zurückgewiesen** werden. Zwar ist **Recha** durchaus eine **wichtige Figur**, die durch ihr Verhalten den weiteren Handlungsverlauf beeinflusst (zum Beispiel die Wandlung des Tempelherrn), jedoch würde es **zu weit gehen**, ihr eine **größere Wirksamkeit** und ein **höheres Maß an Aktivität** als zum Beispiel **Nathan** zuzuschreiben. Im Großen und Ganzen lebt das gesamte Drama von der **Interaktion verschiedener Figuren**, die alle auf ihre Weise im Zusammenspiel die Handlung voranbringen.

Aufklärung der Familienverhältnisse durch Nathan

Schluss
Ergebnis: Zurückweisung von Zubkes Einschätzung

Grundkurs Deutsch (Nordrhein-Westfalen) – Übungsaufgabe 5
II a: Analyse eines Sachtextes mit weiterführendem Schreibauftrag

Materialgrundlage
Andreas Platthaus: *Freuds Freund* (Rezension)

Aufgaben:
1. Analysieren Sie die vorliegende Rezension von Andreas Platthaus zu Robert Seethalers Roman *Der Trafikant*. Berücksichtigen Sie insbesondere die Perspektive, die der Verfasser auf den Protagonisten Franz entwickelt, und die Bewertung des Romans. Gehen Sie dabei auch auf Sprache und Stil ein. 40
2. Stellen Sie die persönliche Entwicklung dar, die Franz im Roman nimmt, und gehen Sie dabei auch auf seine Haltung zu den politisch-gesellschaftlichen Geschehnissen ein. Nehmen Sie auf dieser Grundlage zu der Frage Stellung, inwiefern Platthaus in seiner Einschätzung zuzustimmen ist, dass der „Tor" Franz am Ende „wissend" geworden sein wird. 32

Andreas Platthaus
Freuds Freund

Robert Seethaler hat einen Roman mit bösem Zauber geschrieben: Ein herzensguter Junge soll im Wien der späten dreißiger Jahre seinen eigenen Weg finden. Er trifft auf Liebe, Hass, Politik – und Sigmund Freud.

Gern sagt man, kleine Ursachen könnten große Folgen zeitigen. In Robert Seethalers
5 Roman „Der Trafikant" scheint es zunächst umgekehrt zu sein. Im Salzkammergut wird Alois Preininger beim Baden während eines Gewitters vom Blitz erschlagen; selbst die Urgewalt dieses Mannes hat der Urgewalt der Natur nichts entgegenzusetzen.
Mit seinem Leben endet auch die Begünstigung seiner Geliebten, der Mutter von
10 Franz Huchel (der aber nicht das Kind des ebenso lebensprallen wie lebenstüchtigen, nun aber eben toten Alois ist), und deshalb schickt sie ihren verzärtelten Siebzehnjährigen nach Wien zu einem verflossenen anderen Geliebten (der auch nicht der Vater von Franz ist). Dort soll der Junge seinen eigenen Weg gehen.
Ein kleiner Schritt vom Salzkammergut nach Wien, selbst für ein Muttersöhnchen,
15 sollte man aus deutscher Perspektive meinen, aber für österreichische Verhältnisse ist es eine halbe Welt. Zumal im Jahr 1937, als zwischen Metropole und Provinz in der nicht einmal seit zwanzig Jahren bestehenden Republik eher ganze Welten liegen. Für Franz jedenfalls tun sie sich in Wien auf: Die große Stadt lehrt ihn die Menschen kennen und erkennen, Liebe und Hass, Politik und Freundschaft. Und Sigmund Freud.
20 Der ist Kunde in der Trafik von Otto Trsnjek, jenes ehemaligen Geliebten der Mutter aus der Vorkriegszeit. Für den Kaiser ließ Trsnjek ein Bein; um den Invaliden zu

versorgen, machte die Republik ihn zum Trafikanten, er dankt es ihr mit republikanischer Treue, als die Nazis kommen. Denn darauf steuert Seethalers Roman natürlich zu: aufs Jahr 1938, auf den „Anschluss", den Einschnitt, der alles ändert in Wien. Franz ist noch nicht lange genug da, um verstehen zu können, was der Stadt widerfährt. Aber Freud muss plötzlich weg, und Otto Trsnjek wird verhaftet.

Fortan ist Franz der Trafikant, und somit bezeichnet der Titel von Seethalers Roman eine Kontinuität[1], die aber unter den neuen Machthabern keinen Bestand haben kann. Das alte Wien ist tot, das neue Regime kitzelt das Übelste aus der Stadt heraus, und Franz bestaunt es genauso, wie er nach seiner Ankunft das ihm unglaublich erscheinende Getriebe wahrgenommen hat.

Seethalers Protagonist ist ein reiner Tor[2] und möchte es bleiben: „Wer nichts weiß, hat keine Sorgen, dachte Franz, aber wenn es schon schwer genug ist, sich das Wissen mühsam anzulernen, so ist es doch noch viel schwerer, wenn nicht sogar praktisch unmöglich, das einmal Gewusste zu vergessen." An diesem Dilemma[3] des erwachenden Erwachsenen leidet der herzensgute, schlichte Franz, und Seethalers Prosa bildet das mit einer schnörkellosen Sprache ab, obwohl sich der Erzähler in die Köpfe und Augenhöhlen aller seiner Protagonisten hineinbohrt.

Doch diese unerklärliche Leichtigkeit des Schreibens ist so wohltuend, wie auch die Unkompliziertheit von Franz empfunden wird: „Freuds Gesicht hellte sich auf. Eigentlich hatte er sich in Gegenwart sogenannter ‚einfacher Leute' immer ein wenig unbeholfen und deplaziert gefühlt. Mit diesem Franz aber verhielt es sich anders. Der Bursche blühte. Und zwar nicht wie die über Jahrzehnte ausgeglichenen und durchgesessenen Strickblüten auf einer der vielen Decken, die seine Frau immer so sorgfältig über die Couch drapierte und in deren dicken Wollfasern sich auf magische Weise der Staub der ganzen Wohnung zu sammeln schien. Nein, in diesem jungen Mann pulsierte das frische, kraftvolle und obendrein noch ziemlich unbedarfte Leben."

Franz ist ein Hoffnungsträger, und Seethalers Bosheit – er ist Wiener – besteht darin, auch uns als Leser auf den jungen Mann hoffen zu lassen. Lange blüht er fort. Dann verglüht er.

Der Roman beschönigt nichts; es gibt keine Rettung aus dem Wiener Totentanz des Jahres 1938. Doch eine wurschtelt sich durch: Anezka, die dralle Böhmin, eine Artistin, in die sich Franz im Prater verguckt hat und die ihn liebt, aber eben nicht nur ihn. Menschen mit festen Überzeugungen kommen um im „Trafikant". Bis auf die Mutter, die an der Peripherie[4] bleibt, aber ihrem Franz mit der schriftlich immer neu bestätigten Liebe den Rücken stärkt.

Am Ende wird der Tor wissend geworden sein, und doch versperrt er, als ihn die Schergen abholen, die Tür zur Trafik: „Weil wer weiß schon, was sein wird?" Wir wissen es, und Seethaler weiß das. Aus diesem wechselseitigen Wissen entsteht der böse Zauber dieses Romans.

Quelle: Andreas Platthaus: Freuds Freund. FAZ.NET, 2. 11. 2012 (https://www.faz.net/aktuell/feuilleton/buecher/rezensionen/belletristik/robert-seethaler-der-trafikant-freuds-freund-11947460.html) © Alle Rechte vorbehalten. Frankfurter Allgemeine Zeitung GmbH, Frankfurt

Anmerkungen:
1 *Kontinuität:* Fortdauern, Stetigkeit
2 *ein reiner Tor:* Anspielung auf Richard Wagners Oper *Parsifal*, deren junge Titelfigur als rein im Herzen, aber als weltfremd und naiv gezeichnet wird. Der Begriff *Tor* bezeichnet im Allgemeinen einen töricht, dümmlich handelnden Menschen.
3 *Dilemma:* Situation, in der man sich zwischen zwei Alternativen entscheiden muss, die gleichermaßen negative Folgen haben
4 *Peripherie:* Randgebiet

Teilaufgabe 1

Hinweise und Tipps

- *Welche Aufgabenart liegt vor und wie sind die Teilaufgaben gewichtet?*
- *Bei dieser Übungsaufgabe für das Abitur handelt es sich um den **Aufgabentyp II a**,*
- *der die „**Analyse eines Sachtextes mit weiterführendem Schreibauftrag**" erfordert.*
- *Dabei soll zunächst der vorliegende Sachtext, eine Rezension von Andreas Platthaus*
- *zu Robert Seethalers „Der Trafikant", unter Berücksichtigung der in der Aufgabe*
- *genannten Aspekte analysiert werden. Daran schließt sich hier ein zweigliedriger*
- *weiterführender Schreibauftrag an. Der **Sachtextanalyse** kommt dabei mit 40 Punkten ein etwas **größeres Gewicht** zu als der Teilaufgabe 2 mit ihren 32 Punkten.*

- *Was verlangt die Aufgabenstellung von mir?*
- *Die Teilaufgabe 1 mit dem Operator „**Analysieren**" erfordert von Ihnen eine **vollständige Analyse des Sachtextes**. Die Aufgabenstellung gibt Ihnen zudem hilfreiche Hinweise dazu, welchen wichtigen Aspekten Sie besondere Aufmerksamkeit schenken sollten: Im Hinblick auf den Inhalt gilt es vor allem, die Sicht des Rezensenten auf **Franz** und seine **Bewertung des Romans** herauszuarbeiten. Darüber hinaus ist aber auch die Untersuchung der **sprachlich-stilistischen Gestaltung** verlangt.*

- *Wie gehe ich bei der Bearbeitung der Aufgabe sinnvollerweise vor?*
- *Vergegenwärtigen Sie sich zu Beginn noch einmal die für eine **Sachtextanalyse** wichtigen **Kriterien**, die Sie auch als Stichpunkte notieren könnten.*
- *Lesen Sie dann die Rezension mehrmals aufmerksam. Am besten teilen Sie diese im ersten oder zweiten Lesedurchgang in **Sinnabschnitte** ein. Das erleichtert es Ihnen, den Aufbau des Textes zu durchschauen. In einem eigenen Lesedurchgang empfiehlt es sich, die in Teilaufgabe 1 **geforderten Aspekte** (Sicht auf Franz, Bewertung des Romans) im Text durch verschiedenfarbige Markierungen hervorzuheben. Mit einer weiteren Farbe sollten Sie dann noch im Text markieren bzw. vermerken, was Ihnen **sprachlich-stilistisch** auffällt. Um die Arbeitsergebnisse zu strukturieren und zueinander in Bezug zu setzen, können Sie beispielsweise ein Cluster erstellen. Diese **Visualisierung** ist eine gute Basis für die Ausformulierung der Analyse.*

- *Wie kann ich meinen Aufsatz strukturieren?*
- *Sie beginnen Ihre Ausführungen mit einer orientierenden **Einleitung**, in der Sie den Verfasser, den Titel, die Textsorte, die Textquelle, das Erscheinungsdatum und die Thematik des vorliegenden Sachtextes benennen.*

✏ *Der **Hauptteil** beinhaltet die **Analyse** mit den **ausdrücklich** geforderten Aspekten.*
✏ *Auf der Basis Ihrer visualisierten Vorarbeit legen Sie hier Ihre Untersuchungsergebnisse **geordnet und systematisch** dar. Sie können dafür die Analyse linear anlegen, d. h. der Chronologie des Textes folgen – oder Sie wählen ein aspektorientiertes Vorgehen, bei dem Sie nacheinander die erforderlichen Aspekte abhandeln. Der folgende Musteraufsatz beschreitet den zweiten Weg.*
✏ *In einem kurzen **Schlussteil** runden Sie Ihre Ausführungen ab. Gegebenenfalls können Sie diesen schon so formulieren, dass Ihnen die gedankliche Verbindung zur zweiten Teilaufgabe, dem weiterführenden Schreibauftrag, leichter fällt.*

✏ ***Was gibt es bei dieser Aufgabe sonst noch zu beachten?***
✏ *Achten Sie darauf, dass Sie lediglich den Inhalt der Rezension und nicht den Inhalt des Romans wiedergeben. Neben den inhaltlichen Aussagen des Sachtextes ist die **sprachlich-stilistische Machart** von besonderer Wichtigkeit – vergessen Sie dabei aber nicht, diese stets **in ihrer Wirkung** zu betrachten. Besonders gelungen wird Ihr Aufsatz, wenn Sie außerdem erläutern können, worin der ‚böse Zauber' liegt, den Platthaus Seethalers Roman zuschreibt.*

Lösungsvorschlag

Mit seiner **Rezension „Freuds Freund"**, erschienen im Feuilleton der FAZ im November 2012, bezieht der Autor **Andreas Platthaus** Stellung zu Robert Seethalers Roman „Der Trafikant". Bereits beim ersten Lesen fällt auf, wie rhetorisch gefällig und ansprechend Platthaus schreibt.	Einleitung Grundinformationen zum Text
Platthaus beginnt mit einer **neugierig machenden Kurzzusammenfassung** seines Textes, in der er dem Roman einen „böse[n] Zauber" (Z. 1) bescheinigt und in knappster Form Ort, Zeit und Handlung des Romans vorstellt (Z. 1–3).	Hauptteil Vortext als Kurzzusammenfassung
Wie für eine Rezension üblich, gibt der Verfasser den Leserinnen und Lesern zunächst eine Orientierung im Hinblick auf den **Romaninhalt** (Z. 4–31), wobei er diesen auch immer wieder kommentiert. Als **Auslöser** der Handlung stellt er den Tod des Geliebten von Franz' Mutter heraus, der die beiden nun nicht mehr versorgen könne – weshalb Franz jetzt beim kriegsversehrten Trafikanten Otto Trsnjek im entfernten Wien „seinen eigenen Weg gehen" (Z. 13) müsse. Platthaus unterstreicht, dass dies ein **großer Schritt** für den Jugendlichen sei, und betont in diesem Zusammenhang auch den **historischen Kontext des Jahres 1937**. Die **Vielfalt der Erfahrungen**, die das Leben in Wien für ihn bereithält, beschreibt Platthaus abstrakt: „Die große Stadt lehrt ihn die Menschen kennen und erkennen, Liebe und Hass, Politik und Freundschaft." (Z. 18 f.) Der Rezensent achtet offenbar darauf, den Leserinnen und Lesern nicht zu viel zu verraten. Lediglich Franz' Bekanntschaft mit Sigmund Freud sowie die weitere Entwicklung hinsichtlich seines	Platthaus' kommentierte Wiedergabe des Romaninhalts

Arbeitgebers Trsnjek nimmt er hier genauer in den Blick. So verdeutlicht er auf dieser Grundlage die **Auswirkungen der einschneidenden politischen Veränderungen** – des „Anschlusses" Österreichs – auf das private Lebensumfeld des Protagonisten, der wegen Trsnjeks Verhaftung die Trafik übernimmt. Vordergründig täusche diese Übernahme eine Kontinuität vor, so Platthaus, die aber keinen Bestand haben könne unter dem neuen Regime, das „das Übelste aus der Stadt" (Z. 29) herauskitzele.

Im weiteren Verlauf des Sachtextes (ab Z. 30) verschiebt sich der Fokus von der Handlung auf den **Protagonisten des Romans:** Die gesamtgesellschaftliche Entwicklung in Wien nehme Franz zunächst **lediglich staunend** zur Kenntnis (vgl. Z. 30). Die weiteren Ausführungen liefern den Hintergrund für diese Einschätzung: Platthaus unterstreicht den schon zuvor mit den Begriffen „Muttersöhnchen" (Z. 14) und „verzärtelt[]" (Z. 11) vermittelten Eindruck, dass Franz eher **gutmütig** veranlagt, aber zugleich **unerfahren und naiv** ist, indem er ihn als „reine[n] Tor" (Z. 32) sowie als „herzensgut[]" und „schlicht[]" (Z. 36) bezeichnet. Als Beleg für seine Auffassung, Franz sei ein **reiner Tor** und **wolle es auch bleiben**, zitiert Platthaus einen Gedanken der Hauptfigur (vgl. Z. 32–35), nach dem es schwer sei, sich Wissen anzueignen, aber noch schwerer, das Gelernte wieder zu vergessen. Mit dem Hinweis, dass dies das „Dilemma des erwachenden Erwachsenen" (Z. 35 f.) sei, an dem Franz leide, rückt Platthaus die Entwicklungsphase des Protagonisten, die **Adoleszenz**, in den Blick. Zudem betont er die „Unkompliziertheit von Franz" (Z. 40) und belegt dies mit einem Zitat aus dem Roman (vgl. Z. 40–47). Aus diesem Zitat, in dem Freud der junge Franz als das blühende Leben erscheint, gewinnt Platthaus auch die Einschätzung, dass Franz sowohl für Freud im Roman als auch für den Leser des Romans ein **Hoffnungsträger** werde. Darin sieht der Verfasser die „Bosheit" (Z. 48) Seethalers – denn die Hoffnungen des Lesers würden zunichte gemacht (vgl. Z. 50: „Dann verglüht er."). Für Platthaus wird der Tor Franz, dem er zunächst als Attribut Herzensreinheit beifügt, am Ende „**wissend** geworden" (Z. 57) sein, wobei man hier davon ausgehen kann, dass der Rezensent diese Einschätzung vor allem auf die **politische Situation** bezieht. **Relativierend** fügt Platthaus aber hinzu, dass Franz die Tür zur Trafik mit den Worten „Weil wer weiß schon, was sein wird?" abschließe (vgl. Z. 58).

Mit der Frage des Nichtwissens bzw. Wissens schwenkt Platthaus zur **schlussfolgernden Bewertung** des Romans über, in der er nun die zu Beginn aufgestellte These, es handele sich um einen **Roman mit „bösem Zauber"** (Z. 1), **begründet**. Für Platthaus liegt dieser darin, dass Leser und Autor sehr wohl um den Fortgang der Geschichte der späten dreißiger Jahre wissen, Seethaler aber dennoch

Perspektive des Verfassers auf den Protagonisten

Platthaus' Bewertung des Romans
Inhalt: „böser Zauber"

die Leser mit Franz' Erfahrungen **in seinen Bann zu ziehen vermag** – und sie zur hoffnungsfrohen Identifikation mit einer Figur verführt, die am Ende untergehen müsse (vgl. Z. 48–50), weil es eben „keine Rettung aus dem Wiener Totentanz des Jahres 1938" (Z. 51 f.) gebe. **Positiv** hebt Platthaus hervor, dass der Roman daher **nichts beschönige** (vgl. Z. 51) – und insofern ein realistisches Bild der Zeit zeichne. Dass im Roman „Menschen mit festen Überzeugungen" (Z. 54) umkommen, trägt für ihn offenbar auch zum **Realismus** bei.

Als **besonders bemerkenswert würdigt** der Rezensent Seethalers **Sprache:** Er schaffe es, das Geschehen in „einer schnörkelosen Sprache" (Z. 37) abzubilden, was Platthaus umso beachtlicher erscheint, weil der Erzähler aus der Perspektive der Figuren erzähle (vgl. Z. 37 f.). Das führe zu einer wohltuenden, zugleich aber „unerklärliche[n] Leichtigkeit des Schreibens" (Z. 39).

So fasziniert sich Platthaus von Seethalers Sprache zeigt, so fasziniert darf man von der Sprache des Rezensenten sein. Ihm gelingt es, seine Deutung der Figuren des Romans und dessen Bewertung **gut nachvollziehbar** in Worte zu fassen. Schon über die **Wortwahl** verdeutlicht er seine Sicht. Mit verschiedenen Attributen („herzensgut[]", Z. 1; „verzärtelt[]", Z. 11; „Muttersöhnchen", Z. 14) **charakterisiert** er den Protagonisten eindeutig – und scheint sich über ihn lustig zu machen, ihn zumindest wenig ernst zu nehmen. Auch die Worte „schlicht[]" (Z. 36) und „reiner Tor" (Z. 32) klingen wenig schmeichelhaft und lassen Franz nicht als besonders klug dastehen. Platthaus wählt zudem immer wieder einen **saloppen Sprachstil**, durch den er seinem Text **Leichtigkeit** verleiht: „eine wurschtelt sich durch: Anezka, die dralle Böhmin" (Z. 52). Auch Alois Preiniger skizziert er mit wenigen Worten eindrücklich als „lebensprallen wie lebenstüchtigen, nun aber eben toten Alois" (Z. 11 f.). Es fällt auch auf, dass Platthaus **mit Worten spielt**. Zwischen dem Salzkammergut und Wien läge „eine halbe Welt" (Z. 16), angesichts der historischen Situation 1937 aber „eher ganze Welten" (Z. 17), die sich dann für Franz in Wien auftun (vgl. Z. 17 f.). Neben saloppen und umgangssprachlichen Formulierungen („das neue Regime kitzelt das Übelste aus der Stadt heraus", Z. 29) finden sich aber auch Elemente einer **höheren Sprachebene** („Kontinuität", Z. 28; „Peripherie", Z. 55), die die **sprachliche Variabilität** des Rezensenten zeigen. Besonders anschaulich sind die **gebildeten Anspielungen**, die die Vorstellungskraft des Lesers aktivieren: Der Satz „es gibt keine Rettung aus dem Wiener Totentanz" (Z. 51) spielt auf das Motiv des Totentanzes in der darstellenden Kunst an, das die Macht des Todes über das Leben der Menschen symbolisiert und das Platthaus hier auf die schrecklichen Taten des Naziregimes in Wien bezieht. Und der **intertextuelle Verweis** auf

Form des Romans: bemerkenswerte Sprache

Sprachlich-stilistische Gestaltung der Rezension

Wagners „Parsifal" („ein reiner Tor", Z. 32) regt dazu an, Franz mit der Figur des Parsifal zu vergleichen.

Unter anderem die häufig **knappen**, zum Teil **elliptischen Sätze** machen den Text **lebendig** („Und Sigmund Freund", Z. 19), insbesondere wenn sie einen anschaulichen Kontrapunkt setzen: „Lange blüht er fort. Dann verglüht er." (Z. 49 f.) Zur Lebendigkeit trägt auch die **bildhafte Sprache** bei. So wird die perspektivierende Erzählweise mit der Formulierung veranschaulicht, dass der Erzähler sich „in die Köpfe und Augenhöhlen aller seiner Protagonisten" (Z. 37 f.) bohre.

Platthaus hat also eine **sprachlich attraktive** Rezension verfasst, mit der es ihm gelingt, seine **positive Bewertung** des Romans zu verdeutlichen. Dabei spricht er durchaus eine **gebildete Leserschaft** an, denn die Kenntnis des Romans, der Person Sigmund Freuds und des Weltgeschehens sind Voraussetzungen, um seine Aussagen in Gänze verstehen zu können.

Schluss
Zusammenfassung der Ergebnisse unter Berücksichtigung des Adressatenkreises

Teilaufgabe 2

Hinweise und Tipps

Was verlangt die Aufgabenstellung von mir?

*Die zweite Teilaufgabe ist zweigeteilt. Zunächst ist eine Darstellung der **persönlichen Entwicklung des Protagonisten** sowie seiner **Haltung zum gesellschaftlichen und politischen Geschehen** gefordert. Diese Darstellung ist dann die Grundlage für eine **Stellungnahme** zu einer der **Thesen des Verfassers Platthaus**, und zwar zu der Frage, ob der „Tor" Franz am Ende wissend geworden sei. Die Bearbeitung der zweiten Teilaufgabe setzt daher eine **gute Kenntnis des Romans** voraus.*

Wie gehe ich bei der Bearbeitung der Aufgabe sinnvollerweise vor?

*Vergegenwärtigen Sie sich zunächst noch einmal das Romangeschehen und halten Sie stichpunktartig die für Franz wichtigen **Figuren**, entscheidende **Situationen** und sein jeweiliges **Verhalten** fest. Bedenken Sie dabei auch, welche **Haltung** er angesichts der sich ändernden **politischen Verhältnisse** zeigt. Auf dieser Grundlage können Sie dann überlegen, **in welchen Bereichen** Franz sich im Verlauf des Romans **wie entwickelt** (z. B. beruflich, sozial, charakterlich). Durchdenken Sie anschließend die These des Autors, der „Tor" Franz sei am Ende „wissend" geworden. Auch hier ist es sinnvoll, verschiedene Aspekte in den Blick zu nehmen, z. B.:*

– Wie tief ist Franz' Einblick in die politischen Zusammenhänge?
– Wie gut kann Franz seine eigene Lage einschätzen?
– Wie ist Franz' Verhalten gegenüber Vertretern des NS-Regimes einzuordnen?

Wie kann ich meinen Aufsatz strukturieren?

*Mit einer **Überleitung** knüpfen Sie an Teilaufgabe 1 an, beispielsweise indem Sie die zentrale Einschätzung von Platthaus zur Entwicklung des Protagonisten aufgreifen.*

✍ *Der **Hauptteil** wird bereits durch die vorgegebene Aufgabenstellung vorstrukturiert –*
✍ *als **Erstes** stellen Sie die allgemeine Persönlichkeitsentwicklung des Protagonisten*
✍ *unter Berücksichtigung seiner Haltung, d. h. seiner Einstellung, zum politischen Ge-*
✍ *schehen dar. Hierbei haben Sie zwei Möglichkeiten:*
✍ *– Zum einen können Sie die Entwicklung **linear** darstellen, indem Sie dem Roman-*
✍ *verlauf folgen und deutlich machen, an welchen Stellen Franz Entwicklungsschrit-*
✍ *te macht. Das birgt allerdings die Gefahr, dass Sie zu sehr ins Detail gehen und*
✍ *wichtige Zeit verlieren.*
✍ *– Zum anderen können Sie diesen Teil des Aufsatzes nach **zentralen Aspekten** der*
✍ *Entwicklung strukturieren (siehe oben: z. B. beruflich, sozial, charakterlich). So*
✍ *fällt es Ihnen wahrscheinlich auch leichter, von der Handlungsebene zu abstrahie-*
✍ *ren und die Entwicklung zu deuten.*

✍ *Als **Zweites** prüfen Sie auf dieser Grundlage Platthaus' Aussage zu Franz.*
✍ *Im **Schlussteil** runden Sie schließlich Ihre Aussagen auf der Basis Ihrer Überlegun-*
✍ *gen ab und fassen Ihre Antwort auf die gestellte Frage zusammen.*

✍ ***Was gibt es bei dieser Aufgabe sonst noch zu beachten?***
✍ *Sie müssen hier sehr zeitökonomisch arbeiten, da Sie das gesamte Romangeschehen*
✍ *als Basis für Ihre Ausarbeitung parat haben müssen, sich aber dabei nicht verzetteln*
✍ *dürfen.*

Lösungsvorschlag

Um Platthaus' Aussage, Seethalers Protagonist sei „ein reiner Tor", der schließlich „wissend" geworden sei, angemessen bewerten zu können, ist ein genauer Blick auf die **Entwicklung des Jugendlichen** notwendig.	Aufgabenbezogene Überleitung
Zunächst lebt Franz, der ein zarter und verträumter Junge zu sein scheint, **wohlbehütet und sorgenfrei** mit seiner Mutter am Attersee, sicher versorgt durch deren Geliebten. Nach dem Tod des Gönners schickt die Mutter Franz nach Wien, damit er in der Trafik von Otto Trsnjek eine **Ausbildung** machen kann. Mit seiner Mutter bleibt Franz in regelmäßigem brieflichen Kontakt. Sie ist für Franz die **emotionale Basis**, die er für sein Selbstwertgefühl braucht. Dass er aber im Verlauf des Romans die Anrede „Liebe Mama" durch „Liebe Mutter" ersetzt, deutet auf sein **Erwachsenwerden** hin.	Hauptteil Ausgangslage: von der Provinz in die Großstadt
Im Rahmen der Ausbildung lernt Franz als **williger Lehrling**, welche Kenntnisse und Fähigkeiten ein Trafikant benötigt. Die **väterliche Autoritätsfigur** Trsnjek vermittelt ihm das entsprechende Wissen über die Rauchwaren sowie sein Berufsethos und hält ihn zum gründlichen Zeitunglesen an, wodurch Franz zum ersten Mal Einblick in **politische Zusammenhänge** bekommt – eine Voraussetzung für die Entwicklung einer **politischen Haltung**. Ein weiterer Entwicklungsschritt in diesem Kontext zeigt sich nach Trsnjeks	Ausbildung und Beruf in der Trafik Wissenserwerb Einblick in politische Zusammenhänge und Massenmedien

47

Verurteilung des Presseartikels, in dem die Wahrheit über den Tod des Roten Egon verfälscht wird. Franz beginnt zu ahnen, wie Nachrichten **politisch instrumentalisiert** werden (können).

Zum Erwachsenwerden trägt auch der Umstand bei, dass Franz nach Trsnjeks Verhaftung die **Trafik weiterführt**. Er übernimmt hier **Verantwortung** und erledigt seine Aufgaben **gewissenhaft**.

Übernehmen von Verantwortung: Franz als Trafikant

Franz geht auch verschiedene **soziale Beziehungen** ein, die für eine Abnabelung von der Mutter sprechen. So lernt er **Sigmund Freud**, den berühmtesten Kunden der Trafik, kennen. Aus den Gesprächen entwickelt sich eine **ungewöhnliche Freundschaft**. In dieser wirkt der alte und erfahrene Psychoanalytiker lange Zeit wie ein überlegener Mentor, gegen Ende scheint sich das **Verhältnis** aber in gewisser Weise **umzukehren**: Franz kümmert sich **fürsorglich** um den gebrechlich gewordenen Freud.

Soziale Beziehungen
Freundschaft mit Freud ...
... und Veränderung des Verhältnisses

Eine zentrale Rolle in Franz' Entwicklung spielt seine erste Liebeserfahrung mit dem böhmischen Mädchen Anezka. Franz lernt mit ihr neue Seiten des Lebens kennen – im positiven wie im negativen Sinne: Mit ihr macht er seine **ersten sexuellen Erfahrungen**, die für ihn überwältigend sind, aber er erlebt auch zum ersten Mal **Liebesenttäuschung und Eifersucht**; denn die erhoffte Beziehung mit Anezka entwickelt sich nicht. Als Striptease-Tänzerin hat sie diverse Liebhaber, u. a. auch Nazis. Mit diesen Erfahrungen lernt er – auch mit Freuds Hilfe – **umzugehen**: Als er mitbekommt, dass Anezka einen anderen Partner hat, gelingt es ihm, sich aus dieser hoffnungslosen Lage zurückzuziehen. Die Erfahrungen mit Anezka tragen so maßgeblich zu **Franz' Erwachsenwerden** bei.

Liebeserfahrungen und Liebesenttäuschungen als ein Aspekt des Erwachsenwerdens

Insbesondere die Beziehung zu **Trsnjek** ist von immenser Bedeutung – er ist ein **Vorbild** für Franz, insbesondere auch, was das **selbstbewusste Eintreten für die eigenen Überzeugungen** angeht. So wie sich Trsnjek energisch dem Nazi Roßhuber entgegenstellt, nachdem dieser die Scheibe der Trafik mit dem Schriftzug „Schleich dich, Judenfreund" beschmiert hat, so stellt sich Franz im Roman mehrfach **selbstbewusst gegen Vertreter des Nazi-Regimes:** Er versucht seinen Ausbilder vor der Verhaftung zu retten, indem er vorgibt, der Besitzer der Pornoheftchen zu sein, die der offizielle Grund für die Verhaftung sind. Auch will er Anezka bei seinem letzten Besuch bei ihr vor dem hereintretenden SS-Mann schützen. Und er begibt sich nach Trsnjeks Verhaftung täglich zum Gestapo-Quartier, um sich nach ihm zu erkundigen bzw. ihn zurückzuholen – bis er dort eines Tages brutal zusammengeschlagen wird. Als er die Nachricht von Trsnjeks Tod erhalten hat, attackiert Franz Roßhuber auch körperlich, weil er diesem eine Mitschuld gibt. Das ist ebenfalls **mutig**, weil Roßhuber ein eingefleischter Nazi ist. Franz gewinnt also im Verlauf des Romans deutlich an **Selbstbewusstsein**.

Charakterliche Aspekte: Selbstbewusstsein und politische Haltung
Trsnjek als Vorbild

Aus dem **unpolitischen Provinzjungen** ist ein **junger Mann mit gefestigter Persönlichkeit** geworden, der sich nicht von dem Regime und seinen Anhängern einschüchtern lassen will. Als Höhepunkt seines **widerständigen Verhaltens** darf man seine nächtliche Aktion ansehen, bei der er die Hakenkreuzfahne am Standartenmast **gegen Trsnjeks Hose austauscht**. Es ist ein deutliches Bild dafür, wie und dass er dessen politische Haltung hochhält. Schließlich wird Franz von der Gestapo verhaftet und abgeführt. Dabei lässt er sich nicht einschüchtern, sondern tritt erneut **selbstbewusst** auf.

Gefestigte Persönlichkeit mit politischer Haltung

All diese Befunde machen deutlich, dass Franz durch die Erfahrungen in Wien **erwachsen** geworden sein muss. Ja, er denkt immer wieder an seine Heimat am Attersee, hat Heimweh und Sehnsucht nach seinem Zuhause. Nach Freuds Abfahrt allerdings wird sich Franz bewusst, dass es den Buben, als der er nach Wien gekommen ist, nicht mehr gibt (vgl. S. 236).

Schlussfolgerung

Aber ist der „**reine Tor**" Franz am Ende auch „**wissend**" geworden, wie Andreas Platthaus es in seiner Rezension schreibt?

Überleitung zur Stellungnahme

Es gibt in Seethalers Roman Anzeichen dafür, dass das **nicht der Fall ist**. Immer wieder betont Franz das **eigene Nicht-Wissen**, zum Beispiel wenn er beim letzten Treffen mit Freud in Bezug auf den eigenen Weg eingesteht: „Jetzt ist der Schmerz fast weg, aber ich weiß gar nichts mehr. Ich komme mir vor wie ein Boot, das im Gewitter seine Ruder verloren hat und jetzt ganz blöd von da nach dort treibt." (S. 223) Freud kommentiert das Nicht-Wissen so: „Wir kommen nicht auf die Welt, um Antworten zu finden, sondern um Fragen zu stellen." (S. 224)

Stellungnahme: Franz als wissend gewordener Tor?
Kontra-Argumente: Nicht-Wissen in Bezug auf das eigene Leben

Immer wieder verdeutlichen Textstellen auch, dass Franz die **politische Lage nicht in Gänze** begreift. Mehrfach bezeichnet er sie als „verrückt[]" (S. 138), aber ein **tieferer Einblick in die politischen Zusammenhänge** – zum Beispiel im Hinblick auf die antisemitischen Hintergründe der Judenverfolgung – wird im Roman **nicht deutlich:** „Anezka, ich versteh es ja selber nicht, [...] die Juden hocken auf den Gehsteigen und putzen das Pflaster, als Nächstes sind die Ungarn dran oder die Burgenländer [...]." (S. 206, vgl. auch S. 163: „Ich weiß sowieso gar nicht, warum die Leute alle derart draufhauen auf die Juden. Auf mich wirken sie eigentlich ganz anständig.")

Kontra-Argumente: kein tieferes Verständnis der politischen Zusammenhänge

Auch kann Franz offenbar nicht abschätzen, wie **drastisch die Entwicklungen in Europa** sind. Jedenfalls zeugt hiervon seine Aussage, Hitler werde sich irgendwann „wieder beruhigt haben" (S. 228) und Freud könne dann wieder nach Wien zurückkehren.

Kontra-Argumente: Hoffnung auf Zukunft

Aber dennoch spricht die Entwicklung, die Franz gemacht hat, eher für Platthaus' These: Zunächst kann er vieles noch nicht einordnen, ja, er ist (noch) ein Tor, ein **Dummkopf aus der Provinz**, weil ihm Erfahrung und Verständnis fehlen. Zeitungen haben ihm in der

Pro-Argument: reflektierter Umgang mit Massenmedien

Heimat vor allem als Klopapier gedient (vgl. S. 28), bei Trsnjek nutzt er sie als **Informationsquelle**. Später, als die Massenmedien in Wien schon „gleichgeschaltet" sind, liest er sie dann nicht mehr, weil er um die **politische Manipulation** weiß (vgl. S. 199 f.). Franz muss auch miterleben, wie **Judenhass und Nationalsozialismus** um sich greifen – und wie Andersdenkende zu Opfern werden. Bei Trsnjeks Verhaftung versteht er zwar offenbar zunächst nicht die gesamte Tragweite, doch schließlich erfasst er diese: „Und in diesem Moment war ihm alles klar." (S. 158) Franz – so darf man schließen – **erkennt**, dass die **Festnahme** nicht wegen der Pornoheftchen erfolgt, sondern **politisch motiviert** ist. Daher ist auch davon auszugehen, dass sich Franz bei seiner „staatsfeindlichen" Tat, dem Hissen der einbeinigen Hose, der **unmittelbaren Folgen** für ihn persönlich bewusst ist. Seine ruhige Reaktion, als die Gestapo-Beamten auftauchen, bekräftigt diese Auslegung.

<small>Pro-Argument: Wissen um die Folgen widerständigen Handelns</small>

Und doch lässt sich aus dem Abschließen der Trafik ableiten, dass Franz meint, zurückkommen zu können – er vermag also **nicht einzuschätzen**, wie **weitreichend die Folgen auf längere Sicht** für ihn sein werden. Das Ende des Romans zerstört bei den Leserinnen und Lesern die Hoffnung, dass Franz überlebt.

<small>Kontra-Argumente: Hoffnung auf Zukunft</small>

Bedenkt man all das zusammen, so kann man **Platthaus' Aussage** mit gewissen Einschränkungen **zustimmen**: Auch wenn Franz insofern unwissend bleibt, als er die **politischen Zusammenhänge nicht** vollständig durchdringt und offenbar **nicht ahnt**, wie düster seine **persönliche Zukunft** aussieht, so ist er doch am Ende des Romans insofern **wissend** geworden, als er eine **politische Haltung** entwickelt hat, für die er auch einzustehen bereit ist.

<small>Schluss: Abrundendes Urteil</small>

Grundkurs Deutsch (Nordrhein-Westfalen) – Übungsaufgabe 6
III a: Erörterung von Sachtexten

Materialgrundlage
Maria Rossbauer: *Host mi?* In: DIE ZEIT Nr. 27/2018.

Aufgaben:
1. Untersuchen Sie den Auszug aus Maria Rossbauers Artikel *Host mi?* hinsichtlich der Gedankenführung und erschließen Sie seine Hauptaussagen. Erläutern Sie folgende Aussage: „Unterrichtet man sie [Dialekte], beraubt man sie ihres Wesens" (Z. 73 f.) 30
2. Erörtern Sie, ob Dialekte in der Schule gefördert werden sollten, und beziehen Sie hierbei den Textauszug und das im Unterricht erworbene Wissen zu Dialekten mit ein. Nehmen Sie abschließend knapp zu der Frage Stellung, ob die Weitergabe eines Dialekts an die eigenen Kinder sinnvoll ist, wenn diese nicht im Dialektgebiet aufwachsen. 42

Maria Rossbauer
Host mi? * (Auszug)

(Kannst du mir folgen?)*

[…]
Trotz amüsierter Blicke und Nachfragen habe ich mir nie darüber Gedanken gemacht, ob es gut oder schlecht ist, wie ich rede. Bis jetzt. Meine Tochter spricht noch nicht
5 besonders viel, allzu lange kann das aber nicht mehr dauern. Deswegen frage ich mich neuerdings, ob ich bewusst mit ihr bairisch reden sollte, damit sie es lernt.
Man könnte dagegen einwenden, dass es Unsinn ist, einem Kind, das im Norden aufwächst, einen süddeutschen Dialekt beizubringen. Aber meinen – man schreibt ihn übrigens korrekterweise wirklich „Bairisch" – hat die Unesco im Jahr 2009
10 immerhin den bedrohten, schützenswerten Sprachen zugeordnet. Es gibt also einige Mundartfans, die sogleich rufen würden: Du musst unbedingt gezielt bairisch mit deiner Tochter sprechen! Dialekte verschwinden, das muss man verhindern!
Das Problem scheint ganz Deutschland zu betreffen. Das Institut für Deutsche Sprache in Mannheim stellte 2009 in einer repräsentativen Umfrage fest: 67 Prozent
15 der über 60-Jährigen können noch einen Dialekt sprechen, jedoch nur noch 49 Prozent der 18- bis 24-Jährigen. Und von denen, die einen Dialekt beherrschen, benutzt ihn nur gut die Hälfte „immer" oder „oft".
Das Dialektsterben begründen Wissenschaftler so: Zuerst kam die Schulpflicht mit Hochdeutsch als Unterrichtssprache, dann brachten Radio und Fernsehen es auch in
20 die abgelegensten Dörfer. Menschen reisen häufiger, auch in Städte, wo die Dialekte ohnehin nicht so stark verbreitet sind. Sie ziehen weg, lernen, sich auch dort zu verständigen, geben das neu Gelernte an ihre Kinder weiter. So schritt das Dialektster-

ben die vergangenen hundert Jahre rapide[1] voran. In den Achtzigern hätte man wohl gesagt: Gut so. Damals hieß es, Dialektsprecher hätten Nachteile in der Schule und später im Beruf, weil man sie als ungebildeter wahrnehme.

Für mich selbst sind mit meinem Dialekt vor allem viele schöne Erinnerungen an meine Kindheit verbunden. Wie mein Vater immer „hosihopp" gesagt hat, wenn er mich an den Armen hochhob. Oder wenn eine Fliege in der Suppe schwamm und er gesagt hat: „Deafstas scho essen, heid is ja ned Freitag."[2]

Es stimmt, was Sprachwissenschaftler sagen: dass Menschen ihre Identität auch über ihren Dialekt gewinnen. Wir sind Bayern oder Friesen oder Schwaben. Dialekte, sagen die Forscher, schaffen unter ihren Sprechern ein Zusammengehörigkeitsgefühl, eine emotionale Nähe.

Das geht sogar über die Grenzen meines eigenen Dialekts hinaus. Ich fühle mich mit allen Dialektsprechern verbunden. Höre ich einen Franken reden oder eine Sächsin oder Berlinerin, dann lächle ich ein wenig. Wir sind diejenigen, die zu ihren Wurzeln stehen, die sich ohne viel Pathos zu ihrer Herkunft bekennen. Im Moment wird ja viel über Heimat diskutiert. Oft abstrakt und manchmal feindselig. Der Dialekt aber ist eine positive Art des Bekenntnisses, eine beiläufige.

Wobei mit dem Dialektsprechen auch einhergeht, dass Menschen schnell Klischees im Kopf haben. Von uns Bayern ganz besonders. Ich habe fast täglich das Gefühl, ich müsste klarstellen, dass ich nicht die CSU wähle und keine Tracht besitze.

Mein Dialekt gibt mir aber noch etwas Wichtigeres, das ich meiner Tochter vermitteln möchte: eine Lebenseinstellung. Zurzeit sage ich zum Beispiel recht häufig zu ihr: „I glaub, du spinnst a bissal!", wenn sie wieder einmal alle meine Unterhosen aus der Schublade zieht und sich um den Hals hängt (sie ist eineinhalb Jahre alt, das sollte ich an dieser Stelle vielleicht erwähnen).

Das klingt im Hochdeutschen zwar recht ähnlich, aber mit dem Satz sage ich eben nicht das, was im Duden steht: „umgangssprachlich abwertend für nicht recht bei Verstand sein". Ich sage damit, dass sie möglicherweise nicht der Norm entspricht, ich das aber toll finde, weil normal ist fad[3].

Das Hochdeutsche klingt in meinen Ohren viel zu diszipliniert und reglementiert, zu wenig verzeihend und liebevoll. Würde ich nur noch Hochdeutsch mit meiner Tochter reden, könnte ich all die wunderbaren Gefühle und Erinnerungen nicht transportieren. Ich könnte ihr nicht die Gelassenheit mitgeben, die ich erfahren habe, und die Geduld, denn ich weiß schlicht nicht, wie das in dieser Sprache geht.

Seit einiger Zeit scheint sich das Blatt übrigens zu wenden. Wer Dialekt und Hochdeutsch lernt, sagen Wissenschaftler heute, wächst fast schon zweisprachig auf und kann so auch andere Sprachen leichter lernen. Dialekte gelten jetzt, wo sie dem Untergang nahe sind, als wichtiges kulturelles Erbe.

Vielleicht, weil sie gesprochener Gegenentwurf zur Globalisierung sind, zu einer einheitlichen, standardisierten Welt. Und so sprießen heute Vereine zum Schutz der Dialekte nur so aus dem Boden. Das Kultusministerium in Bayern verteilt an Lehrer Handreichungen, die ihnen helfen sollen, die verschiedenen bairischen Dialekte im Unterricht zu fördern, Kindergartenkindern wird in Extrakursen beigebracht, „Pfiat di" statt „Tschüs" zu sagen und „I mog di gean".

Doch obwohl ich meinem Dialekt so viel abgewinne, obwohl ich gern hätte, dass meine Tochter ihn und alles, was dazugehört, in ihrem Leben hat, stelle ich fest, dass mir das zuwider ist.

Über viele Jahrhunderte haben Menschen ihre Dialekte gesprochen, weil sie es halt so von ihren Eltern und Freunden und Nachbarn gehört haben. Es waren die Sprachen des Alltags – und eben nicht das, was Schulen und Behörden von ihnen forderten. Dialekte waren das unbeschwerte Sprechen. Unterrichtet man sie, beraubt man sie ihres Wesens. Denn es geht beim Dialekt weniger darum, wie es am Ende klingt. Sondern darum, so zu sprechen, wie man will. Es geht um Freiheit.

Und diese Freiheit bekommt meine Tochter auch.

Quelle: Maria Rossbauer: Host mi? In: DIE ZEIT Nr. 27/2018.

Anmerkungen:
1 *rapide:* schnell
2 *„Deafstas scho essen, heid is ja ned Freitag.":* „Das darfst du ruhig essen, heute ist ja nicht Freitag."
3 *fad:* langweilig

Die Autorin:
Die Verfasserin **Maria Rossbauer** stammt aus einem Dorf in Bayern und lebt in Berlin und Hamburg. Sie arbeitet als freie Autorin und ist Mutter einer kleinen Tochter.

Teilaufgabe 1

Hinweise und Tipps

Welche Aufgabenart liegt vor und wie sind die Teilaufgaben gewichtet?
Die vorliegende Übungsaufgabe entspricht der **Aufgabenart III a**, die in der **Erörterung von Sachtexten** besteht, und zwar hier zum Thema „Sprachvarietäten und ihre gesellschaftliche Bedeutung". Teilaufgabe 2 bildet mit ihren 42 Punkten gegenüber Teilaufgabe 1 (30 Punkte) den Schwerpunkt der Aufgabe.

Was verlangt die Aufgabenstellung von mir?
Teilaufgabe 1 verlangt die **differenzierte Erfassung des Inhalts und der Struktur.** Der Operator „untersuchen" fordert hier **keine vollständige Textanalyse**. Sie sollen die **Gedanken- und damit auch die Argumentationsführung** der Autorin nachvollziehen und die **wesentlichen Aussagen** des Textes aspektgeleitet „erschließen". Der Operator „erläutern" bezieht sich auf die genannte Aussage aus dem Text, deren Bedeutung Sie auf der Basis Ihrer Kenntnisse kurz darstellen und z. B. durch weitere Informationen oder Beispiele **veranschaulichen** sollen.

Wie gehe ich bei der Bearbeitung der Aufgabe sinnvollerweise vor?
Lesen Sie den Textauszug zunächst einmal, um ein **grobes Verständnis** für den Inhalt zu erhalten. Beim folgenden mehrmaligen Lesen ist es ratsam, **Schlüsselbegriffe** und **zentrale Aussagen** zu markieren sowie Notizen zur Struktur des Textes anzufertigen. Hierfür empfiehlt es sich, den Text in **Sinnabschnitte** zu unterteilen und diese mit einem kurzen Titel zu ihrer zentralen Aussage zu versehen. Auf diese Weise machen Sie die Gedankenführung und die Hauptaussagen in ihrem **argumentativen Aufbau** sichtbar und können Ihren eigenen Text im nächsten Schritt sinnvoll gliedern.
Nehmen Sie außerdem die Aussage, deren Erläuterung gefordert wird, genauer in den Blick. Sie können sich diese auch aufschreiben und dann notieren, was Ihnen dazu einfällt. So lässt sich der Sinn der Aussage besser ergründen und dann im Aufsatz auch wiedergeben.

Wie kann ich meinen Aufsatz strukturieren?
Zunächst verfassen Sie eine **Einleitung**, in der deutlich wird, auf welchen Text sich Ihre Untersuchung und die anschließende Erörterung bezieht. Hierzu gehören der Name der Autorin, das Erscheinungsjahr, die Textsorte und der Titel der Textgrundlage. Zusammenfassend formulieren Sie dann am besten den **Grundansatz** der Autorin.
Im **Hauptteil** ist es sinnvoll, die **Gedankenführung** der Autorin und ihre **Hauptaussagen nicht getrennt voneinander** zu untersuchen, sondern in ihrer Verzahnung. Es bietet sich an, schrittweise den Text durchzugehen und dabei sowohl seinen Inhalt als auch seine Struktur zu erfassen. So wird auch die **logische Folge** der einzelnen Aussagen, die zu der Gedankenführung gehören, deutlich.
Den ersten Aufgabenteil schließen Sie mit der **Erläuterung der Aussage** „Unterrichtet man sie (Dialekte), beraubt man sie ihres Wesens" ab. Hier stellen Sie den Sachverhalt, auf den sich die Aussage bezieht, differenziert dar und beziehen dabei Ihre Kenntnisse bzw. weiterführende Informationen oder Beispiele ein.

- *Die reflektierte **Schlussfolgerung**, die Sie am Ende der Teilaufgabe ziehen, können Sie bereits mit Blick auf Teilaufgabe 2 formulieren, da es einen engen thematischen Zusammenhang gibt.*
- *Was gibt es bei dieser Aufgabe sonst noch zu beachten?*
- *Die Operatoren in Teilaufgabe 1 beziehen sich auf die Anforderungsbereiche I und II, Teilaufgabe 2 bewegt sich mehr im Anforderungsbereich III. Deshalb wird die **Teilaufgabe 1** insgesamt auch mit **weniger Punkten** gewertet als Teilaufgabe 2. Jene ist aber genauso wichtig, weil die gründliche Erarbeitung des Textes die Grundlage für die anschließende Erörterung bildet.*
- *Vergessen Sie nicht, die Informationen aus den Anmerkungen zu lesen – sie helfen Ihnen beim Verständnis des Textes.*

Lösungsvorschlag

Der Artikel mit dem Titel „Host mi?" von Maria Rossbauer ist 2018 in der ZEIT erschienen und beschäftigt sich mit der Frage, ob es **gut oder schlecht** ist, **Dialekt zu sprechen** und ihn an **Kinder** innerhalb der Familie bzw. im Schulunterricht **weiterzugeben**. — Einleitung

Ausgangspunkt im vorliegenden Textauszug ist eine **Selbstbeobachtung** der Autorin: Das Sprechen des bairischen Dialekts (vor allem in Gebieten, wo er nicht heimisch ist) habe sie bisher nie hinterfragt. Erst angesichts des bald anstehenden **Spracherwerbs** ihrer kleinen Tochter stellt sich der Autorin, die in Bayern geboren wurde und in Berlin und Hamburg lebt, nun die **Frage**, ob es „**gut oder schlecht**" (Z. 4) ist, Dialekt zu sprechen – und das Bairische an das eigene Kind weiterzugeben. — Hauptteil / Gedankenführung und Hauptaussagen / Persönlicher Ausgangspunkt: Dialekt in der Erziehung?

Mit dem **Einwand**, dass dies bei einem in Norddeutschland aufwachsenden Kind „Unsinn" (Z. 7) sein könnte, **wechselt** die Autorin die **Perspektive** – weg vom persönlichen Beispiel hin zu **allgemeineren Aussagen** über Dialekte: Zum einen sei das Bairische von der UNESCO als „schützenswerte[] Sprache[]" (Z. 10) eingeordnet worden, was für ihre persönliche Entscheidung aber kein gewichtiges Argument zu sein scheint (vgl. Z. 10 ff.). — Allgemeine Ebene: Dialektschutz ...

Zum anderen führt Rossbauer eine Umfrage des Instituts für Deutsche Sprache an, die das **Dialektsterben** belegt, und **erläutert** die **wissenschaftlichen Erklärungen** für dieses Phänomen: Es liege u. a. in der Einführung des Hochdeutschen als Unterrichtssprache sowie in der erhöhten Mobilität der Menschen begründet. Vor 30 bis 40 Jahren hätte man dabei noch einen Vorteil in diesem Verschwinden gesehen, weil Dialektsprecher häufig als ungebildeter wahrgenommen worden seien (vgl. Z. 24 f.). — ... und Dialektsterben

An dieser Stelle **springt** die Autorin zurück in die eigene **Erfahrungswelt**. Sie setzt der damaligen negativen Bewertung die **persönlichen positiven Erinnerungen** an das Dialektsprechen ent- — Persönliche Ebene: Wert des Dialekts

gegen: Sie hebt das „Zusammengehörigkeitsgefühl" hervor, die „emotionale Nähe" (Z. 32 f.), die Sprecher eines Dialekts erleben. Der persönlichen Erfahrung, die sie hier beschreibt, verleiht sie **allgemeinere Gültigkeit**, indem sie diese mit der sprachwissenschaftlichen Aussage verknüpft, dass „Menschen ihre **Identität** auch über ihren Dialekt gewinnen" (Z. 30 f.). Darüber hinaus sieht sie im Dialekt ein **positives Bekenntnis zu Heimat und Herkunft**.
Nach einem kurzen Exkurs zu den Klischees, die viele Menschen mit dem Bairischen verbinden, geht sie auf die **Lebenseinstellung** ein, die das **Bairische** für sie ausdrückt. So führt die Autorin **Beispiele** aus ihrem täglichen Leben an, die illustrieren sollen, wie Äußerungen im Dialekt **liebevoller und gelassener** klingen als im Hochdeutschen, welches für sie eher mit Diszipliniertheit und Reglementierung verbunden ist (vgl. Z. 52). Die Weitergabe der Gefühls- und Bedeutungsnuancen an die eigene Tochter könne ihr im Hochdeutschen nicht gelingen.

Mit dem folgenden Abschnitt (Z. 57–66) springt die Autorin wieder zur **allgemeinen Ebene** – und nimmt den zuvor fallengelassenen Faden wieder auf: Seit einiger Zeit **verändere** sich nämlich die **Sicht auf Dialekte**. Nach Rossbauer sagen Wissenschaftler, dass Mundartsprecher auch andere Sprachen leichter erlernen. Zudem gälten Dialekte heute als „kulturelles Erbe" (Z. 60). Als einen möglichen Grund dafür zieht Rossbauer in Betracht, dass Dialekte einen „Gegenentwurf zur Globalisierung" (Z. 61) böten.

Allgemeine Ebene: heutige positive Sicht auf Dialekte ...

Die neue positive Bewertung der Dialekte habe – so Rossbauer – zu **Initiativen der Dialektförderung** geführt, unter anderem in **Bildungseinrichtungen** wie Schule und Kindergarten.

... als Grund für Dialektförderung in der Gesellschaft

Die systematische, **schulische Vermittlung von Dialekten bewertet** die Verfasserin aber im letzten Abschnitt ihres Artikels **negativ**: „Unterrichtet man sie, beraubt man sie ihres Wesens." (Z. 73 f.) Diese Aussage Rossbauers lässt sich nur vor dem Hintergrund ihrer Überlegung verstehen, dass Mundart immer die Sprache des Alltags gewesen sei, ein „unbeschwerte[s] Sprechen" (Z. 73). Dieser Wesenszug, die **Unbeschwertheit und Alltagsmäßigkeit**, gehe – so muss man die Aussage deuten – **verloren**, wenn der Dialekt zu **etwas behördlich Gefordertem** werde. Angesichts der persönlichen Erfahrungen, die sie im Artikel der gesellschaftlichen Perspektive auf das Dialektsprechen gegenübergestellt hat, ist das nachvollziehbar. Bairisch zu sprechen ist für die Autorin ein Mittel, um sowohl Zugehörigkeit und Identität auszudrücken als auch Herzlichkeit und Gelassenheit sprachlich an ihre Tochter weiterzugeben, so wie sie es selbst im Elternhaus erlebt hat. Daher empfindet sie eine behördlich organisierte Weitergabe von Dialekt in Form von Unterricht als nicht wesensgemäß. Das unbeschwerte, alltägliche Sprechen des Bairischen sieht sie durch eine Verschulung ge-

Bewertung der schulischen Dialektförderung mit geforderter Erläuterung der Aussage

fährdet und gestört. Ihr ist der **emotionale Aspekt des Dialektsprechens** besonders wichtig.

Für Rossbauer ist damit ein **Moment der „Freiheit"** (Z. 75) verbunden: Dialekt als alltägliche, natürliche Sprachform ermögliche es, „so zu sprechen, wie man will" (Z. 75). Daher endet der Artikel auch mit dem gefühlsbetonten, fast appellhaften Satz „Und diese Freiheit bekommt meine Tochter auch" (Z. 76). Dieser lässt sich durchaus nicht nur auf der persönlichen Ebene der Autorin deuten, sondern auch auf übergeordneter Ebene – im Sinne der Forderung einer allgemeinen Freiheit, so sprechen zu dürfen, wie man es möchte.

Der Bogen, den die Autorin in ihrem Artikel schlägt, führt hier zurück zur anfänglichen Aussage, sie habe sich nie Gedanken darüber gemacht, ob es gut oder schlecht sei, Dialekt zu sprechen. Am Ende ihres Artikels kommt Rossbauer zu dem Schluss, dass sie es als **gut und richtig** sieht, **Dialekt zu sprechen**, weil er Teil der persönlichen **Freiheit eines Sprechers** ist.

Reflektierte Schlussfolgerung

Teilaufgabe 2

Hinweise und Tipps

🖉 *Was verlangt die Aufgabenstellung von mir?*
🖉 *In der zweiten Teilaufgabe sollen Sie „erörtern". Thema der Erörterung ist die **Förderung von Dialekten in der Schule**. Die Erörterung fordert von Ihnen eine **argumentative Auseinandersetzung** mit Aspekten, die **für bzw. gegen** eine solche Förderung sprechen. Das Ziel ist ein begründetes **Urteil** zur Problemstellung.*
🖉 *Zwei Bezugspunkte werden von der Aufgabenstellung genannt, die in der Erörterung berücksichtigt werden sollten: zum einen der in Teilaufgabe 1 untersuchte **Artikel**, zum anderen das **Wissen aus Ihrem Unterricht**.*
🖉 *Abschließend verlangt die Aufgabe eine **Stellungnahme** von Ihnen, bei der Sie eigene Kenntnisse und Argumente anführen können, um Position zu der Frage zu beziehen, ob man den eigenen **Kindern Dialekt beibringen** sollte, wenn man **nicht im entsprechenden Dialektgebiet** wohnt.*

🖉 *Wie gehe ich bei der Bearbeitung der Aufgabe sinnvollerweise vor?*
🖉 *Vorbereitend ist es sinnvoll, erst einmal **Argumente** zur Erörterungsfrage zu **sammeln**. Das können Sie z. B. in Form einer Mindmap oder auch einer Tabelle tun. Da ausdrücklich der **Bezug zu Rossbauers Artikel** gefordert wird, bietet es sich an, mit ihren Argumenten zu beginnen und dann von hier aus den Blick zu weiten. Überlegen Sie dabei auch, ob, inwieweit und aus welchen Gründen Sie die Thesen und Argumente überzeugen oder nicht überzeugen. Vermerken Sie dann auf der Grundlage des im Unterricht erworbenen Wissens **weitere Argumente**, um eine gute Basis für die Ausformulierung des Aufsatzes zu haben. Auch wenn Sie stark zu einer Seite tendieren, sollten Sie aber auch Argumente gegen Ihre Position berücksichtigen.*
🖉 *Die **Stellungnahme** können Sie auf die gleiche Weise vorbereiten.*

- *Wie kann ich meinen Aufsatz strukturieren?*
- *Sie beginnen mit einer **aufgabenbezogenen Überleitung**. Die Grobstruktur des **Hauptteils** ist von der Aufgabenstellung vorgegeben: Es folgt zunächst die **Erörterung** zu der Fragestellung, ob Dialekte im Unterricht gefördert werden sollten. Dann legen Sie Ihre **begründete Meinung** dar, warum Sie die Weitergabe des Dialekts an die eigenen Kinder befürworten oder nicht befürworten. Dieser Teil kann kürzer als die vorige Erörterung ausfallen.*

- *Was gibt es bei dieser Aufgabe sonst noch zu beachten?*
- *Zu beachten ist bei dieser Aufgabe, dass der **thematische Schwerpunkt** der Aufgabe auf der Frage liegt, ob **Dialekte im Unterricht** gefördert werden sollen, sich diese Thematik im vorliegenden Textauszug aber immer wieder mit der der **Kindeserziehung im Dialekt überschneidet**. Hierauf soll aber erst explizit am Ende der Aufgabe in Form der eigenen Stellungnahme eingegangen werden. Es besteht hier die Gefahr von Doppelungen. Überlegen Sie also frühzeitig, wo welche Aspekte hingehören.*

Lösungsvorschlag

Die Ansicht, dass jeder Mensch so sprechen können sollte, wie er will, verknüpft Maria Rossbauer in ihrem Artikel mit der Frage, ob Dialekte im Schulunterricht gefördert werden sollten oder nicht. Dies passt in den Rahmen einer **bildungspolitischen Diskussion**, die schon seit mehreren Jahren geführt wird. Viele Bundesländer fördern bereits Dialekte in den Schulen. Der Hauptgrund dafür ist der Ansatz, **Dialekt als regionales Kulturgut** und **als Teil regionaler Identität** vor dem Aussterben zu bewahren – doch wird diese Förderung auch immer wieder angegriffen.

Hier reiht sich Maria Rossbauer ein: Sie äußert die klare Ansicht, dass **Dialekte im Unterricht nicht gefördert** werden sollen. Ihre Meinung begründet sie vor allem mit eigenen familiären Erfahrungen. Diese sind anschaulich dargestellt, wenn beispielsweise konkrete Kindheitserfahrungen mit dem Dialekt eine gewisse Lebensfreude illustrieren (vgl. Z. 28 f.). Allerdings ist die emotionale und individuelle Färbung der Aussagen für den neutralen, nicht mundartlich sprechenden Leser nicht immer nachvollziehbar.

Sachargumente, die die Autorin anführt, um positive Aspekte des Dialektsprechens hervorzuheben, stützen einerseits ihre **persönliche Rechtfertigung**, unabhängig vom Wohnort Bairisch zu sprechen. Andererseits beinhalten sie jedoch sachlich betrachtet eher Gründe, warum Dialekte im Schulunterricht gefördert werden sollten. So ist beispielsweise die Einordnung des Bairischen als schützenswerte Sprache durch die UNESCO ein gutes Argument für die Einführung von mundartlichem Unterricht, um dem **Dialektsterben** systematisch **entgegenzuwirken**. Gerade die jüngeren Gene-

Aufgabenbezogene Überleitung
Einordnung in bildungspolitischen Kontext

Hauptteil
Erörterung – Dialekte in der Schule?

Grundsätzliche Wertschätzung der Dialekte durch die Autorin

Pro-Argumente
Schutzwürdigkeit der Dialekte

rationen nutzen Mundart immer weniger (vgl. Z. 15 f.). Indem die Schülerinnen und Schüler befähigt und ermutigt werden, Dialekt zu sprechen, kann der Dialekt vor dem Aussterben bewahrt werden. Außerdem ist es wissenschaftlich belegt, dass das **Erlernen neuer Sprachen** für Menschen, die sowohl Hoch- als auch Mundsprache beherrschen, leichter ist. Diesen Zusammenhang nennt auch die Autorin (vgl. Z. 57–59). Hiermit beleuchtet sie selbst ein Argument, welches **für Dialektunterricht** ins Feld geführt werden kann.

Vorteile von Dialektsprechern beim Fremdsprachenerwerb

Die Autorin weist auch darauf hin, dass Forscher festgestellt haben, dass Dialekte ein **Zusammengehörigkeitsgefühl** und **emotionale Nähe** unter ihren Sprechern schaffen (vgl. Z. 31–33). Dieses Argument nutzt sie zwar, um ihre eigenen emotionalen Erfahrungen zu belegen, es stützt aber doch auch die These, dass Dialektunterricht sinnvoll für Schülerinnen und Schüler wäre, da ein Zusammengehörigkeitsgefühl durch Dialekt auch im Unterricht entstehen kann. Gerade in den immer heterogener werdenden Lerngruppen der Schulen könnte dies ein positiver Faktor sein, der zu einem Gemeinschaftsgefühl führen kann.

Emotionaler Wert von Dialekten

Zudem könnte es Dialektförderung auch ermöglichen, die **spezifischen Ausdrucksmöglichkeiten**, die Dialekte mit sich bringen, den Kindern zugänglich zu machen – z. B. die Gelassenheit und die Geduld, die Rossbauer nur im Dialekt, aber nicht in der Hochsprache transportieren zu können meint.

Ausdrucksmöglichkeiten von Dialekten

Nimmt man all die Vorteile von Dialekten zusammen und denkt von hier aus konsequent weiter, dann wird Dialektförderung zu einem Aspekt größerer **Chancengleichheit**. Denn die schulische Förderung schließt auch die Kinder ein, deren Eltern nicht bereit oder nicht in der Lage sind, mit ihren Kindern Dialekt zu sprechen.

Dialektförderung und Chancengleichheit

Allerdings muss man auch kritisch fragen, ob sich die geschilderten **positiven Effekte von Dialekten** tatsächlich **in diesem Maße einstellen**, wenn sie **unterrichtet** werden. Denn es ist eher unwahrscheinlich, dass Dialektunterricht dazu führt, dass ein Kind, das die Mundart nicht von zu Hause kennt, den Dialekt tatsächlich zu beherrschen lernt. Fällt solchen Kindern der Fremdsprachenerwerb dann später wirklich leichter?

Gegenargumente

Vorteile für Fremdsprachenerwerb bei schulischer Förderung?

Zudem ist es **fraglich**, ob diese im Klassenverband tatsächlich im Hinblick auf das **Zusammengehörigkeitsgefühl** profitieren. Ihre Bemühungen, Dialekt zu sprechen, könnten auf die anderen Kinder **unauthentisch** wirken und sich sogar **negativ auswirken** – hier könnte der hohe Stellenwert des Dialekts in der Schule sogar zu einer **Barriere** zwischen den Kindern werden.

Vorteile für Zusammengehörigkeitsgefühl bei schulischer Förderung?

In eine ähnliche Richtung geht **Rossbauers Hauptargument**. Sie sieht Dialekt an sich ja positiv, **bezweifelt** aber, dass dessen **positive Aspekte durch schulische Förderung zur Geltung kommen**. Sie geht davon aus, dass der Dialekt durch Unterricht seines

Wiederaufnahme von Rossbauers Gegenargument

Wesens beraubt werde, dass er seine Alltagsmäßigkeit und Unbeschwertheit verlieren werde.

Diese Ansicht zeigt aber eher ein **bestimmtes Bild von Schulunterricht**, als dass sie ein grundsätzliches Argument gegen die Einführung von schulischer Dialektförderung darstellt. Vielleicht würde die Unbeschwertheit des Dialektsprechens beeinträchtigt werden, wenn der Unterricht darauf abzielt, die Kinder im Dialekt zu prüfen. Doch wenn im Unterricht ein lockerer, **natürlicher Umgang** mit dem Dialekt gepflegt wird mit dem Ziel, ihn als eine **eigene Sprachform zu würdigen**, ihn näher kennenzulernen oder ihn Nicht-Dialektsprechern nahezubringen, dann wird das in meinen Augen nicht das „Wesen des Dialekts" gefährden. Und auch für die Frage des Zusammengehörigkeitsgefühls gilt: Es kommt auf den **richtigen Umgang mit dem Dialekt im Unterricht** an.

Einwände gegen die Gegenargumente

Im Grunde ist die Förderung des mundartlichen Sprechens im Privaten aus fast den gleichen Gründen sinnvoll wie im schulischen Kontext. Zu der Frage, ob man einen **Dialekt an die eigenen Kinder weitergeben** sollte, auch wenn man nicht im Dialektgebiet lebt, kann ich aus den oben genannten Gründen **positiv Stellung beziehen**. Die Sachargumente, die die Autorin für das Dialektsprechen anführt, sind überzeugend. Entscheidend dürfte aber sicher sein, das Kind **nicht ausschließlich mit dem Dialekt** aufwachsen zu lassen, sondern ihn als **eine Sprachvarietät neben der Hochsprache** zu vermitteln. Dann hat es die Chance, zu lernen, in welcher Situation Mundart angemessen ist und in welchen Situationen man besser Hochsprache verwendet – mit dieser Form des **Code-Switchings** kann es dann gegebenenfalls auch vermeiden, mit Klischees konfrontiert oder als „provinziell" betrachtet zu werden. Das Kind hat dann tatsächlich die Freiheit, „so zu sprechen, wie [es] will" (Z. 75).

Stellungnahme – Weitergabe des Dialekts an die eigenen Kinder?

Abschließend ist zu sagen, dass der Artikel der Autorin dahingehend überzeugt, dass man auch außerhalb des Dialektgebiets mit seinen **eigenen Kindern im Dialekt** sprechen sollte. Einschränkend ist allerdings hinzuzufügen, dass dies nur dann sinnvoll ist, wenn sie gleichzeitig auch die Hochsprache erlernen. Sie auf diese Weise **zweisprachig** aufwachsen zu lassen, ist eindeutig vorteilhaft.

Reflektierte Schlussfolgerung

Der Artikel führt mich als Leser aber auch zu dem Schluss, dass – entgegen der Meinung der Autorin – **Dialektförderung in der Schule sinnvoll** sein kann. Die Sachargumente, die Rossbauer ganz allgemein in ihrem Text pro Dialekt anführt, überzeugen dadurch, dass sie größtenteils **wissenschaftlich** gestützt sind. Sie können – auch wenn sie von der Autorin nicht in diesem Sinne verwendet werden – durchaus begründen, warum Dialektunterricht gut ist. Und vielleicht ergibt sich ja der **positive Nebeneffekt**, dass Eltern im Wissen, dass der Dialekt in der Schule akzeptiert ist, mit ihren Kindern wieder mehr mundartlich sprechen.

Grundkurs Deutsch (Nordrhein-Westfalen) – Übungsaufgabe 7
IV: Materialgestütztes Verfassen eines Textes mit fachspezifischem Bezug

Materialgrundlage
M 1: Zitate zum Thema „Deutsche Sprache"
M 2: Cover zum Thema „Veränderung der deutschen Sprache"
M 3: Detlev Mahnert: *Isch geh Arbeitsamt, Ian!*
M 4: Heike Wiese: *Kiezdeutsch rockt, ischwör!*
M 5: Jürgen Kaube: *Heute ich geh Diktat*
M 6: Allensbach-Umfrage von 2008

Aufgabe

Situation:

Im Rahmen des Deutsch-Projektes der Oberstufe „Endstation Krassheit oder krass innovativ? Sprache von Jugendlichen heute" wurde in Ihrer Heimatstadt der Sprachgebrauch von 12- bis 18-Jährigen erforscht. Er weist zentrale Elemente des Kiezdeutschen auf, wie es von der Berliner Linguistik-Professorin Heike Wiese beschrieben worden ist. Die Ergebnisse der Untersuchung werden auf der Schul-Website veröffentlicht. Als Einstieg in die Thematik sollen Sie einen Kommentar verfassen, in dem Sie zum Thema „Kiezdeutsch – Problem oder Chance?" begründet Stellung nehmen.

Schreibauftrag:

Verfassen Sie auf der Grundlage einer kritischen Sichtung der Materialien M 1 bis 6, Ihrer Kenntnisse aus dem Unterricht sowie eigener Erfahrungen diesen Kommentar.

Formulieren Sie eine geeignete Überschrift.

Zitate aus den Materialien werden dem Stil eines Kommentars gemäß ohne Zeilenangabe nur unter Nennung der Autorin bzw. des Autors und ggf. des Titels angeführt.

Ihr Aufsatz sollte etwa 1000 Wörter umfassen.

Materialien

M 1
Zitate zum Thema „Deutsche Sprache"

„Ich hör' es gerne, wenn die Jugend plappert:
Das Neue klingt. Das Alte klappert."
(Johann Wolfgang von Goethe, 1749–1832, deutscher Dichter)

„Sprechen und Denken sind eins.
Wer schief spricht, kann nicht geradeaus denken."
(Karl Kraus, 1874–1936, österr. Schriftsteller und Journalist)

„Der Sprachpfleger gleicht einem Gärtner, der lange gegen ein bestimmtes Unkraut in seinem Blumenbeet kämpft, bis er am Ende eingestehen muss, dass es eigentlich ganz aparte Blüten treibt."
(Ulrich Greiner, geb. 1945, deutscher Journalist)
Quelle: Ulrich Greiner: Nichtsdestotrotz. DIE ZEIT 27/2007, 28. 06. 2007

M 2
Cover zum Thema „Veränderung der deutschen Sprache"

Quelle: Der Spiegel 28/1984 *Quelle: Der Spiegel 40/2006*

M 3
Detlev Mahnert: Isch geh Arbeitsamt, lan!

Unter dem Einfluss des Türkischen und Arabischen sind in den letzten Jahren in der Kiez-Sprache neuartige Konstruktionen entstanden, die chaotisch erscheinen, aber in ihrer einfachen Struktur durchaus regelhaft sind. Sätze wie „Musstu Doppelstunde machen", „lass ma Hermannplatz aussteigen", „Isch geh Arbeitsamt", „Kommßu mit
5 Stadion? Nee, isch fahr morgen Türkei" folgen demselben Muster.
    Reizvoll ist auch das Eindringen ganz neuer Fremdwörter wie „Yalla!" aus dem Arabischen (= Los! Tempo!), „wallah!" (= ich schwöre) oder „lan", was so etwas wie „Kerl" bedeutet, aber oft auch einfach eine Bekräftigungsfloskel ist. Insofern kann die Jugendsprache durchaus als Bereicherung der Standardsprache angesehen werden.
10   Problematisch könnte die Entwicklung werden, wenn die jungen Leute weder Hochdeutsch noch die Muttersprache ihrer Eltern beherrschen und sich auf einen restringierten[1] Sprachcode zurückziehen, in dem z. B. nur noch in Infinitiven geredet wird. Die Gefahr einer massenhaft verbreiteten Halbsprachigkeit scheint aber übertrieben – im Allgemeinen ist die Jugendsprache wohl eher eine Zusatzsprache: Kiez-
15 Sprache ist, wie z. B. auch die Ruhrgebietssprache, keine gebrochene, auf den Hund gekommene Hochsprache, sondern ein zusätzliches Register, dessen sich der Jugendliche unter seinesgleichen bedient und das, wie andere Sprachregister[2], im Laufe eines Lebens auch wieder abgelegt werden kann. Man wird kaum einen älteren Türken hören, der etwa sagt: „Isch geh Dönerbude, Alder, isch schwör..."
20   Wenn allerdings die Kiez-Sprache zur einzigen sprachlichen Varietät[3] wird, wie es in manchen besonders benachteiligten Stadtvierteln der Fall zu sein scheint, wird das sprachliche zu einem gesellschaftlichen Problem: Es entstehen einsprachige Sprachinseln, in denen Hochdeutsch zur Fremdsprache wird. Die Jugendlichen haben nur noch in der Schule damit zu tun, in der übrigen Zeit wird „krass geredet". Die Stig-
25 matisierung[4], die damit verbunden ist, führt dazu, dass die jungen Leute sich noch mehr in ihre Gruppen zurückziehen und sich der Kommunikation mit der Umwelt verweigern. Das führt aber zu einem eminenten Verlust an Potenzial für Gesellschaft und Arbeitsmarkt.
    Um eine solche Spaltung der Gesellschaft zu verhindern, muss von früh an Sprach-
30 förderung betrieben werden. Es kann nicht Sinn der frühkindlichen Spracherziehung sein, den Englischunterricht zu fördern, statt erst einmal Sicherheit in der Muttersprache zu vermitteln.

Quelle: Detlev Mahnert: Isch geh Arbeitsamt, lan!, http://www.mahnert-online.de/Kiez-Sprache.html.
Nach: Verena Araghi: Lass ma krass reden. In: SPIEGEL 42 (2007), S. 196f.

Anmerkungen:
1 *restringiert:* begrenzt, beschränkt
2 *Sprachregister:* situationsangemessene und für bestimmte Kommunikationsbereiche kennzeichnende Sprech- und Schreibweisen
3 *Sprachvarietät:* eine bestimmte Ausprägung der Standardsprache innerhalb einer Sprechergruppe; gekennzeichnet durch geografische Verbreitung (z. B. Dialekt), kommunikativen Kontext (z. B. Fachsprache), Identität der Sprecher (z. B. Jugendsprache), Zugehörigkeit zu einer sozialen Schicht (Soziolekt)
4 *Stigmatisierung:* Zuschreibung negativer Merkmale und als Folge davon Diskriminierung

M 4
Heike Wiese: Kiezdeutsch rockt, ischwör!

[…] Kiezdeutsch weist – wie alle Dialekte – eine Reihe von Besonderheiten auf. Allerdings handelt es sich nicht um sprachliche Fehler, sondern um systematische Neuerungen in Grammatik, Wortschatz und Aussprache.
So wird aus „ich" beispielsweise „isch", was ähnlich im Rheinland vorkommt und im Berliner „nüscht". Wir finden neue Funktionswörter wie „lassma" und „musstu" („lass uns mal" und „musst du") und Zusammenziehungen wie „ischwör" („ich schwöre"), mit denen eine Aussage bekräftigt wird – ganz ähnlich, wie umgangssprachlich die Zusammenziehung „glaubich" („glaube ich") eine Aussage abschwächt. Das Wort „so" wird nicht nur zum Vergleich verwendet, sondern auch zur Betonung („Ich höre Alpa Gun, weil er so aus Schöneberg kommt."), so entsteht ein neues Funktionswort, das wir übrigens auch außerhalb von Kiezdeutsch finden. Das ist nicht schlampig formuliert, sondern hat System.

Warum denken viele, Kiezdeutsch sei falsches Deutsch?
Wie ein Dialekt bewertet wird, hängt immer auch mit der sozioökonomischen Stellung derjenigen zusammen, die ihn sprechen. Wenn jemand einen niedrigeren sozialen Status hat, dann wird seine Sprechweise eher negativ bewertet. Kiezdeutsch wird in multiethnischen Wohngebieten gesprochen, und in Deutschland sind diese oft sozial besonders benachteiligt, das Einkommen ist niedrig, die Arbeitslosenquote hoch. Dementsprechend wird Kiezdeutsch als Sprechweise sozial Schwächerer wahrgenommen – und damit schnell als „schlechtes Deutsch" abgewertet.
Kiezdeutsch hat aber noch mit einem zweiten Handicap zu kämpfen: Es wird typischerweise unter Jugendlichen gesprochen – das war noch nie günstig für die Bewertung einer Sprechweise. Denn die Kritik an Jugendsprache ist so alt wie die Kritik an Jugendkulturen insgesamt. […]

Kiezdeutsch als Beispiel für gelungene Integration
Niemand spricht nur „ein Deutsch". Wir sprechen im Dienstgespräch mit einem Vorgesetzten anders als beim Telefonat mit der Schwester. Wenn ich mit meiner Schwester so sprechen würde wie bei einem Vortrag, wäre das kein Zeichen dafür, dass ich gut Deutsch spreche, sondern ein Hinweis auf mangelnde Sprachkompetenz: Ich könnte offensichtlich nicht situationsangemessen aus meinem Sprachrepertoire auswählen. Auch Kiezdeutsch ist für seine Sprecher*innen immer ein Teil eines größeren sprachlichen Repertoires. Für die gesellschaftliche Teilhabe Jugendlicher ist es wichtig, dass zu diesem Repertoire auch das Standarddeutsche gehört. Das ist aber unabhängig davon, ob sie Kiezdeutsch sprechen. Eine Kreuzberger Lehrerin meinte dazu: „Manche unserer Schüler sind hervorragend im schriftlichen Ausdruck, manche sind noch schwächer, aber an Kiezdeutsch liegt das nicht: Kiezdeutsch sprechen sie alle untereinander!"
Alle Kinder gleichermaßen beim Erwerb des Schriftdeutschen in der Schule zu unterstützen, ist eine wichtige Aufgabe unseres Bildungssystems. Dem wird man aber nicht dadurch gerecht, dass man dialektale Kompetenzen als „schlechtes Deutsch" missachtet, und dies gilt für herkömmliche Dialekte ebenso wie für Kiezdeutsch.

Kiezdeutsch ist eine legitime[1] sprachliche Variante, die die Zugehörigkeit zur Jugendkultur anzeigt. Dabei ist Kiezdeutsch nicht der Sprachgebrauch einer isolierten, sich abschottenden Gruppe einer bestimmten Herkunft, sondern bezieht alle Jugendlichen in multiethnischen[2] Wohngebieten ein. Es ist ein Beispiel für eine besonders gelungene sprachliche Integration: ein neuer, integrativer Dialekt, der sich im gemeinsamen Alltag ein- und mehrsprachiger Jugendlicher, deutscher ebenso wie anderer Herkunft, entwickelt hat.

Kiezdeutsch bereichert das Standarddeutsche

Kiezdeutsch wird oft als Bedrohung angesehen, das einen massiven Einfluss des Türkischen anzeige oder gar zum „Sprachverfall" führen könne. So behauptete die Tageszeitung „Die Welt": „Deutsche Sprache driftet ins Türkische ab". Kiezdeutsch ist aber keine deutsch-türkische Mischsprache, es verwendet keine türkischen Satzmuster oder überträgt gar die türkische Grammatik auf das Deutsche: Die grammatischen Neuerungen in Kiezdeutsch erklären sich aus dem System der deutschen Grammatik heraus, Kiezdeutsch ist typisch deutsch! Entsprechend werden neue Fremdwörter aus dem Türkischen in Kiezdeutsch auch sofort eingedeutscht, sie werden deutsch ausgesprochen, deutsch geschrieben und in die deutsche Grammatik integriert.

Jede Sprache wandelt sich ständig. Eine Sprache hört erst auf, sich zu verändern, wenn sie nicht mehr gesprochen wird. Bedroht sind Sprachen, die nur noch sehr wenige Sprecher und Sprecherinnen haben oder von dominanteren Landessprachen verdrängt werden, etwa das Niedersächsische Platt. Selbst das Bairische steht inzwischen auf der Liste der bedrohten Sprachen. Die Realität ist also genau umgekehrt: Das Standarddeutsche wird nicht durch Dialekte bedroht, sondern es bedroht im Gegenteil die Dialekte. Kiezdeutsch ist ein deutscher Dialekt, der das Deutsche bereichert, indem es dem Spektrum der deutschen Varietäten ein neues, vitales Element hinzufügt.

Quelle: Heike Wiese: Kiezdeutsch rockt, ischwör!, www.spiegel.de/unispiegel/wunderbar/professorin-heike-wiese-verteidigt-den-jugendslang-kiezdeutsch-a-824386.html; vom 29. 03. 2012; für didaktische Zwecke leicht gekürzt.

Anmerkung: Dieser Gastbeitrag ist ein bearbeiteter Auszug aus folgendem Buch:
Heike Wiese, Kiezdeutsch. Ein neuer Dialekt entsteht, Verlag C. H. Beck, München 2012.

Anmerkungen:
1 *legitim:* vertretbar, erlaubt, anzuerkennend
2 *multiethnisch:* mehrere verschiedene Volksgruppen umfassend

M 5
Jürgen Kaube: Heute ich geh Diktat

Die wohlfeile Reklame für das „Kiez-Deutsch" speist sich aus einer einseitigen Sicht der Dinge. Kennt dieses linguistische Projekt überhaupt Grenzen?

In den Massenmedien wird gerade die Potsdamer Linguistin Heike Wiese herumgereicht. Sie hat ein Buch über das geschrieben, was sie „Kiez-Deutsch" und eine „Jugendsprache des Deutschen" nennt. Manchmal bezeichnet sie diesen Slang, in dem Sätze wie „Ich weiß, wo die gibs" oder „Wir sind jetzt anderes Thema" oder „Ich kenn ihn von Fitness" geläufig sind, auch als einen „urbanen Dialekt".

Gängiger wäre es, von Vereinfachungen zu sprechen und für die Jugendlichen zu hoffen, dass sie sich nicht allzu sehr daran gewöhnen. Doch die Linguistin möchte das normative[1] Urteil gern umkehren. Es handele sich bei „Ich mach dich Messer" und dergleichen nicht um ein Zurückbleiben hinter dem richtigen Deutsch, sondern um eine legitime[2] grammatische Innovation. Selbstverständlich lässt sie sich mittels Fachsprache liebevoll beschreiben: „Funktionsverbgefüge durch semantische Bleichung der Verben".

Ähnliche Fälle, die es im Deutschen schon gibt – „Krawatte tragen", „Angst machen" –, werden herangezogen, um auch „Messer machen" für „greife dich mit dem Messer an" ganz im Rahmen zu finden. Selbst wenn das „Tragen" der Krawatte, anders als das „Machen" des Messers, semantisch ungebleicht, nämlich im Wortsinn erfolgt. Doch Wiese ist weder wissenschaftlich noch normativ wählerisch. Wenn statt „dem Manne" inzwischen meist „dem Mann" gesagt wird, rechtfertigt das für sie – „die Vereinfachungen sind im Deutschen angelegt" – auch weitere Simplifikation[3] wie „Das ist mein Schule". Vielleicht dann folgerichtig auch „mein Schul"?

Sprachgeschichtlich irrig, bildungspolitisch dumm

Dass das Kiez-Deutsch in vielen Fällen so klingt wie früher die gönnerhaften Ansprachen an Migranten durch Deutsche – „Du sprechen Deutsch?" „Musst du erst gehen auf Personalabteilung" –, bleibt dabei unberücksichtigt. So, wie eine Kultur der Armut entdeckt wurde, wo zuvor nur Mühsal war, wird jetzt auch in Sachen Bildung umgewertet. Unterstellt werden muss dabei, die Jugendlichen könnten auch anders, sie wollten nur nicht, weil es so für sie praktischer sei. Die Hoch- und Schriftsprache erscheint dann ihrerseits als bloßer Dialekt, mittels dessen die „Mittel- und Oberschicht", die hier ein handlungsfähiges Subjekt mit eigenen Interessen ist, sich von den unteren Klassen abzuheben suchte.

Das ist sprachgeschichtlich und soziologisch so irrig wie bildungspolitisch dumm. Ob die Jugendlichen über beide „Sprachen" gebieten und nur je nach Anlass zwischen ihnen wechseln, bleibt eine empirische Frage. Man könnte sie an ihrem Schriftgebrauch überprüfen oder daran, wie sie sich in Situationen zurechtfinden, in denen ihnen Hochsprache abverlangt wird. Wenn gleichzeitig beklagt wird, die Mittelschichten zögerten, Bewerber mit Kiez-Deutsch einzustellen, scheint es mit der souveränen Verfügung über das ganze Repertoire[4] nicht so weit her zu sein. Wiese selbst fordert, Kiez-Deutsch zum Teil des Grammatikunterrichts zu machen, weil Jugendliche dann eher bereit wären, sich mit dem Standarddeutsch zu beschäftigen. Wie denn nun? […]

So wiederholt sich der alte Denkfehler auch hier: Die normative Erwartung wird einerseits als bloße Konvention[5] zum Vorteil bestimmter Kreise dargestellt, andererseits aber werden diejenigen, die von ihr abweichen, darin bestärkt, sich nicht in Besitz der entsprechenden Techniken zu bringen. Eine auf Chancengleichheit bedachte Schule müsste gerade die kulturellen Festlegungen der höheren Schichten allen Schülern zugänglich machen. Umso mehr, als diese Schichten mehr als die Hälfte der Bevölkerung umfassen. Der Versuch, umgekehrt diesen höheren Schichten ihre kulturellen Festlegungen wissenschaftlich auszureden, wirkt, vor allem bei solcher Machart, lächerlich.

Quelle: Jürgen Kaube: Heute ich geh Diktat; https://www.faz.net/aktuell/feuilleton/debatte-um-jugendsprache-heute-ich-geh-diktat-11664452.html, 28. 02. 2012, © Alle Rechte vorbehalten. Frankfurter Allgemeine Zeitung GmbH, Frankfurt

Anmerkungen:
1 *normativ:* hier etwa im Sinne von „wertend"
2 *legitim:* erlaubt, vertretbar, berechtigt
3 *Simplifikation:* Vereinfachung
4 *Repertoire:* Gemeint ist hier die Gesamtheit der zuvor genannten „Sprachen".
5 *Konvention:* hier etwa im Sinne von „gesellschaftliche Übereinkunft"

M 6
Allensbach-Umfrage von 2008

Diese Frage wurde bei der Befragung in folgendem Wortlaut gestellt:
„Wenn jemand sagt: ,Die meisten Menschen bei uns in Deutschland legen nur noch wenig Wert auf eine gute Ausdrucksweise. Die deutsche Sprache droht immer mehr zu verkommen.' Sehen Sie das auch so, oder sehen Sie das nicht so?"

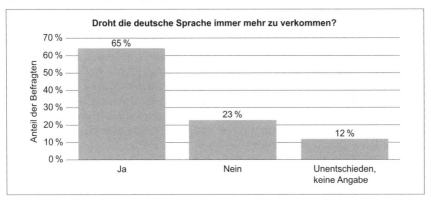

Quelle: Institut für Demoskopie Allensbach, Studie: Wie denken die Deutschen über ihre Muttersprache und über Fremdsprachen?
Weitere Informationen: Deutschland: IfD Allensbach; 1.820 Respondents; ab 16 Jahre

---

Hinweise und Tipps

Welche Aufgabenart liegt vor?
Die Aufgabe ist der **Aufgabenart IV**, dem *„Materialgestützten Verfassen eines Textes mit fachspezifischem Bezug"*, zuzuordnen. Diese Aufgabenart hat im Unterschied zu den anderen Aufgabenarten in der Regel keine Teilaufgaben.

Was verlangt die Aufgabenstellung von mir?
Die Aufgabe verlangt von Ihnen, dass Sie einen **Kommentar** zu dem Thema *„Kiezdeutsch – Problem oder Chance?"* verfassen. Als Grundlage steht Ihnen neben dem eigenen Schul- und Allgemeinwissen eine **Materialsammlung** zur Verfügung, auf die Sie Bezug nehmen sollen. Insbesondere bei dieser Aufgabenart ist es unerlässlich, dass Sie sich zunächst ganz genau klarmachen, welche **Anforderungen mit der Aufgabe** verbunden sind:

– *Aus der **Situationsbeschreibung** können Sie zum einen ableiten, an welche **Adressaten** sich Ihr Text richten soll. Da der Text auf der Schul-Website veröffentlicht wird, kommen als Adressaten vor allem interessierte **Eltern**, **Lehrkräfte** und auch **Schüler*innen** in Betracht. Ihre Adressaten sind also keine Experten, die ohne Weiteres sprachwissenschaftliche Fachbegriffe verstehen. Passen Sie Ihre Sprache daran an. Zum anderen gibt Ihnen die Situationsbeschreibung einen situativen Kontext vor (Eröffnungstext für die Ergebnispräsentation einer Schulstudie zur Sprache von Jugendlichen), auf den Sie Bezug nehmen können.*

– *Machen Sie sich zudem bewusst, wodurch sich die **Textsorte „Kommentar"** auszeichnet. Es handelt sich dabei um eine **meinungsbildende Textsorte**, bei der Sie durchaus einen rhetorisch attraktiven Stil wählen dürfen.*

Wie gehe ich bei der Bearbeitung der Aufgabe sinnvollerweise vor?

*Nachdem Sie sich die Anforderungen der Aufgabe vor Augen geführt haben, erarbeiten Sie am besten zunächst die **Inhalte der Materialien**. Vergessen Sie dabei aber nicht, dass Sie diese nicht im Detail analysieren müssen. Es kommt vielmehr darauf an, nur solche Aspekte zu markieren (und gegebenenfalls am Rand zu kommentieren), die für das Thema „Kiezdeutsch – Problem oder Chance?" relevant sind. Die Kunst besteht darin, die Materialien so zu „scannen", dass Sie danach erste **Anhaltspunkte für die inhaltliche Ausgestaltung** Ihres Aufsatzes haben. Aktivieren Sie im Anschluss Ihr Vorwissen zum Thema (z. B. zum historischen Sprachwandel) und ergänzen Sie das Herausgearbeitete mit **eigenen Ideen**. Auf dieser inhaltlichen Grundlage können Sie dann Ihren **Kommentar planen**.*

Wie kann ich meinen Aufsatz strukturieren?

*Wie von der Aufgabe ausdrücklich gefordert, formulieren Sie zunächst eine geeignete **Überschrift**. Diese sollte – ebenso wie der anschließende Beginn des eigentlichen Kommentars – Interesse wecken und zum Lesen des Artikels anregen. Am besten **führen** Sie in Ihrer Einleitung erst einmal **zum Thema hin**. Weil es sich um einen Kommentar handelt, dürfen Sie hier durchaus kreativ sein – so dient im nachfolgenden Musteraufsatz beispielsweise eine bekannte Filmreihe als Ausgangspunkt für den Kommentar. Besonders gelungen ist Ihre Einleitung, wenn Sie diese schon für einen **Problemaufriss** nutzen. Im Anschluss liegt es nahe, das **Thema „Kiezdeutsch"** und seine **Bedeutung zu umreißen**, um dann zur **argumentativen Auseinandersetzung** mit der Frage überzugehen, ob das Kiezdeutsch eher **problematisch** oder eher **unproblematisch** ist.*

*Ihren Kommentar können Sie z. B. mit einem Hinweis auf den **situativen Kontext abrunden**, also auf die Ergebnisse der durchgeführten Studie zur Sprache Jugendlicher.*

Lösungsvorschlag

Lassma Kiezdeutsch reden – krass, aber innovativ!

Kennen Sie Zeki Müller? Zeki Müller war im letzten Jahrzehnt einer der erfolgreichsten Kinohelden an den deutschen Kinokassen – nein, kein Superheld aus Hollywoods Traumfabrik, sondern Aushilfslehrer an der Goethe-Gesamtschule, der sich mit schwer erziehbaren Schülern Wortgefechte liefert. Sätze wie „Heul leiser, Chantal" und „Ey, Sie Geisterkranker" (wohlgemerkt „Geisterkranker", nicht „Geisteskranker") sind durch den **Überraschungserfolg** mittlerweile fast geflügelte Worte – und vielleicht der Schlüssel zum Erfolg der „**Fack ju Göhte**"-Filmreihe. Die Komik entsteht durch die brutale, nein „brontale" Direktheit des Ausdrucks, mit der der ehemalige Knastbruder mit der Großstadtzicke Chantal buchstäbliche Wort-Battles wie aus der amerikanischen Hip-Hop-Szene austrägt. Der Zuschauer erhält eine hochprozentige, wenn auch ironisierte **Dosis deutschen Schulalltags und deutscher Sprachwirklichkeit** – da schmerzen jedem die Ohren, der schon mal ein Rilke-Gedicht gelesen hat. Wenn aber im Kino selbst Lehrer zu Idolen einer solchen Sprache werden, ist der Aufschrei der deutschen Sprachwächter bis ins letzte Klassenzimmer zu hören: Ist die deutsche Sprache, die deutsche Kultur, ja das europäische Abendland überhaupt noch zu retten?

Sprachwissenschaftler haben mit dem Begriff „**Kiezdeutsch**" beschrieben, wie sich die deutsche Sprache auch unter dem Einfluss der Einwanderung aus der Türkei, aus arabischen Ländern, aus Russland und dem Balkan verändert hat: Der große Trend ist die Vereinfachung, gesprochen wird eine grammatisch sehr entspannte Form des Deutschen: Artikel und Präpositionen werden weggelassen, Kasusendungen abgeschliffen. In der Popkultur haben Hip-Hopper wie Bushido und Komiker wie Bülent Ceylan das neue Deutsch durchgesetzt, in den „Fack ju Göhte"-Filmen kann man es aufs Extremste hören: So falsch und gleichzeitig innovativ sprechen Jugendliche.

Spiegelt die Kiezsprache z. B. der türkischstämmigen Jugendlichen ein Integrationsproblem wider? Ist sie Beweis für eine Parallelgesellschaft? Nein, sagt die Sprachwissenschaftlerin Heike Wiese: Sie ist „eine legitime sprachliche Variante" (Heike Wiese: „Kiezdeutsch rockt, ischwör!").

Neue Einflüsse – durch jugendliche Ausdrucksweisen oder **andere Sprachen** – haben noch keiner Standardsprache geschadet und entziehen kann man sich ihnen sowieso nicht, denn jede Sprache ist einem ständigen Wandel unterworfen. Auch die Amerikanismen aus den 1950er-Jahren haben sich im deutschen Sprachgebrauch gehalten: Kaum jemand könnte heute ohne das bestäti-

---

Überschrift

Hinführung: „Fack ju Göhte", ein Kinoerfolg mit Kiezdeutsch-Dialogen

Problemaufriss

Erläuterung des Themas „Kiezdeutsch"
Ursprünge und Kennzeichen
(Bezug zu M 5, M 3 und M 4)

Kiezdeutsch als zusätzliche Sprachvarietät von Jugendlichen
(Bezug zu M 4)

(jugend-)sprachliche Einflüsse auf das Deutsche – historischer Sprachwandel
(Bezug zu M 4)

gende „okay" kommunizieren. Hinterließen die napoleonischen Truppen im Deutschland des 19. Jahrhunderts noch französische Begriffe, vermachten die GIs und US-Radiosender nach 1945 dem Deutschen eben amerikanische. Unserem Sprachsystem haben solche Einsprengsel, die übrigens schon immer gerne zuerst von der Jugend sprachlich aufgegriffen wurden, jedoch wenig ausgemacht. Und heute wird unsere Standardsprache nun mal vom Türkischen und Arabischen beeinflusst.

Auch die **Aufregung** über vermeintlich negative Veränderungen der Sprache – insbesondere bei Jugendlichen – ist **nicht neu:** Schon 1984 befürchtete DER SPIEGEL auf einem seiner Cover, dass die Industrienation Deutschland ihre Sprache verlerne, und 2006 untertitelte die angesehene Zeitschrift den Artikel „Rettet dem Deutsch!" mit der bedrohlich klingenden Einschätzung „Die Verlotterung der Sprache". Doch diese Aufregung ist weitgehend unbegründet:

Denn **Jugendsprachen wie das Kiezdeutsch** bringen nicht nur frischen Wind in die verstaubte Standardsprache, sondern erfüllen noch eine weitere wichtige Funktion. Die **Abgrenzung von der Erwachsenenwelt** mit einem „zusätzliche[n] Register [...], das, wie andere Sprachregister, im Laufe eines Lebens auch wieder abgelegt werden kann" (Detlev Mahnert: „Isch geh Arbeitsamt, lan!"), ist eine sehr gute Möglichkeit der **Identitätsfindung** und Abnabelung von Teenagern (Achtung: Amerikanismus!) vom Elternhaus. Kiezdeutsch provoziert, Kiezdeutsch bildet in der Peergroup eine gemeinschaftsstiftende Sprachform.

Bleibt der Vorwurf einer Bloßstellung, ja „**Stigmatisierung**" (Detlev Mahnert, „Isch geh Arbeitsamt, lan!") **von Kiezdeutsch-Sprechern** in unserer auf Anpassung und Konformität bedachten Leistungsgesellschaft. Ganz nach dem Motto: abweichender Sprachgebrauch gleich verbaute Zukunftschancen. Dies wäre tatsächlich für Jugendliche mit der viel gebrauchten Zuschreibung „Migrationshintergrund" fatal. Solange jedoch die Jugendlichen ihre **Kiezsprache nur als Zweitsprache** benutzen und des Code-Switchings fähig sind, d. h. je nach Situation den Sprachcode wechseln können, bleibt die **Tür zur Integration offen**. Und laut Professor Wiese ist die Beherrschung des Standarddeutschen unabhängig davon, ob die Jugendlichen untereinander Kiezdeutsch sprechen (vgl. Heike Wiese: „Kiezdeutsch rockt, ischwör!"). Der sprachkritische Satz von Karl Kraus, dass Sprechen und Denken eins seien und dass nicht geradeaus denken könne, wer schief spreche, greift hier deshalb nicht.

Wiederkehrende Sprachkritik
(Bezug zu M 2)

Identitätsfindung und Abgrenzung
(Anregung aus M 1; Goethe-Zitat)
(Bezug zu M 3)

Berücksichtigung eines Arguments gegen „Kiezdeutsch": (Selbst-)Ausgrenzung?
(Bezug zu M 3 und M 5)
Kiezdeutsch als Zweitsprache statt Stigmatisierung und Gettoisierung
(Bezug zu M 4)

Berücksichtigung eines Gegenarguments
(Bezug zu M 1)

Entscheidend ist daher weniger, ob Wieses Schlussfolgerungen nach strengen wissenschaftlichen Maßstäben an jeder Stelle belastbar sind – daran zweifelt zum Beispiel Jürgen Kaube in seinem FAZ-Kommentar „Heute ich geh Diktat" – oder ob man beim Kiezdeutsch **überhaupt von einem Dialekt sprechen** kann. Wichtiger ist es, dass der Erwerb des Standarddeutschen auch tatsächlich stattfindet. Sehr problematisch ist dagegen die Tatsache, dass in einigen rein türkischen Vierteln insbesondere Frauen ein Leben isoliert von der Mehrheitsgesellschaft führen und mit ihren Kindern kein Deutsch sprechen können. Für sie wäre schon Kiezdeutsch ein Fortschritt. **Sprachkurse** für Einwanderer und **Sprachförderung** für Migrantenkinder sind also von Politik und Gesellschaft gefordert! Ebenso wenig wie auf gut ausgebildete Fachkräfte jedweder Herkunft kann ein Land auf eine für alle verständliche Sprache verzichten, welche für Zuwanderer unbürokratisch und kostenlos vermittelt wird. Unter dieser Voraussetzung empfiehlt sich eine **gelassene Haltung gegenüber dem Wandel**. Sprachliche Reinheitsgebote, wie sie Frankreich mit selbst erschaffenen französischen Entsprechungen, seien sie noch so an den Haaren herbeigezogen, gegenüber englischen Ausdrücken durchsetzt, wirken nicht sehr zukunftsfähig.

Dass neben einem sicheren Standarddeutsch jede Sprechergruppe ihre **Sprachvarianten pflegen** kann, gehört zu einer **pluralistischen Gesellschaft** dazu – gerade in dem regional so unterschiedlichen und an Dialekten so reichen Deutschland. Das will man auch den 65 % der Befragten einer **Allensbach-Umfrage aus dem Jahr 2008** zurufen, die davon ausgingen, dass die deutsche Sprache immer mehr zu verkommen droht. Man kann Sprache nicht unter einer Glasglocke einschließen in dem Glauben, sie so vor unerwünschten Einflüssen zu schützen. Das Deutsche wird auch das Kiezdeutsch überleben. Und wenn in hundert Jahren davon noch ein paar Souvenirs (Achtung: französischer Ursprung!) erhalten sind: Lassma entspannt bleiben!

Und diese Empfehlung wollen wir auch Ihnen mit auf den Weg geben, wenn Sie sich hier auf unserer Internetpräsenz über die Ergebnisse unserer Studie zum Sprachgebrauch von Jugendlichen in unserer Stadt informieren.

Berücksichtigung eines Gegenarguments: Fragwürdigkeit von Wieses Schlussfolgerungen?
(Bezug zu M 5)

Vermittlung der deutschen Standardsprache als gesellschaftlicher Auftrag

(Anregung aus M 3)

Aufruf zu mehr Gelassenheit

Sprachvarietäten als Zeichen für Pluralität

(Bezug zu M 6)

Bezug zum Schreibanlass

Grundkurs Deutsch (Nordrhein-Westfalen): Abiturprüfung 2019
Analyse eines Sachtextes mit weiterführendem Schreibauftrag

Materialgrundlage
Roland Kaehlbrandt: Logbuch Deutsch. Wie wir sprechen, wie wir schreiben.
Frankfurt am Main: Klostermann 2016, S. 90–92, 98–101

Aufgaben Punkte
1. Analysieren Sie den vorliegenden Auszug aus Roland Kaehlbrandts „Logbuch Deutsch" zum Stellenwert des Deutschen als Wissenschaftssprache. Erschließen Sie den gedanklichen Aufbau des Textes und seine wesentlichen Aussagen. Berücksichtigen Sie dabei die Argumentationsweise, die sprachliche Gestaltung und die Leserlenkung. 45
2. Stellen Sie knapp dar, in welchen weiteren Bereichen die englische Sprache sich zunehmend durchsetzt. Prüfen Sie, inwieweit Kaehlbrandts Argumente auch für die Kommunikation in Situationen im Alltag oder Berufsleben passend sind, in denen Menschen unterschiedlicher Nationen zusammenkommen und Englisch sprechen. Nehmen Sie zum Schluss abwägend Stellung zu dieser Frage. 27

Zugelassene Hilfsmittel:
– Wörterbuch zur deutschen Rechtschreibung

Roland Kaehlbrandt (geb. 1953, deutscher Sprachwissenschaftler)
Logbuch Deutsch. Wie wir sprechen, wie wir schreiben (2016, Textauszug)

Die Sorgen der Sprachkritik des 19. und 20. Jahrhunderts um Verständlichkeit der deutschen Wissenschaftssprache braucht man sich [...] heutzutage kaum mehr zu machen. Gegenwärtig geht es vordringlich um die Frage, bis wann überhaupt noch Wissenschaft in deutscher Sprache betrieben werden wird und ab wann selbst Germa-
5 nisten überwiegend auf Englisch publizieren. Man kann die Anglisierung der akademischen Fächer in Deutschland so zusammenfassen: Es gibt Fächer, die bereits jetzt vollends auf Englisch als Lehr- und Publikationssprache umgestellt haben, wie die reinen Naturwissenschaften. Es gibt Fächer, in denen das Englische dominiert, aber noch nicht exklusiv verwandt wird, wie die Sozialwissenschaften. Und es gibt Fächer, in
10 denen das Deutsche noch verwandt wird, wie die Philologien[1]. Auf dem Rückzug ist aber bereits die Linguistik; beispielsweise wird an der Universität Bamberg ein Studiengang Sprachwissenschaft ausschließlich auf Englisch angeboten.
Der Ausstieg aus der deutschen Sprache vollzieht sich rasch und umfassend, vorangetrieben vor allem vom deutschen Wissenschaftsbetrieb selbst. [...]
15 Welche Sprache(n) die Hochschulen in Forschung und Lehre verwenden, ist nicht vorgeschrieben. Die entscheidend neue Situation ist die freiwillige Anglisierung ganzer Studiengänge in Deutschland. Sie verläuft unter dem Begriff „Internationalisierung

der Hochschulen". Zum einen wird sie angetrieben durch die mit dem Bologna-Prozess[2] angestrebte Vereinheitlichung des europäischen Hochschulraums. Zum andern besteht die Auffassung, dass Wissenschaft von einer weltweiten Sprache durch mühelose Kommunikation und Schnelligkeit des Austauschs wissenschaftlicher Erkenntnisse profitierte. […]

Die Geisteswissenschaften sind erheblich stärker auf die Sprache der Kultur angewiesen, aus der sie kommen, als die Naturwissenschaften. Letztere bedienen sich infolge ihrer Mathematisierung überwiegend einer Kunstsprache in Formeln. Naturwissenschaftliche Versuche oder mathematische Berechnungen sind weniger auf die Allgemeinsprache angewiesen, weil sie sich bereits in ihrer Fachsprache davon entfernt haben. Man kann Mathematik daher weniger sprachbezogen betreiben als Philologie oder Philosophie. Umgekehrt bedürfen die Geisteswissenschaften des Bezugs zur Allgemeinsprache: „Wissenschaftliche Arbeiten in den sogenannten Geisteswissenschaften kommen nicht so zustande, dass der Forscher sich zuerst die Ergebnisse denkt und diese dann nur noch bezeichnen und verlautbaren muss. Er schafft mit der Sprache einen völlig aus Sprache bestehenden Gegenstand."[3] Die Sprachwissenschaftlerin Sabine Skudlik hat die Sprachgebundenheit der Geisteswissenschaften so beschrieben: „Gegenstände und Themen der geisteswissenschaftlichen Disziplinen setzen Erfahrungen voraus, die in der natürlichen Sprache ihren Niederschlag gefunden haben. Es sind die Wechselbeziehungen zwischen Kulturgemeinschaft und Sprachgemeinschaft […], die es unmöglich machen, dass jegliche ‚Kulturarbeit' von sprachlichen Erfahrungen abstrahiert"[4]. Die Geisteswissenschaften, die, ganz allgemein, historische oder gegenwärtige kulturelle Größen zum Gegenstand haben, müssen die sprachliche Gebundenheit dieser kulturellen Größen mit in Betracht ziehen und können dies nur, indem sie sich selbst auf diese sprachliche Bedingtheit einlassen." Eine wissenschaftliche Einheitssprache würde in diesem Verständnis sprachlich gefasste Unterschiede und Nuancen einebnen. Auch wenn der Kölner Germanist Karl-Heinz Göttert[5] schreibt: „Ich möchte einmal ein einziges Beispiel vorgeführt bekommen, aus dem hervorgeht, dass ein englischer und ein deutscher Satz (jenseits stilistisch-ästhetischer Gesichtspunkte) etwas anderes *bedeuten*", bleibt immer noch ein stilistisch-ästhetischer Unterschied, der in den Geisteswissenschaften eine so wichtige Rolle spielt. Göttert hat insoweit recht, als Wissenschaften in ihren Aussagen rational, überprüfbar, also auch übersetzbar sein müssen. Sich als Wissenschaftler auf die Unübersetzbarkeit von Begriffen zu berufen, würde Erstaunen hervorrufen. Wissenschaftliche Fachsprachen oder fachsprachliche Ausdrücke aus den Geisteswissenschaften sind also nicht sprachgebunden im Sinne ihrer Unübersetzbarkeit. Sie sind aber mit den jeweiligen Allgemeinsprachen *verflochten*, deren Gegenstände sie ja behandeln. Sie sind nicht davon abhängig, aber doch darauf bezogen. Und auch dass sie im Prinzip übersetzbar sind, muss und soll nicht bedeuten, dass sie deshalb entbehrlich wären. Wer sich in kulturwissenschaftliche Themen einarbeiten will und dabei nicht nur Originaltexte in anderer Sprache bearbeitet, sondern auch wissenschaftliche Forschung in ebendieser Sprache vorfindet und sich erschließt, hat überdies einen direkteren, genaueren und nuancierteren[6] Einblick, als wenn er dies nur in einer Einheitssprache unternimmt.

Der Präsident der Deutschen Akademie für Sprache und Dichtung, Heinrich Detering, berichtet davon, dass die Konferenzsprache bei Tagungen über den norwegischen Dichter Henrik Ibsen in Norwegen Englisch sei und dass dabei Ibsen selbst auch auf Englisch zitiert werde.[7] Romanisten berichten davon, dass sie angehalten werden, doch auch einige Veranstaltungen in englischer Sprache anzubieten. Da wundert es nicht, wenn ein romanistisches Doktorandenkolloquium an einer deutschen Hochschule auf Englisch abgehalten wird. Sprachwissenschaftliche Kongresse finden zunehmend auf Englisch statt. Der Fachzeitschriftenmarkt folgt diesem Trend.

Vielleicht kann man jeden Gedanken in eine andere Sprache übersetzen, aber nicht jeden Satz und schon gar nicht jedes Wort. Es bleibt eine Übersetzung aus einem anderen sprachlichen System mit seinen eigenen Feinheiten, mit seinen grammatischen Besonderheiten, seinen besonderen Stilebenen. Die wissenschaftliche Behandlung kultureller Gegenstände muss verständlich formuliert, methodisch nachvollziehbar und daher auch übersetzbar sein, aber sie soll doch auch selbst den Ausdrucksreichtum nutzen können, aus dem ihr Gegenstand stammt.

[…] Denn Gedanken, Empfindungen, Überzeugungen sind vermutlich in jede Sprache zu übersetzen. Wer aber übersetzt, weiß um den Reiz und die Last des ständigen Umdenkens von einer Sprachwelt in die andere. Es sind zwei verschiedene Ausdruckssysteme. Gerade deren Besonderheit ist eines der zentralen Themen der Geisteswissenschaften. „Um von der Sprachen- und Kulturvielfalt wirklich profitieren zu können, muss ich Zugang zu diesen anderen Sprach- und Kulturgemeinschaften gewinnen", schreibt Sabine Skudlik als Antwort auf eine Preisfrage der Deutschen Akademie für Sprache und Dichtung, ob eine internationale Gemeinsprache auch in den Geisteswissenschaften möglich und wünschenswert wäre. Und sie fügt treffend hinzu: „Wenn es in den Geisteswissenschaften eine einzige etablierte Gemeinsprache gäbe, so hätte diese bereits alle sprachlich und kulturell bedingten Unterschiede aufgesogen und in sich nivelliert." Nationalsprachlich geprägte Fachsprachen der Geisteswissenschaften trifft deshalb auch nicht der Vorwurf der Provinzialisierung. Ihre Gegenstände entstammen verschiedenen Kulturräumen, und es kann deshalb die Bereitschaft erwartet werden, sich mit ihnen auch sprachlich zu befassen. Die immer wieder beschworene Mehrsprachigkeit – hier hat sie ihren Sinn.

Quelle: Roland Kaehlbrandt: Logbuch Deutsch. Wie wir sprechen, wie wir schreiben. Frankfurt am Main: Klostermann 2016, S. 90–92, 98–101

Anmerkungen:
1 *Philologien:* Mit Philologie wird die gelehrte Beschäftigung mit Sprache und Texten in der Wissenschaft und im Unterricht bezeichnet. – Kaehlbrandt verweist hier u. a. auf den folgenden Beitrag von Sabine Skudlik: Die Kinder Babylons. In: Els Oksaar, Sabine Skudlik, Jürgen von Stackelberg (Hrsg.): Gerechtfertigte Vielfalt. Zur Sprache in den Geisteswissenschaften. Darmstadt: Luchterhand 1988, S. 104.
2 *Bologna-Prozess:* 1999 in Bologna vereinbarte Reform, die auf die Schaffung eines einheitlichen europäischen Hochschulraums abzielt. Dazu gehört die Angleichung von Studiengängen und -abschlüssen an den europäischen Hochschulen wie das zweistufige System in Form von Bachelor und Master. Die Hochschulreform soll die Mobilität und Beschäftigungsfähigkeit von Studierenden ermöglichen und zur internationalen Wettbewerbsfähigkeit der europäischen Hochschulen beitragen.
3 Kaehlbrandt zitiert hier Ulrich Greiner: Ist Deutsch noch zu retten? In: DIE ZEIT vom 01. 07. 2010 (Nr. 27).

4 *abstrahiert:* hier im Sinne von *sich entfernen, ablösen von*
5 *Karl-Heinz Göttert:* Kaehlbrandt bezieht sich hier auf Götterts Beitrag: Rettet das Deutsche vor seinen Rettern. In: Die Welt vom 06. 07. 2010.
6 *nuancierteren:* hier im Sinne von *differenzierteren*
7 Kaehlbrandt verweist hier auf Greiner.

Teilaufgabe 1

Hinweise und Tipps

Welche Aufgabenart liegt vor und wie sind die Teilaufgaben gewichtet?
Ihnen liegt eine Aufgabe des Typs II a „Analyse eines Sachtextes mit weiterführendem Schreibauftrag" vor. Für die erste Teilaufgabe können Sie maximal 45 Punkte, für die zweite bis zu 27 Punkte erwerben. Bei Ihrer Ausarbeitung sollten Sie folglich berücksichtigen, dass der Sachtextanalyse größeres Gewicht zukommt.

Was verlangt die Aufgabenstellung von mir?
Die erste Aufgabe konfrontiert Sie mit einem umfassenden Analyseauftrag, der dann im Folgenden konkretisiert wird. Zum einen sollen Sie die zentralen Aussagen Roland Kaehlbrandts wiedergeben, zum anderen die Struktur seines Textes herausarbeiten. Darüber hinaus gilt es, die Argumentation, den Einsatz sprachlicher Mittel sowie die Leserlenkung zu untersuchen.

Wie gehe ich bei der Bearbeitung der Aufgabe sinnvollerweise vor?
Lesen Sie zunächst den Auszug mehrfach gründlich durch, um ein genaues Textverständnis zu erwerben. Markieren Sie am Rand die einzelnen Abschnitte von Kaehlbrandts Ausführungen und notieren Sie daneben deren Funktion. Hilfreich können dabei u. a. folgende Fragen sein:
– Wie leitet der Autor in die Problemfrage ein?
– Wo platziert er seine Thesen?
– Wie stützt er diese argumentativ ab?

Nutzen Sie ein Konzeptblatt, um darauf die Position des Autors in eigenen Worten zu resümieren. Wenn Sie seine Intention bzw. seine Meinung zur Verbreitung des Englischen als Wissenschaftssprache herausgefiltert haben, wird es Ihnen leichter fallen, das Vorgehen des Autors nachzuzeichnen und die Beeinflussung der Leser zu erschließen. Mit farbigen Stiften können Sie dann sprachliche Auffälligkeiten hervorheben. Sie werden rasch erkennen, dass Kaehlbrandt eher zurückhaltend beim Einsatz rhetorischer Mittel ist. Auch diese Beobachtung sollten Sie in Ihrer Analyse ansprechen und nach Gründen dafür suchen. Überlegen Sie, an welche Zielgruppe sich der Autor wendet und welche Stilebene er dafür wählt.

Wie kann ich meinen Aufsatz strukturieren?
Obligatorisch ist ein einleitender Satz, in dem Sie alle Basisinformationen zu dem Text anführen. Danach können Sie alle von der Aufgabenstellung genannten Arbeitsschritte

nacheinander ausführen – allerdings birgt ein solches „blockweises" Vorgehen die Gefahr, sich oft zu wiederholen. Geschickter ist eine **verschränkte Darstellung**, in der Sie der Textchronologie folgen und dabei Aufbau, Inhalt und stilistische Gestaltung der einzelnen Passagen behandeln. So ist es auch relativ leicht, die **Argumentationsweise** offenzulegen. Achten Sie darauf, Kernaussagen oder -begriffe durch Zitate oder Zeilenverweise zu belegen. Es empfiehlt sich, die Analyse mit einem prägnanten **Fazit** abzurunden, in dem Sie noch einmal die Zielsetzung des Textes zusammenfassen.

Was gibt es bei dieser Aufgabe sonst noch zu beachten?
Kaehlbrandt differenziert seine Formulierungen und legt Wert auf **exakte Begrifflichkeiten**. Auch Sie müssen daher genau unterscheiden, wo es um Wissenschaft im Allgemeinen und wo es speziell um Naturwissenschaften oder Geisteswissenschaften geht.

Lösungsvorschlag

Ein Logbuch dient auf Schiffen dazu, äußere Gegebenheiten einer Überfahrt wie etwa Kurs, Geschwindigkeit oder Windrichtung festzuhalten. Wenn daher der Linguist Roland Kaehlbrandt sein 2016 erschienenes sprachwissenschaftliches Buch mit dem Titel „Logbuch Deutsch. Wie wir sprechen, wie wir schreiben" versieht, deutet er an, dass er seine Beobachtungen über den aktuellen Kurs unserer Sprache dokumentieren will. Im vorliegenden Textauszug behandelt er den **bedrohten Status von Deutsch als Wissenschaftssprache**. Der gekürzte Auszug lässt sich in **sechs Abschnitte** unterteilen. Der erste Abschnitt (Z. 1–12) führt dabei zur **Problematik** hin, indem er **aktuelle Entwicklungen** an den deutschen Hochschulen beschreibt. Mit leichtem Sarkasmus kontrastiert Kaehlbrandt zu Beginn frühere Befürchtungen mit dem jetzigen Stand: Hatte man im 19. Jahrhundert noch die fehlende „Verständlichkeit der deutschen Wissenschaftssprache" (Z. 1 f.) kritisiert, habe sich dieser Vorwurf mittlerweile erledigt, da immer weniger Forschung in deutscher Sprache stattfinde. Mit einer anaphorischen und parallelen Satzkonstruktion („Es gibt Fächer", Z. 6, 8, 9) beleuchtet er die schrittweise **Verdrängung des Deutschen als Wissenschaftssprache**. Während in den Naturwissenschaften bereits ausschließlich und in den Sozialwissenschaften vorwiegend auf Englisch geforscht und publiziert werde, behaupte sich das Deutsche noch in den Philologien, auch wenn es hier ebenfalls Rückzugstendenzen zu beobachten gebe (vgl. Z. 6–12). Aus dieser **Bestandaufnahme** folgt logisch Kaehlbrandts erste **zentrale These:** „Der Ausstieg aus der deutschen Sprache vollzieht sich rasch und umfassend, vorangetrieben vor allem vom deutschen Wissenschaftsbetrieb selbst." (Z. 13 f.) Im **zweiten Abschnitt** (Z. 13–22) seines Textes erläutert der Verfasser diese Behauptung und informiert seine Leserinnen und Leser so über die an den Universitäten vorherrschenden **Rahmenbedingungen**. Auch wenn die Wahl der	**Einleitung** Hinführung zu Kaehlbrandts Text mit Basisinformationen ... ... und Angabe des Themas **Hauptteil** *1. Abschnitt:* *Hinführung* Status des Deutschen als Wissenschaftssprache Sprachgestaltung *2. Abschnitt:* *Zentrale These und deren Erläuterung* Voranschreitendes Verschwinden des Deutschen aus den Wissenschaften

Unterrichtssprache den Hochschulen freigestellt sei, würden Studiengänge einer „freiwillige[n] Anglisierung" (Z. 16) unterzogen. In dem Attribut „freiwillig" drückt sich Kaehlbrandts impliziter Vorwurf aus. Er identifiziert **zwei Gründe** für diese Praxis. Zum einen verfolge die Bologna-Reform das Ziel, Organisation und Bedingungen an europäischen Hochschulen nach **einheitlichen Standards** zu gestalten. Zum anderen betrachte man eine einheitliche Sprache als **förderlich für die internationale Forschung** und Vernetzung (vgl. Z. 18–22).

Nach dieser Darstellung der Gesamtlage fokussiert sich Kaehlbrandt im **dritten Abschnitt** (Z. 23–60) auf die **Geisteswissenschaften** und formuliert eine **zweite Kernthese**, die auch eine Gegenthese zur Anglisierung der Hochschullandschaft beinhaltet: „Die Geisteswissenschaften sind erheblich stärker auf die Sprache der Kultur angewiesen, aus der sie kommen, als die Naturwissenschaften." (Z. 23 f.) Zur **Erklärung** stellt der Verfasser Natur- und Geisteswissenschaften einander antithetisch gegenüber: Während die Naturwissenschaften eine „Kunstsprache in Formeln" (Z. 25) verwenden würden, um ihre Berechnungen und Experimente zu verbalisieren, seien die **Geisteswissenschaften auf den Gebrauch der Allgemeinsprache angewiesen**. Kaehlbrandt stützt diese Aussage mit **Zitaten** von einem Journalisten der „Zeit" sowie der Sprachwissenschaftlerin Sabine Skudlik, bedient sich also eines **Autoritätsarguments**. Beide Gewährsleute stimmen darin überein, dass geisteswissenschaftliche Inhalte und die Sprache des jeweiligen Kulturraums aneinander gebunden sind. Die wissenschaftliche Auseinandersetzung mit den Fachbereichen erfordere es daher, die „Wechselbeziehungen zwischen Kulturgemeinschaft und Sprachgemeinschaft" (Z. 37) mitzubedenken. Aus dieser Besonderheit, die Kaehlbrandt mit dem Neologismus „Sprachgebundenheit der Geisteswissenschaften" (Z. 34) bezeichnet, **folgert** er, dass die Etablierung einer **Einheitssprache zulasten der Nuancen** gehen würde, die in der ursprünglichen Sprache mitschwängen.

An dieser Stelle fügt der Verfasser einen Verweis auf die **Gegenposition** ein, die von dem Germanisten Karl-Heinz Göttert, also auch von einer fachlichen Autorität, vertreten wird. Göttert bestreitet einen Bedeutungsunterschied zwischen einem deutschen und einem ins Englische übersetzten Satz (vgl. Z. 44–47). Indem Kaehlbrandt dieser **Behauptung** einerseits zustimmt, sie aber andererseits **relativiert** und in Bezug auf sein Thema – die Verwendung des Deutschen in den Geisteswissenschaften – verneint, zeigt er ein **differenziertes, abwägendes Vorgehen**, wie es in wissenschaftlichen Publikationen üblich ist. Zugleich zielt die Vermeidung einer einseitigen Argumentation darauf ab, die **Leserschaft** von seiner Sichtweise zu **überzeugen**.

In der Auseinandersetzung mit der These von Göttert **konkretisiert** Kaehlbrandt seine Aussage von der „Sprachgebundenheit der Geisteswissenschaften" (Z. 34), die nicht bedeute, dass fachsprachliche Aussagen unübersetzbar wären. Tatsächlich sei die **Übersetzbarkeit** eine Bedingung für ihre wissenschaftliche Überprüfbarkeit (vgl. Z. 49 f.). Es ginge vielmehr darum, dass die geisteswissenschaftlichen Disziplinen eng „mit den jeweiligen Allgemeinsprachen verflochten" (Z. 53 f.) seien. Die Metapher der Verflochtenheit veranschaulicht die **unauflösliche Zusammengehörigkeit von fachlichem Gegenstand und Sprache**. Zwar ermögliche es auch die Einheitssprache Englisch, sich mit den Inhalten vertraut zu machen, doch habe die Allgemeinsprache den Mehrwert, „einen direkteren, genaueren und nuancierteren Einblick" (Z. 59 f.) zu vermitteln. Die **Reihung von Adjektiven** entspricht dabei selbst der Forderung nach sprachlichen Nuancen.

In seine Darstellung zum sprachlichen Ausdrucksreichtum baut Kaehlbrandt einen **Exkurs** (Z. 61–68) zur tatsächlichen **Lage an philologischen Lehrstühlen** ein, wobei er mehrere Beispiele aneinanderreiht. Der parallele Satzbau („berichtet davon", Z. 62; vgl. Z. 64) deutet an, dass alle Berichte in eine ähnliche Richtung weisen: Auch bei literatur- und sprachwissenschaftlichen Konferenzen, Seminaren und Publikationen sei das Englische auf dem Vormarsch.

Nach diesem Einschub differenziert Kaehlbrandt im **fünften Abschnitt** (Z. 69–75) die oben gemachten Aussagen zur Übersetzbarkeit, die er – so wie er es schon bei dem Begriff „Sprachgebundenheit" gemacht hat – genauer beleuchtet. Dabei stellt er die Antithese **Wort vs. Gedanke** auf: Jeder Gedanke sei möglicherweise übersetzbar, nicht allerdings jedes Wort (vgl. Z. 69 f.). Seine Beobachtung mündet nun erstmals in einen direkten **Appell**, dass nämlich die Forschung sich in demselben sprachlichen Bereich bewegen solle wie ihr Gegenstand (vgl. Z. 74 f.).

Der letzte Abschnitt (Z. 76–91) weitet den Blick für die **größeren kulturellen Zusammenhänge** und gewinnt dem Vorgang des Übersetzens eine weitere Bedeutung ab. So zeigt Kaehlbrandt, dass das Übersetzen von Inhalten ins Englische nicht unbedingt eine Erleichterung mit sich bringe, da man dabei von „einer Sprachwelt in die andere" (Z. 78) umdenken müsse. Er legt den Schluss nahe, dass Forscher sich lieber auf das jeweilige **sprachliche Ausdruckssystem** und damit auch auf das entsprechende **Kultursystem** einlassen sollten, womit sie der ureigensten Zielsetzung der Geisteswissenschaften gerecht würden (vgl. Z. 79 ff.). Erneut wird die Sprachwissenschaftlerin Sabine Skudlik als **Autorität zitiert**. Sie macht darauf aufmerksam, dass eine Einheitssprache „alle sprachlich und kulturell bedingten Unterschiede auf[saugen] und in sich nivel-

---

Übersetzbarkeit wissenschaftlicher Texte, aber Verflochtenheit mit Allgemeinsprache

Sprachgestaltung

Sprachgestaltung

4. Abschnitt: Exkurs Englisch als Sprache auf Konferenzen etc.

5. Abschnitt: Differenzierung der Aussagen zur Sprachgebundenheit

Appell: keine Einheitssprache

6. Abschnitt: Erweiterung der Perspektive auf die kulturelle Ebene

Unmittelbarere Begegnung mit der Kultur über die jeweilige Sprache

lier[en]" (Z. 86 f.) würde. Wer sich forschend mit anderen Kulturräumen auseinandersetze, müsse auch die Bereitschaft mitbringen, die zugehörige Sprache zu benutzen. Der Text gipfelt zuletzt in einem **Fazit**, in dem Kaehlbrandt entschieden **für die Mehrsprachigkeit** plädiert (vgl. Z. 90 f.).

Kaehlbrandt entwickelt in seinem Text eine **schlüssige Argumentation**, deren Beweiskraft durch eine Vielzahl an **Beispielen** und **Zitaten** erreicht wird. Er wählt einen **sachlichen Ton** und wird nie polemisch – er wendet sich mit seinen elaborierten Ausführungen an ein **gebildetes Publikum**. Das Thema Wissenschaftssprache wird ohnehin vor allem Akademiker interessieren. Da Kaehlbrandt offenbar auf eine klare, **transparente sprachliche Entwicklung** seiner Gedankengänge Wert legt, verzichtet er auf ausgefallene sprachliche Mittel. Die Sätze sind teilweise parataktisch formuliert (vgl. Z. 16 ff., 28 ff.), um die Argumente noch einprägsamer und schlagkräftiger zu gestalten. Zahlreiche Aufzählungen und Reihungen von ähnlichen Begriffen sorgen für **Anschaulichkeit** und vollziehen auf rhetorischer Ebene das nach, was Kaehlbrandt inhaltlich verteidigt: Sie fächern die **Nuancen** der deutschen Sprache auf und demonstrieren ihr Leistungsvermögen.

_{Beurteilung des Artikels unter besonderer Berücksichtigung der Sprachgestaltung}

So will der Autor mit seinem Logbuch nicht nur aktuelle sprachliche Entwicklungen resümieren, sondern auch die ins Trudeln geratene Wissenschaftssprache Deutsch wieder auf Kurs bringen. Er ruft dazu auf, in den **Geisteswissenschaften** auch weiterhin die **Nationalsprachen** zu verwenden und der Tendenz zur Einheitssprache entgegenzuwirken.

_{Schluss}

Teilaufgabe 2

Hinweise und Tipps

✏ *Was verlangt die Aufgabenstellung von mir?*
✏ *Die zweite Teilaufgabe weitet Kaehlbrandts Ansatz aus, indem sie von Ihnen verlangt,*
✏ *weitere Bereiche zu nennen, in denen die* **englische Sprache** *zunehmend* **an Bedeutung**
✏ ***gewinnt***. *Der folgende Operator „prüfen" verrät Ihnen, dass Sie* **kritisch abwägen**
✏ *sollen, inwieweit die Argumente des Sprachwissenschaftlers auch bei* **anderen Lebens-**
✏ **und Arbeitsbereichen** *greifen. Die geforderte abschließende* **Stellungnahme** *soll*
✏ *ebenfalls „abwägend" ausfallen, soll also sowohl* **zustimmende** *als auch* **kritische**
✏ **Aspekte** *anführen.*

✏ *Wie gehe ich bei der Bearbeitung der Aufgabe sinnvollerweise vor?*
✏ *Sammeln Sie auf einem eigenen Blatt* **Bereiche**, *in denen mehr und mehr Englisch zur*
✏ **Einheitssprache** *wird. Da die Aufgabenstellung explizit betont, dass dieser Aspekt nur*
✏ *„knapp" dargestellt werden soll, dürfen Sie nicht allzu viel Zeit darauf verwenden.*

*Danach sind zwei Pro-Kontra-Abwägungen von Ihnen gefordert, die thematisch nah beieinander liegen. Schreiben Sie noch einmal **Kaehlbrandts zentrale Argumente** zur Wissenschaftssprache heraus und notieren Sie dazu am besten in einer Tabelle, was sich davon auf **Alltag und Berufsleben** anwenden lässt bzw. welche Beobachtung man relativieren muss. Verfahren Sie genauso bei der Vorarbeit zu Ihrer **Stellungnahme**, die ebenfalls Pro- und Kontra-Aspekte berücksichtigen muss.*

__Was gibt es bei dieser Aufgabe sonst noch zu beachten?__
Bemühen Sie sich, das vorgegebene Thema im Blick zu behalten. Es geht nicht darum, generell Vor- und Nachteile einer Anglisierung des Alltags zu erörtern. Sie sollen sich vielmehr eng an Kaehlbrandts Aussagen halten und deren Allgemeingültigkeit beurteilen. Es ist daher sehr wichtig, dass Sie bei Teilaufgabe 1 den Sachtext genau erschlossen haben, um dann bei dem weiterführenden Schreibauftrag auf diesen Ergebnissen aufbauen zu können.

Lösungsvorschlag

Roland Kaehlbrandt beschreibt in dem vorliegenden Textauszug die Entwicklung des Englischen im universitären Sektor zu einer Lingua franca, einer allgemeingültigen und gebräuchlichen Verkehrssprache. Da sein Sachbuch den Untertitel „Wie wir sprechen, wie wir schreiben" trägt, ist davon auszugehen, dass er auch das Vordringen der englischen Sprache in andere Lebensbereiche thematisiert.	Aufgabenbezogene Überleitung
Tatsächlich werden wir im **Alltag** ständig mit Anglizismen konfrontiert, bei denen es sich allerdings teilweise nicht um reine **Lehnwörter** handelt, sondern um „**denglische**" **Begriffe**, also Wendungen, die so im Englischen nicht existieren (wie z. B. „Handy") oder die dort eine andere Bedeutung haben (wie z. B. „Public Viewing").	Hauptteil *Zunehmende Bedeutung des Englischen in weiteren Lebensbereichen*
Sehr präsent ist Englisch in der **Pop- und Rockmusik**, was einerseits am Erfolg britischer oder amerikanischer Songs, andererseits an der Tatsache liegt, dass auch deutsche Sänger und Bands kaum Texte in ihrer Muttersprache singen.	Musik
Modernität und Trendbewusstsein will das **Marketing** bzw. die **Werbebranche** signalisieren, wenn sie Slogans und Claims (übrigens wieder Anglizismen!) mit englischen Formulierungen anreichert. Nicht nur in der Werbung, sondern generell in den **Medien** breitet sich die englische Sprache aus, obwohl es sich hier oft nur um einzelne Wörter oder Sätze handelt, die in deutschsprachige Texte eingebunden werden.	Werbung und Medien
Auf eine umfassendere Weise bedient sich die **Industrie** der englischen Sprache: So kommen zahlreiche **technologische Innovationen** – gerade im Bereich der Digitalisierung – aus den USA, weshalb sich, um den Austausch zu erleichtern, hier auch die Verwendung	Industrie

des Englischen etabliert hat. Nicht zuletzt ist bei **international agierenden Konzernen** die Anglisierung der firmeninternen Kommunikation auch eine Folge der **Globalisierung**.

Angesichts dieser fortschreitenden Dominanz des Englischen lässt sich fragen, ob die **Argumente**, die Roland Kaehlbrandt gegen eine universitäre Einheitssprache anführt, auch **auf Alltag und Berufswelt übertragbar** sind. Seine These, dass die Kenntnis der Nationalsprache ein **tieferes Verstehen der Inhalte** garantiert, gilt auch für andere Lebensbereiche. Zwar erlaubt es das Englische, sich gut über basale Dinge auszutauschen und Informationen zu vermitteln, doch bleiben Nuancen und **Zwischentöne** unberücksichtigt. So kann es leicht zu Missverständnissen kommen, wenn in der Fremdsprache die falsche Stilebene gewählt oder bei der **Kommunikation** die neben der reinen Sachinformation mitschwingenden Ebenen (Beziehung, Appell, Selbstkundgabe) nicht erkannt oder falsch gedeutet werden. Um sich mit der jeweiligen **Kultur auseinanderzusetzen**, ist es nötig, auch die **zugehörige Sprache zu beherrschen**, da – wie Kaehlbrandt feststellt – Sprache und Kultur eng miteinander verflochten sind (vgl. Z. 53 f.). Erst so kann man ein Verständnis für die landesspezifischen Konventionen und Verhaltensmuster entwickeln. Zudem ist die Landessprache ein unverzichtbares Mittel, wenn man **am sozialen und politischen Leben eines Landes teilhaben** will. Es war daher ein zentrales Anliegen der Bundespolitik, die im Zuge der Flüchtlingskrise nach Deutschland gekommenen Schutzsuchenden durch Sprachkurse in die Gesellschaft zu **integrieren**. Um eine funktionierende Kommunikation im Alltag, im Beruf oder in Behörden zu ermöglichen, ist es die Aufgabe gerade von **Bildungsinstitutionen** wie Kindergärten oder Schulen, die **Landessprache zu vermitteln**.

Allerdings hat die Existenz einer **einheitlichen Sprache auch Vorzüge**, die Kaehlbrandt zwar für die Geisteswissenschaften relativiert, die aber in anderen Kontexten durchaus gelten. Kaehlbrandt schränkt die Möglichkeit, jedes Wort und jeden Satz in eine andere Sprache zu übersetzen, ein und betont ästhetisch-stilistische Feinheiten, die dabei auf der Strecke bleiben würden (vgl. Z. 47 f.). Im Gegensatz zur Wissenschaftssprache spielt die **ästhetische Dimension** in der Kommunikation des Alltags eine **nachgeordnete Rolle**. So steht am Arbeitsplatz der Wunsch im Vordergrund, sich schnörkellos und klar über Inhalte auszutauschen.

Zudem ist in der **globalisierten Arbeitswelt Englisch unverzichtbar**, um sich innerhalb internationaler Konzerne oder in der Kommunikation mit anderssprachigen Kunden und Geschäftspartnern möglichst rasch und reibungslos auszutauschen, sei es auf Konferenzen, bei Geschäftsreisen oder bei digitaler Korrespondenz. Tatsächlich bedeutet **Mehrsprachigkeit** eine **Schlüsselqualifikation**, da sie

Übertragbarkeit von Kaehlbrandts Argumenten auf Alltag und Berufsleben?

Pro-Argumente

Vertieftes Verständnis für Inhalte durch Landessprache

Nähe zur Kultur durch Landessprache

Teilhabe am sozialen und politischen Leben

Kontra-Argumente

Geringe Bedeutung des Ästhetisch-Stilistischen

Kommunikation in der globalisierten Arbeitswelt

kommunikative Kompetenz nicht nur in der Muttersprache, sondern auch im Englischen (und möglicherweise weiteren Fremdsprachen) mit sich bringt.

Die Dominanz der englischen Sprache wird aufgrund der immer stärkeren wirtschaftlichen und auch politischen Vernetzung weiter wachsen. Eine **gemeinsame Verkehrssprache** ist **zwingend nötig**, um Handel, Kommunikation und Mobilität möglichst reibungslos zu gestalten. Allerdings sollte der Gebrauch der Einheitssprache auf diese Zwecke beschränkt bleiben, während im **Alltag**, in der **Schule** und in der **privaten Kommunikation** die **Landessprache** vorherrscht. Schließlich ermöglicht nur ihre Kenntnis eine differenzierte Kommunikation sowie ein Gespür für kulturelle Eigenheiten. *Stellungnahme*

Nationalsprache oder englische Einheitssprache? Eigentlich ist in unserer Lebens- und Arbeitssituation kein Entweder-Oder angemessen, sondern ein Sowohl-als-Auch. **Zweisprachigkeit** bildet die Basis dafür, erfolgreich im Beruf zu agieren, aber auch im privaten Kontext sprachliche und kulturelle Nuancen ausdrücken und wahrnehmen zu können. **Fazit**

Grundkurs Deutsch (Nordrhein-Westfalen): Abiturprüfung 2020
Analyse eines Sachtextes mit weiterführendem Schreibauftrag

Materialgrundlage
Karl-Heinz Göttert: Alles außer Hochdeutsch. Ein Streifzug durch unsere Dialekte.
Berlin: Ullstein 2011, S. 303–306

Aufgaben Punkte
1. Analysieren Sie den Ausschnitt aus Karl-Heinz Götterts Studie „Alles außer Hochdeutsch" im Hinblick auf den Zusammenhang zwischen Chatkommunikation und Dialekten. Berücksichtigen Sie dabei auch die Darstellungsweise des Textes. 34
2. Stellen Sie überblicksartig Merkmale und Funktionen von Dialekten anhand ausgewählter Verwendungszusammenhänge dar. Prüfen Sie ausgehend von Götterts Überlegungen abwägend, inwieweit Kommunikation in elektronischen Medien für einen lebendigen Umgang mit Dialekten geeignet ist, und nehmen Sie dazu abschließend Stellung. 38

Zugelassene Hilfsmittel:
– Wörterbuch zur deutschen Rechtschreibung

Karl-Heinz Göttert
Alles außer Hochdeutsch. Ein Streifzug durch unsere Dialekte (Textauszug)[1]

Internetsprache und Chatkommunikation

Die neueste und für viele bizarrste Entwicklung der Sprache führt zu den modernen elektronischen Medien: zu Internet und Chat. Dabei lässt sich durchaus eine Parallele zum Rotwelsch[2] erkennen: Was (gewollte) Unverständlichkeit betrifft, kann es diese
5 Form des Kommunizierens durchaus mit der alten Gaunersprache aufnehmen. Dies zeigt die Verwendung von Kürzeln wie *lol* für *laughing out loud* („laut am Lachen"), *afk* für *away from keyboard* („nicht am Computer"), *cus* für *see you soon* („auf Wiedersehen"), *omfsm* für „oh mein fliegendes spaghetti monster", *HDF* für „Halt die Fresse". Weiter gibt es verzerrte Schreibweisen wie *mOwl* für „Maul" oder *shiCe* für
10 „Scheiße", auch Wortschöpfungen wie *yiggen* für die Empfehlung von Links oder *qypen* für die Bewertung von Ratgeberseiten. Schließlich kommen ungrammatische Konstruktionen wie **knuddel** oder **ganzdollknuddel** hinzu, die zur Identifizierung gerne zwischen sogenannte Asterisken (Sternchen) gesetzt werden. All dies dient dem Schutz gegen unerwünschtes Mitmachen genauso wie der Signalisierung von Insider-
15 tum.
Aber die Beispiele machen es unübersehbar: Diese Sprache ist hochdeutsch oder englisch. Dialekt scheint hier endgültig ausmanövriert, überflüssig. Wer unvorbereitet und unerfahren den folgenden Beitrag eines Chatters liest, wird wohl frustriert das Suchen nach irgendeiner Form von Deutsch aufgeben: *OMFG wer benutzt den so ein*

20 *Shice ist ja voll Lol* („Oh my fucking god, wer benutzt denn so einen Scheiß, ist ja voll laughing out loud"). Aber die Forschung hat gezeigt: Gerade hier findet eine interessante Sprachentwicklung statt, weil etwas wiedergekehrt ist, was eigentlich nicht zu erwarten war: Mündlichkeit.

Um es präziser zu sagen: Chatter schreiben zwar, verkehren mit ihren Partnern aber
25 annähernd in Echtzeit, was bedeutet: Sie „sprechen" miteinander beim Schreiben. Schon deshalb nimmt die Kommunikation alle Zeichen der Mündlichkeit an. Während die Medien seit Johannes Gutenberg die Mündlichkeit immer mehr durch die Schriftlichkeit zurückdrängten, taucht sie plötzlich mitten in der Schriftlichkeit wieder auf. Was den Uneingeweihten überrascht und vielleicht auch schockiert, ist so gesehen die
30 schiere Mündlichkeit mit ihrer Nachlässigkeit und Ungrammatikalität (während wir all dies in wirklicher Mündlichkeit ständig tolerieren). Selbst beim Dialekt haben wir uns daran gewöhnt, dass Wörter und Sätze seltsam aussehen, nicht aber wenn wirklich Mündliches schriftlich daherkommt. Natürlich ist auch dies längst und in allen Einzelheiten erforscht. Sehen wir uns eine Untersuchung etwas genauer an, die sich auf einen
35 kleinen Mannheimer Chat-Kanal mit 120 Teilnehmern bezieht, protokolliert im Jahre 2003.

Man muss zunächst zwischen drei Typen von Teilnehmern unterscheiden: zwischen Organisatoren („Operatoren"), Stammchattern und Gelegenheitschattern („Newbies"). Sieht man die einzelnen Beiträge durch, so gibt es einen deutlichen, ja extremen
40 Unterschied. Ein Mannheimer Dialektmerkmal wie das *sch* für *s* etwa in *bisch du* kommt bei Operatoren in 93 Prozent der Ops („Beiträge") vor, bei Stammchattern in 7 Prozent, bei Gelegenheitschattern überhaupt nicht. Dialekt fungiert demnach wie ein Statussignal. Ein *ned* statt „nicht" erweist sich sogar als ausgesprochen chattypisch, sofern es nicht nur von Mannheimern benutzt wird, sondern auch in anderen Dialekt-
45 regionen vorkommt, wie umgekehrt das niederdeutsche *moin moin* als Begrüßung bis München reicht. Überall, wo Entspannung, Entkrampfung gefragt sind, scheint der Dialekt bzw. Stilmix eine Hilfe zu sein. Als Beispiel sei eine kleine Interaktion unter den Operatoren <TiPuPo> und <CapriCorN> auf der einen Seite sowie der Gelegenheitschatterin <MissBee> auf der anderen zitiert:

50 01<MissBee>   hihi
02<MissBee>   was ist denn mit jj passiert?
03<CapriCorN> jj?
04<CapriCorN> Miss Bee_ der is nach ffm gezogen von dem hoert man nich mehr viel
55 05<MissBee>   oki, ich gebs ja zu, war schon ewig nicht mehr hier …
06<MissBee>   na ja, was soll ich denn erzhlen, damit ihr mich erkennt?
07<TiPuPo>   MissBee_ na alles
08<MissBee>   teufelti und tanzmaus waren mal meine kampfgefhrten …
09<TiPuPo>   kampfgefhrten hm
60 10<CapriCorN> ih tanzmaus *schuettel*
11 <MissBee>   gibt's die mdels denn noch?
12<CapriCorN> BissBee_ ja TeufelWEG gibt's noch
13<CapriCorN> MissBee_ und um die anner isses ned schad

Was genau lässt sich hier ablesen? Das Gespräch zwischen den Operatoren und der Gelegenheitschatterin dümpelt überwiegend hochdeutsch dahin, nur die Operatoren lassen kleine Zeichen von Dialekt durchblicken (wie das *is* und *nich* in Zeile 04), die Gelegenheitschatterin kann oder will nicht mitmachen. Aber dann kommt die Zeile 13, in der einer der Operatoren das Ausbleiben früherer Mitglieder kommentiert: Jetzt ist wirklich Wichtiges berührt, und prompt signalisiert der Dialekt Emotionalität.

Dabei ist das Schreiben im Dialekt zweifellos ungewohnt und auch schwieriger als im Standard. Aber die Chatter nehmen diese Schwierigkeit in Kauf, weil das Moment der Mündlichkeit im Dialekt offenbar eine Art Glaubwürdigkeitsbeweis enthält. Dies lässt sich anhand von Material aus Schweizer Chats untermauern. Dabei konnte gezeigt werden, dass Chatter in Zürich, Bern sowie im Wallis und in Graubünden ihre Beiträge nicht nur überwiegend in Dialekt verfassen (zwischen 80 und 90 Prozent), sondern dabei großen Wert auf eine möglichst genaue Wiedergabe des Ortsdialekts legen. Anders als in Deutschland geht damit eine Befreiung von der sonst üblichen Zweisprachigkeit einher (Dialekt für Mündlichkeit, Hochdeutsch für Schriftlichkeit). Vor allem aber scheint keine neue Norm für die Wiedergabe der (unterschiedlichen) Dialekte zu entstehen, sondern ganz im Gegenteil jeder regionale Dialekt zu seinem eigenen Recht zu kommen.

Damit lässt sich die Situation in Deutschland nicht vergleichen. Aber die Überraschung ist auch hier da: Ausgerechnet das modernste elektronische Medium überhaupt bietet über die Mündlichkeit dem Dialekt (neuen) Raum. [...]

Quelle: Karl-Heinz Göttert: Alles außer Hochdeutsch. Ein Streifzug durch unsere Dialekte, Ullstein, Berlin 2011, S. 303–306.

Anmerkungen:
1 Die Studie des Literaturwissenschaftlers Karl-Heinz Göttert widmet sich dem Thema „Dialekte". Im vorliegenden Auszug behandelt der Autor den Zusammenhang zwischen Dialekten einerseits und dem Phänomen der Chatkommunikation andererseits.
2 *Rotwelsch:* Beim Rotwelsch handelt es sich um einen Sammelbegriff für seit dem späten Mittelalter auftretende und auf dem Deutschen basierende Soziolekte gesellschaftlicher Randgruppen (Bettler, fahrendes Volk etc.).

Anmerkung zum Autor:
Karl-Heinz Göttert (*1943) ist Germanist und war bis 2009 Professor für Ältere Deutsche Literatur an der Universität zu Köln.

Teilaufgabe 1

Hinweise und Tipps

Welche Aufgabenart liegt vor und wie sind die Teilaufgaben gewichtet?
*Die vorliegende Aufgabe ist dem **Aufgabentyp II a** zuzuordnen, der „**Analyse eines Sachtextes mit weiterführendem Schreibauftrag**". Die beiden Aufgabenteile sind im Hinblick auf die Bewertung nahezu **gleich gewichtet**: Für die erste Teilaufgabe können Sie 34 Punkte, für die zweite Teilaufgabe 38 Punkte erhalten.*

Was verlangt die Aufgabenstellung von mir?
*Die erste Aufgabe zielt auf die **Analyse** des vorliegenden Sachtextes unter einem spezifischen Aspekt ab. Sie sollen sich bei der Untersuchung des Textes auf den **Zusammenhang zwischen Chatkommunikation und Dialekten** konzentrieren. Darüber hinaus gilt es, auch die **Darstellungsweise des Textes** zu berücksichtigen. Dabei steht die Frage im Vordergrund, **auf welche Art und Weise** die Inhalte vermittelt werden.*

Wie gehe ich bei der Bearbeitung der Aufgabe sinnvollerweise vor?
*Verschaffen Sie sich beim ersten Lesen einen Eindruck vom Gegenstand, der im Auszug aus Götterts Studie behandelt wird. Insbesondere das Fazit, das der Autor am Ende seiner Ausführungen zieht, bleibt im Gedächtnis haften. Achten Sie bei den nachfolgenden Lesedurchgängen verstärkt darauf, **wie der Autor zu seinem Befund am Ende des Auszugs gelangt**. Gliedern Sie den Text hierzu in **Sinnabschnitte** und fassen Sie den Kerninhalt der einzelnen Abschnitte auf einem Konzeptpapier stichpunktartig zusammen. Überlegen Sie zudem, **welche Funktion ein Abschnitt im Textzusammenhang** erfüllt (z. B. Veranschaulichung eines bestimmten Phänomens, Erläuterung abstrakter Zusammenhänge, Einschätzung des Autors etc.). Neben **Inhalt und Aufbau** müssen Sie auch auf **Auffälligkeiten in Bezug auf die Darstellungsweise** eingehen. Ihre Feststellungen hierzu können Sie auf dem gesonderten Blatt notieren. Bei der Arbeit am Text sind farbige Markierungen sinnvoll, um besondere Merkmale des vorliegenden Auszugs hervorzuheben. Unter anderem folgende Fragen helfen Ihnen, relevante Ergebnisse bei der Analyse der Darstellungsweise zu erzielen:*
*– Gibt der **Titel** einen ersten Anhaltspunkt zur **Intention des Verfassers**?*
*– Sind im Text Hinweise enthalten, an welche **Adressaten** sich der Autor wendet?*
*– **Auf welche Weise erzeugt der Verfasser Verständnis für den Gegenstand**, über den er schreibt (z. B. durch Beispiele, Erklärungen oder eine besondere Strukturierung des Textes)?*
*– Fallen bestimmte **Gestaltungselemente** auch optisch ins Auge, z. B. durch eine Abweichung im Schriftbild oder eine Unterbrechung des Fließtextes?*

Wie kann ich meinen Aufsatz strukturieren?
*Geben Sie in der **Einleitung** die **wichtigsten Informationen zum Text** wieder und nennen Sie dessen **Kernthema**. Im **Hauptteil** legen Sie in strukturierter Form Ihre **Untersuchungsergebnisse** dar. Wenn Sie abschnittsweise vorgehen, können die verschiedenen Analyseaspekte in Form einer **verschränkten Darstellung** behandelt werden. Auf diese Weise vermeiden Sie Wiederholungen auf inhaltlicher Ebene. Die vorliegende Lösung bildet jedoch eine **blockweise Anordnung** ab, bei der der Inhalt und die*

● *Darstellungsweise getrennt nacheinander untersucht werden. Am **Schluss** bietet es sich*
● *an, die wichtigsten Ergebnisse in einem knappen **Fazit** zusammenzufassen.*
● **Was gibt es bei dieser Aufgabe sonst noch zu beachten?**
● *Göttert führt zur Veranschaulichung abstrakter Sachverhalte zahlreiche Beispiele an,*
● *er stellt Querverbindungen zu anderen sprachlichen Phänomenen her und fügt unter*
● *anderem ein Chat-Protokoll in seinen Text ein. Vergessen Sie angesichts dieser Viel-*
● *fältigkeit nicht, sich auf den in der Aufgabe genannten **Analyseschwerpunkt**, den **Zu-***
● ***sammenhang zwischen Chatkommunikation und Dialekten**, zu konzentrieren.*

Lösungsvorschlag

„Wir können alles. Außer Hochdeutsch!" Diesen fast schon zur Redensart gewordenen Ausspruch, der selbstironisch von schwäbischen Zeitgenossen gebraucht wird, greift Karl-Heinz Göttert in seinem 2011 erschienenen Buch „Alles außer Hochdeutsch. Ein Streifzug durch unsere Dialekte" auf. Im vorliegenden Auszug aus seiner Studie beschreibt der Germanist auf anschauliche Weise, wie **mündliche Sprache im Rahmen der Chatkommunikation** nachgeahmt wird. Darin sieht der Autor eine **Chance für den Dialekt**.

Einleitung
Hinführung zu Götterts Text mit Basisinformationen ...

... und Angabe des Themas

Zu Beginn des Textes (Z. 1–15) erweckt Göttert jedoch den Eindruck, als seien Dialekte beim Chatten ungebräuchlich. Sein Vergleich mit dem Rotwelsch (vgl. Z. 3 f.), einer im Mittelalter gepflegten Sondersprache gesellschaftlicher Randgruppen, rückt die Chatsprache eher in die Nähe von Soziolekten. Anhand **zahlreicher Beispiele**, die der **Ausgangspunkt** für die weiteren Überlegungen sind, stellt er die **Kennzeichen der Chatsprache** heraus. Dazu gehören die Verwendung von Akronymen und Sonderzeichen sowie Abweichungen von der üblichen Rechtschreibung. Die **Funktion** dieses Sprachgebrauchs ist nach Göttert die Abschottung nach außen und die Bekräftigung der eigenen Zugehörigkeit (vgl. Z. 13 ff.).

Hauptteil
Wiedergabe von Inhalt und Aufbau
1. Abschnitt:
Veranschaulichung eines Sachverhalts

Der **Befund** (Z. 16–23), den Göttert anschließend zur **Eigenart von Chatsprache** zieht, überrascht vor dem Hintergrund der eingangs angeführten Beispiele nicht. Dem Autor zufolge orientieren sich die Teilnehmerinnen und Teilnehmer eines Chats vorwiegend an der **Hochsprache** und lassen eine gewisse **Vorliebe zu Anglizismen** erkennen. Diese Sprachmischung veranschaulicht Göttert mit einem Beispiel, das er dann aber als Beleg für ein weiteres Merkmal der Chatsprache nutzt: Sie weise Aspekte der **Mündlichkeit** auf.

2. Abschnitt:
Befund aus den Eingangsbeispielen

Diese, so der Autor bei der nachfolgenden **Erläuterung** des Befunds (Z. 24–36), sei die Folge einer nahezu in Echtzeit ablaufenden Kommunikation. Damit gingen u. a. sprachliche **Ungenauigkeiten und Verstöße gegen die Grammatik** einher, die die Chat-Teilnehmer, wie in mündlichen Gesprächssituationen, allerdings tolerieren würden.

3. Abschnitt:
Erläuterung des Befunds

Diese konzeptionelle Mündlichkeit beim Chatten ist für Göttert der Ausgangspunkt dafür, dialektale Elemente in der Chatsprache darzustellen (Z. 37–63). Dazu deutet er die Ergebnisse einer Studie zum Sprachgebrauch in einem Mannheimer Chat-Kanal. **Dialekt** diene der **Kennzeichnung des Status:** Wer im Dialekt schreibe, stehe hierarchisch im Chat-Kanal weiter oben. Außerdem könne die Mundart – so lassen sich Götterts Überlegungen verstehen – zu einem gelösteren, lockereren Ton beitragen. Als **Nachweis** präsentiert der Autor einen **Ausschnitt aus einem Chat-Protokoll**, aus dem er ableitet, dass der Dialekt beim Chatten zum Ausdruck von **Emotionalität** genutzt werde (Z. 64–69).

4. bis 6. Abschnitt: Beleg der Befunde auf Basis eines Chat-Protokolls

Obwohl es teils umständlich sei, im Dialekt zu schreiben, würden Chat-Teilnehmer auf dieses sprachliche Register zurückgreifen. Im folgenden Abschnitt (Z. 70–81) legt der Germanist **Gründe** hierfür dar und bezieht sich dabei erneut auf empirische Daten, diesmal aus Schweizer Chats, in denen noch viel umfassender als in Deutschland der ortstypische Dialekt benutzt werde: Zum einen sei Dialekt ein Zeichen von **Glaubwürdigkeit**, zum anderen **entfalle** so der **Wechsel von dialektaler Mündlichkeit zu hochdeutscher Schriftlichkeit** – nach Göttert eine Befreiung für die Schweizer Chatter. Er hebt hervor, dass dort keine überregionale Vereinheitlichung der Verwendung dialektaler Elemente stattfinde, sondern in den Chats jeder einzelne Dialekt gepflegt werde.

7. Abschnitt: Gründe für Dialektverwendung im Chat

Bei seinem abschließenden Fazit (Z. 82–84) macht Göttert deutlich, dass das vergleichsweise **junge Medium Internet** infolge der an Mündlichkeit orientierten Kommunikationsformen wie dem Chat eine **Chance für den Dialekt** darstelle.

8. Abschnitt: Fazit des Autors

Obwohl sich Karl-Heinz Göttert einem Thema nähert, das sich auch für eine Diskussion unter Sprachexpertinnen und -experten anbieten würde, wendet sich der ehemalige Professor für Ältere Deutsche Literatur in erster Linie an **interessierte Laien**. Bereits im Titel seines Buches gibt der Autor zu erkennen, dass er lediglich einen „Streifzug" durch die Dialektlandschaft unternehmen möchte. Es kommt ihm offenbar **nicht auf wissenschaftliche Gründlichkeit** an.

Darstellungsweise des Textes
Verzicht auf einen wissenschaftlichen Anspruch

Im vorliegenden Auszug wird deutlich, dass Göttert für eine breite Leserschaft schreibt und dabei **Interesse erzeugen und unterhalten** will. Bereits mit dem ersten Satz weckt der Autor die Aufmerksamkeit der Leserinnen und Leser, indem er ankündigt, auf die „neueste und für viele bizarrste Entwicklung der Sprache" (Z. 2) einzugehen. Die **Superlative** vermitteln den Eindruck, es müsse sich um ein ganz besonderes Phänomen handeln, das im Folgenden besprochen wird. Der Autor erklärt jeden einzelnen der in der Chatsprache gebräuchlichen **Begriffe** (vgl. Z. 5–13), da er sich an **Adressaten** wendet, die **nicht unbedingt mit den Feinheiten der Chatsprache vertraut** sind. Bei den gewählten Beispielen macht Göttert keinen Bogen um

Informieren und Unterhalten im Vordergrund

vulgäre Ausdrücke („HDF für ‚Halt die Fresse'", Z. 8 f.; „sHiCe für ‚Scheiße'", Z. 9 f.). Diese tragen zum unterhaltsamen Ton bei. Obwohl Göttert einen sehr speziellen Aspekt der Sprache behandelt, nämlich den Zusammenhang zwischen Chatkommunikation und Dialekten, bereitet es keine Schwierigkeiten, seinen Ausführungen zu folgen. Das liegt zum einen an der **pointierten Ausdrucksweise**, die beispielsweise am Ende des zweiten Absatzes deutlich wird: Die entscheidende Information, dass in Chatforen eine Sprache der Mündlichkeit gepflegt wird, steht an letzter Stelle des Satzes (vgl. Z. 21 ff.). Zum anderen greift Göttert auf **Wendungen** zurück, **die der Leserlenkung dienen** und dem Text eine **klare Struktur** geben. Wie ein Dozent macht er seinen Gedankengang transparent, was sich z. B. an folgenden Formulierungen zeigt: „Sehen wir uns eine Untersuchung etwas genauer an" (Z. 34), „Man muss zunächst zwischen drei Typen von Teilnehmern unterscheiden" (Z. 37), „Was genau lässt sich hier ablesen?" (Z. 64). Nicht zuletzt tragen die **zahlreichen Beispiele** dazu bei, abstrakte Zusammenhänge zu veranschaulichen und begriflich zu machen (vgl. u. a. Beispiele zu gebräuchlichen Ausdrücken in der Chatsprache, Z. 5–13).

Klarheit und Anschaulichkeit in der Darstellung

Dabei **demonstriert** der Germanist die **eigene Expertise**. So stellt er **übergeordnete Zusammenhänge** her, wenn er auf Parallelen zwischen der Chatkommunikation und dem im Mittelalter gebräuchlichen Rotwelsch verweist (vgl. Z. 2 ff.) oder seine Kenntnisse über Chat-Gepflogenheiten in einzelnen Schweizer Kantonen vermittelt (vgl. Z. 72 ff.). Durch die Wiedergabe eines Chat-Protokolls untermauert der Autor den Anspruch, seine **Überlegungen auf Basis von Untersuchungen** anzustellen. Sein Ziel ist es, die „Uneingeweihten" (Z. 29) an wissenschaftlichen Erkenntnissen teilhaben zu lassen. Um dies zu gewährleisten, verzichtet er weitgehend auf eine Wissenschaftssprache und erklärt Fachbegriffe, beispielsweise durch zusätzliche Angaben in Klammern (vgl. Z. 13). Durch den Gebrauch der **Wir-Form** (vgl. Z. 30 ff.) gibt Göttert zudem zu erkennen, dass seine Sprachbetrachtungen von allgemeiner Bedeutung sind und **im Erfahrungsbereich der Leserinnen und Leser liegen**.

Populärwissenschaftlicher Schreibstil

Abschließend ist festzuhalten, dass es dem Autor gelingt, komplexe Zusammenhänge zwischen Medien, Kommunikation und Sprache so darzulegen, dass er damit eine **breite Leserschaft** erreicht. Seine **Einschätzung**, das World Wide Web biete Möglichkeiten für den Dialekt, wirkt auf der Grundlage seiner Erläuterungen erst einmal **plausibel**. Darüber hinaus zeichnet sich der Text insbesondere durch eine **anschauliche und leserfreundliche Darstellung** aus.

Schluss

Teilaufgabe 2

Hinweise und Tipps

Was verlangt die Aufgabenstellung von mir?
Die zweite Teilaufgabe weitet zunächst die Perspektive. Es gilt, **Merkmale und Funktionen von Dialekten** *anhand ausgewählter Verwendungszusammenhänge aufzuzeigen. Der Operator „prüfen" zusammen mit dem Wort „abwägend" signalisiert Ihnen dann, dass Sie im Folgenden unter Berücksichtigung von* **Pro- und Kontra-Argumenten** *erörtern sollen, inwieweit* **Kommunikation in elektronischen Medien für einen lebendigen Umgang mit Dialekten** *geeignet ist. In einer* **Stellungnahme** *sollen Sie* **abschließend** *Ihren persönlichen Standpunkt in der zu erörternden Frage darlegen.*

Wie gehe ich bei der Bearbeitung der Aufgabe sinnvollerweise vor?
Denken Sie zunächst an **Verwendungszusammenhänge**, *in denen Dialekt gesprochen wird. Auf der Basis Ihrer Überlegungen und der im Unterricht erworbenen Kenntnisse werden Ihnen sicherlich verschiedene* **Merkmale und Funktionen** *von Dialekten einfallen. Notieren Sie diese am besten stichpunktartig auf einem* **Notizblatt**, *auf dem Sie dann auch für die nachfolgende Erörterung* **Argumente vermerken** – *z. B. in einer* **Tabelle** *mit den Spalten „Pro" und „Kontra". Bei der Suche nach Argumenten können Sie zunächst an Götterts Überlegungen anknüpfen, Sie sollten aber auf jeden Fall auch über diese hinausgehen. Für die abschließende Stellungnahme ist es sinnvoll, sich die Argumente genauer anzusehen und zu überlegen, welche aus Ihrer Perspektive am entscheidensten sind.*

Wie kann ich meinen Aufsatz strukturieren?
Leiten *Sie zunächst zu Teilaufgabe 2 über, z. B. indem Sie sich auf deren Fragestellung beziehen. Achten Sie bei der anschließenden überblicksartigen Darstellung darauf, sich auf* **wesentliche Punkte** *zu beschränken, auch wenn die Thematik geeignet wäre, weiter auszuholen. Bei der Erörterung sollen Götterts Überlegungen den* **Ausgangspunkt** *für Ihre* **Argumentation** *bilden. Sie können aber auch im weiteren Verlauf Ihrer Ausführungen an Göttert anknüpfen. Grundsätzlich müssen Sie sich entscheiden, ob Sie die Pro- und Kontra-Seite blockweise behandeln oder zwischen beiden Seiten wechseln wollen. Im Rahmen der* **Stellungnahme**, *die auf die Argumentation folgt, stellen Sie abschließend Ihre persönliche Sicht auf das zuvor erörterte Thema heraus, gegebenenfalls unter Nennung der für Sie entscheidenden Argumente.*

Was gibt es bei dieser Aufgabe sonst noch zu beachten?
Göttert untermauert seine Einschätzung, dass das Internet Räume für die Verwendung von Dialekten eröffnet, am Beispiel der **Chatkommunikation**. *In der zweiten Teilaufgabe ist allgemein von elektronischen Medien die Rede, weshalb Sie bei der Erörterungsfrage auch an* **weitere Kommunikationskanäle** *wie beispielsweise* **Messenger-Dienste** *denken sollten.*
*Die Formulierung in der Fragestellung, inwieweit elektronische Medien einen „*lebendigen*" Umgang mit Dialekten ermöglichen, ist als Hinweis zu verstehen, dass es bei der Frage auch darum geht, inwieweit dieser Bereich zum Erhalt von* **Dialekten** *beitragen kann.*

Lösungsvorschlag

In seiner Studie geht Göttert der sehr speziellen Frage nach, welche Rolle Mundarten in der Chatkommunikation spielen. Im Folgenden soll zunächst der Blick geweitet und aufgezeigt werden, welche Merkmale Dialekte aufweisen und welche Funktion sie erfüllen. *(Aufgabenbezogene Überleitung / Hinweis auf Fragestellung)*

Dialekte sind **Sprachvarietäten**, die sich **von Region zu Region** mehr oder weniger stark **voneinander unterscheiden** und vor allem der **gesprochenen Sprache** zugerechnet werden. Abweichungen zur Standardsprache können in allen Bereichen der Sprache vorhanden sein. Besonders prägend sind meist Unterschiede in **Lexik** und **Lautung**, teilweise auch in der Grammatik. *(Hauptteil / Merkmale und Funktionen von Dialekten / Verwendung des Dialekts in der Familie)*

Ohne Zweifel ist die **Familie** der Ort, an dem noch am häufigsten Dialekt gesprochen wird. Viele Eltern entscheiden sich heute bewusst dafür, mit ihren Kindern in der für ihre Region typischen Mundart zu sprechen, um ihnen ein Gefühl der **Verbundenheit mit ihrer Heimat** zu vermitteln. Denn der in der Kindheit erworbene Dialekt trägt dazu bei, sich mit der Region, aus der man kommt, zu identifizieren, und er **verbindet Menschen dieser Region**. Dialekte werden so zum Erkennungsmerkmal. Hinzu kommt ein emotionaler Aspekt. Da Kinder ihren Dialekt meist in erster Linie von ihren Eltern übernommen haben, assoziieren viele Dialektsprecher ein **Gefühl von Nähe**, **Vertrautheit und Geborgenheit** mit der in ihrer Region gesprochenen Mundart.

Auch wenn Dialekte angesichts der in den Massenmedien dominierenden Standardsprache und infolge einer wachsenden Mobilität an Bedeutung verlieren, sind sie in vielen Regionen durchaus noch zu hören, und zwar auch **im öffentlichen Raum**. Wer beispielsweise in ländlichen Regionen einkaufen geht oder in ein Gasthaus einkehrt, wird feststellen, dass sich die Gesprächsteilnehmer häufig noch im Dialekt unterhalten. In diesen Situationen zeigt sich, dass Dialekt eine **Gebrauchssprache** ist, die vorwiegend in **informellen Kommunikationssituationen** gepflegt wird. Sie dient den Sprechern einer Region dazu, **sich der gemeinsamen Herkunft zu versichern** und in Gesprächen eine **Atmosphäre der Ungezwungenheit** herzustellen. Aber auch in der **medialen** und **politischen Kommunikation** kann Dialekt eine Rolle spielen, und zwar vor allem dann, wenn der Sprechende **Nähe** zum Angesprochenen erzeugen will. Zugleich signalisiert Mundart in bestimmten Gegenden in besonderem Maße eine **Verbundenheit mit der jeweiligen regionalen Tradition und Kultur** (wie z. B. die Kölschen Dialekte mit dem Kölner Karneval). *(Dialektgebrauch im öffentlichen Raum)*

Dialekte bereichern die deutsche Sprachlandschaft, doch waren sie lange Zeit auf dem Rückzug – auch wenn sie historisch älter sind als die Standardsprache. Göttert zufolge stellt gerade das Internet eine Chance für Dialekte dar: „Ausgerechnet das modernste elektronische *(Überleitung / Befund des Autors)*

Medium überhaupt bietet über die Mündlichkeit dem Dialekt (neuen) Raum." (Z. 83 f.) Göttert selbst bezeichnet seine Einsicht als „Überraschung" (Z. 82 f.) und legt damit nahe, dass man auch zu einer anderen Einschätzung kommen könnte. Daher ist grundsätzlich zu fragen: Ist Kommunikation in elektronischen Medien für einen lebendigen Umgang mit Dialekten geeignet?

Dafür spricht, dass **Prinzipien, die bei einem Austausch von Information über elektronische Medien** gelten, **grundlegend für das Sprechen im Dialekt** sind. Der schnelle Austausch von Nachrichten im Chat oder über Messenger-Dienste führt häufig dazu, dass **einzelne Wörter oder grammatische Strukturen verkürzt** werden. **Auch im Dialekt** macht sich die Tendenz bemerkbar, dass einzelne Wörter oder ganze Aussagen im Vergleich zur Hochsprache verknappt werden. Im Bairischen genügt beispielsweise ein einfaches „Basst scho!", um auszudrücken, dass „etwas in Ordnung ist". Und im Berlinischen ersetzt das kurze „wah?" die längere Formel „nicht wahr?". Angesichts der **Vorliebe für Kurzformen beim Chatten** erscheint es daher plausibel, dass bei der Kommunikation über elektronische Medien auf dialektale Formen zurückgegriffen wird.

Hinzu kommt, dass neuere Kommunikationsformen einen **Beitrag zur Stärkung der Regionalität** und damit auch zur Förderung von Dialekten leisten können. Das liegt daran, dass es elektronische Medien ermöglichen, sich über große Distanzen so zu verständigen, als würde man ein direktes Gespräch führen. Auf diese Weise kann man **mit der Heimat verbunden bleiben**, auch wenn ein Wohnortwechsel aus beruflichen oder privaten Gründen erfolgen muss. Häufig wird in den Kanälen, über die man in Verbindung steht, **weiterhin Dialekt gepflegt**. Nachrichten, die sich **Familienmitglieder oder Jugendfreunde** beispielsweise über WhatsApp-Gruppen schicken, weisen häufig eine dialektale Färbung auf oder sind gänzlich im Heimatdialekt verfasst.

Es darf jedoch nicht übersehen werden, dass sich ein großer Teil der Dialektsprecher auch bei der Kommunikation über elektronische Medien an der Standardsprache orientiert. Ein Hauptgrund dafür ist, dass „das **Schreiben im Dialekt** zweifellos **ungewohnt und auch schwieriger** [ist] als im Standard" (Z. 70 f.). Mühsam werden in der Schule die **Regeln zur Rechtschreibung erlernt**. Ziel dieser Anstrengungen ist es, Sicherheit in der Rechtschreibung zu erlangen. Diese **Sicherheit fehlt**, wenn im Dialekt geschrieben wird, da es in diesem Bereich **keine sprachliche Normierung** gibt. Wer im Dialekt beispielsweise ein lang gedehntes „e" wiedergeben will, muss entscheiden, ob er dies mit einem Dehnungs-h kenntlich machen will oder den Vokal einfach verdoppelt („ee"). Und der Adressat muss die Schreibweise gegebenenfalls erst noch entschlüsseln.

Lebendiger Umgang mit Dialekten in elektronischen Medien?

Pro-Argumente
Häufung von Kurzformen in der Chatsprache und bei Dialekten

Verbindung von Dialektsprechern trotz räumlicher Trennung

Kontra-Argumente
Hemmungen im schriftlichen Dialektgebrauch infolge fehlender Normierung

Wichtiger ist jedoch die Frage, ob elektronische Medien überhaupt zu einem lebendigen Umgang mit Dialekten beitragen können. Die Kommunikationssituation, die einem Austausch im Chat oder über Messenger-Dienste zugrunde liegt, stellt viel eher ein Hindernis bei der Dialektverwendung dar. Das ist vor allem darauf zurückzuführen, dass bei einer **medial vermittelten Kommunikation** eine gewisse **Distanz zwischen den beteiligten Personen** besteht. Auf **Dialekt** wird aber vor allem dann zurückgegriffen, wenn das sprachliche Geschehen von **Emotionalität und Unmittelbarkeit** geprägt ist. Beide Faktoren spielen vor allem bei Gesprächen, die „face-to-face" stattfinden, eine Rolle. Erfolgt ein **Austausch jedoch nur mittelbar**, greifen viele Kommunikationsteilnehmer **vorzugsweise auf die Standardsprache** zurück und lassen in ihren Äußerungen umgangssprachliche Formulierungen nur einfließen. Das wird beispielsweise an dem Chat-Protokoll deutlich, auf das Göttert verweist (vgl. Z. 50–63). Ein großer Teil der Beiträge ist durch Mischung aus Standard- und Umgangssprache gekennzeichnet. *Verzicht auf Dialekt aufgrund von medialer Distanz*

Die wenigen **dialektalen Einsprengsel** im Mannheimer Chat-Kanal sind kaum als Beleg für einen lebendigen Dialekt in elektronischen Medien, sondern allenfalls als **Beleg für ein leises Lebenszeichen** des Dialekts geeignet. *Geringe Bedeutung des Dialekts in Götterts erstem Beispiel*

Abschließend bleibt also festzuhalten, dass **elektronische Medien** wohl **nur in Ansätzen** den lebendigen Umgang mit Dialekten fördern können. Zwar gibt es durchaus **Faktoren**, die zur Verwendung dialektal gefärbter Äußerungen in Chats oder ähnlichen Medien führen. Dazu zählt die **Nachahmung mündlicher Sprache** oder die **Verbindung von Dialektsprechern**, die aus einer Region kommen. **Hemmungen**, im Dialekt zu schreiben, führen jedoch ebenso wie die **Distanz** zwischen den Kommunikationsteilnehmern dazu, dass in den genannten Medien insgesamt eher weniger auf Dialekt zurückgegriffen wird. *Stellungnahme*

Eine viel größere Chance für den Dialekt besteht darin, **Kleinkinder mit Medien in Kontakt zu bringen**, die sie über einen **längeren Zeitraum** mit dem Dialekt ihrer Heimatregion vertraut machen. Zu denken ist beispielsweise an **Hörbücher oder kurze Filme, die den regionalen Dialekt zu Gehör bringen**. Auf diese Weise erfahren die Heranwachsenden, dass ihnen der in der Familie gepflegte Dialekt auch in anderen Kontexten begegnet, wodurch sie eher geneigt sein werden, selbst Dialekt zu sprechen. *Schluss*

**Grundkurs Deutsch (Nordrhein-Westfalen): Abiturprüfung 2020
Vergleichende Analyse literarischer Texte**

Materialgrundlage
Nikolaus Lenau: Wandel der Sehnsucht. In: Ders.: Sämtliche Werke. Briefe. Hrsg. v. Hermann Engelhard. Stuttgart: J. G. Cotta'sche Buchhandlung Nachf. 1959, S. 22.
Hilde Domin: Ziehende Landschaft. In: Dies.: Gesammelte Gedichte. Frankfurt am Main: Fischer 1987, S. 13.

Aufgaben Punkte
1. Analysieren Sie das Gedicht „Wandel der Sehnsucht" von Nikolaus Lenau. 39
2. Analysieren Sie in Grundzügen das Gedicht „Ziehende Landschaft" von Hilde Domin. Vergleichen Sie es anschließend mit dem Gedicht „Wandel der Sehnsucht" im Hinblick auf das Unterwegs-Sein und die damit verbundene Bedeutung von Heimat. 33

Zugelassene Hilfsmittel:
– Wörterbuch zur deutschen Rechtschreibung

**Nikolaus Lenau
Wandel der Sehnsucht (1833/34)**

Wie doch dünkte mir die Fahrt so lang,
O wie sehnt' ich mich zurück so bang
Aus der weiten, fremden Meereswüste
Nach der lieben, fernen Heimatküste!

5 Endlich winkte das ersehnte Land,
Jubelnd sprang ich an den teuern Strand,
Und als wiedergrüne Jugendträume
Grüßten mich die heimatlichen Bäume.

Hold[1] und süßverwandt wie nie zuvor
10 Klang das Lied der Vögel an mein Ohr;
Gerne, nach so schmerzlichem Vermissen,
Hätt' ich jeden Stein ans Herz gerissen.

Doch da fand ich dich, und – todesschwank
Jede Freude dir zu Füßen sank,
15 Und mir ist im Herzen nur geblieben
Grenzenloses, hoffnungsloses Lieben.

O wie sehn' ich mich so bang hinaus
Wieder in das dumpfe Flutgebraus!
Möchte immer auf den wilden Meeren
20 Einsam nur mit deinem Bild verkehren!

Quelle: Nikolaus Lenau: Wandel der Sehnsucht. In: Ders.: Sämtliche Werke. Briefe. Hrsg. v. Hermann Engelhard. Stuttgart: J. G. Cotta'sche Buchhandlung Nachf. 1959, S. 22

Anmerkungen:
1 *hold:* anmutig, lieblich

Anmerkung zum Autor:
Der Dichter Nikolaus Lenau wurde 1802 in Ungarn geboren, lebte vorwiegend in Deutschland und Österreich. 1832 versuchte er vergeblich, sich in den USA eine neue Existenz aufzubauen. Das Gedicht hat er nach seiner Rückkehr nach Europa verfasst. Er starb 1850 in Wien.

Hilde Domin
Ziehende Landschaft (1955)

Man muß weggehen können
und doch sein wie ein Baum:
als bliebe die Wurzel im Boden,
als zöge die Landschaft und wir ständen fest.
5 Man muß den Atem anhalten,
bis der Wind nachläßt
und die fremde Luft um uns zu kreisen beginnt,
bis das Spiel von Licht und Schatten,
von Grün und Blau,
10 die alten Muster zeigt
und wir zuhause sind,
wo es auch sei,
und niedersitzen können und uns anlehnen,
als sei es an das Grab
15 unserer Mutter.

Quelle: Hilde Domin: Ziehende Landschaft. In: Dies.: Gesammelte Gedichte. Fischer, Frankfurt/Main 1987, S. 13

Anmerkung zur Autorin:
Hilde Domin, geborene Löwenstein, wurde 1909 als Kind jüdischer Eltern in Köln geboren. Seit Hitlers Machtergreifung 1933 lebte sie in wechselnden Exilländern, darunter seit 1940 in der Dominikanischen Republik. 1946 begann sie zu schreiben. 1954 kam sie nach Deutschland zurück und veröffentlichte ihre Gedichte in Anlehnung an den Namen ihres Exils in der Dominikanischen Republik unter dem Namen Domin. Das Gedicht „Ziehende Landschaft" wurde 1959 zum ersten Mal veröffentlicht. 2006 verstarb Domin in Heidelberg.

Teilaufgabe 1

Hinweise und Tipps

🖋 *Welche Aufgabenart liegt vor und wie sind die Aufgaben gewichtet?*
Bei der vorliegenden Abituraufgabe handelt es sich um die **Aufgabenart I b** – gefordert ist eine „**Vergleichende Analyse literarischer Texte**". Dazu soll erst das Gedicht von Nikolaus Lenau und dann das von Hilde Domin analysiert werden, um beide anschließend aspektgeleitet miteinander vergleichen zu können. Die vollständige Analyse des Lenau-Gedichtes wird mit 39 Punkten bewertet, für die knappere Analyse des Domin-Gedichtes und den Gedichtvergleich können Sie insgesamt 33 Punkte erhalten.

🖋 *Was verlangt die Aufgabenstellung von mir?*
Die erste Teilaufgabe mit dem Operator „Analysieren" fordert von Ihnen eine **umfassende Beschreibung und Deutung** des Gedichts von Nikolaus Lenau. Zum einen sollten Sie die **Thematik** und die **Sprechsituation** beschreiben, zum anderen **Inhalt, Form, syntaktische und sprachliche Gestaltungsmittel** untersuchen, um zu einer kohärenten Gesamtdeutung zu gelangen. Da Ihre Analyse Basis für den sich anschließenden Gedichtvergleich ist, empfiehlt es sich, schon zu Beginn auch das zweite Gedicht im Blick zu haben, um unter Umständen erste Unterschiede wahrnehmen zu können.

🖋 *Wie gehe ich bei der Bearbeitung der Aufgabe sinnvollerweise vor?*
Da der zugrunde liegende Operator komplexe Interpretationsleistungen erfordert, sollten Sie sich zunächst bewusst machen, welche Aspekte bei einer Gedichtanalyse beachtet werden sollten und wie sie miteinander zusammenhängen können. Lesen Sie dann das Lenau-Gedicht und notieren Sie Ihre ersten Eindrücke. Beim zweiten Lesen **markieren** und **unterstreichen** Sie **wichtige Stellen** und **notieren** am Rand oder im Text **relevante Beobachtungen** – und zwar jeweils den zu untersuchenden Aspekten entsprechend. Bevor Sie Ihre Untersuchungsergebnisse in der schriftlichen Analyse darlegen, vergegenwärtigen Sie sich am besten noch einmal die im Unterricht erlernten Möglichkeiten, eine Textanalyse zu strukturieren – so haben Sie eine gute Basis, um eine in sich schlüssige und kohärente Deutung verfassen zu können.

🖋 *Wie kann ich meinen Aufsatz strukturieren?*
Beginnen Sie mit einer **Einleitung**, in der Sie wichtige Informationen (Autor, Textsorte, Titel und Erscheinungsjahr) sowie zur ersten Orientierung die Thematik des Gedichtes angeben. Im **Hauptteil** sollten Sie systematisch Ihre Untersuchungsergebnisse darlegen. Entscheiden Sie sich, ob Sie linear vorgehen wollen, d. h. die relevanten Aspekte in <u>einem</u> Textdurchgang abhandeln wollen, oder ob Sie diese Aspekte (also z. B. die sprachlichen Mittel etc.) in einem je eigenen Teil untersuchen wollen. Im **Schlussteil** können Sie dann zu einem Fazit im Sinne einer reflektierten Gesamtdeutung gelangen.

🖋 *Was gibt es bei dieser Aufgabe sonst noch zu beachten?*
Eine besonders gute Leistung liefern Sie ab, wenn Sie das Gedicht in seine literarische Epoche einordnen. Einen solchen Bezug können Sie aber auch erst in Teilaufgabe 2 herstellen, z. B. in der Überleitung zu Domins Gedicht oder aber nach dem Gedichtvergleich im Schlussteil.

Lösungsvorschlag

Nikolaus Lenau zeigt in seinem Gedicht „Wandel der Sehnsucht", das er 1833/34 nach seiner Rückkehr aus den USA nach Europa verfasste, ein lyrisches Ich, dessen **herbeigesehnte Heimkunft** aus der Ferne zur **Enttäuschung** gerät. **Rückblickend** betrachtet das lyrische Ich seine Gefühlsveränderung: von der Sehnsucht über die erste Freude bei der Ankunft bis hin zur **desillusionierenden Wiederbegegnung** mit einem angesprochenen Du, die in ihm den Wunsch weckt, zurück in die weite Welt zu flüchten. Trotz der Du-Ansprache wirkt das Gedicht eher **wie ein innerer Monolog:** Es ist mehr eine Auseinandersetzung mit den eigenen Empfindungen als mit einem Gegenüber.

In den fünf Strophen des Gedichtes kann der Leser den **Wandel in der Stimmungslage** des lyrischen Ichs mitverfolgen. Die **erste Strophe** drückt die **sehnsuchtsvolle Erwartung** des lyrischen Ichs aus, nach langer Zeit in die Heimat zurückzukehren. In der **zweiten Strophe** wird die **Freude bei der Ankunft** deutlich, der Anblick der Landschaft weckt Jugenderinnerungen. Die **dritte Strophe** stellt eindrücklich dar, welch **euphorisierende Wirkung** die **heimatliche Natur** – der Vogelgesang und sogar die Steine – auf das lyrische Ich hat. Doch die **vierte Strophe** schildert die **große Enttäuschung** beim schicksalhaften Wiedersehen mit dem geliebten Menschen, der sich offenbar weder freut noch diese Liebe erwidert. Diesen **Wandel von großer Freude hin zu schmerzlichem Kummer** betrachtet das lyrische Ich im Rückblick, erkennbar am Gebrauch des Präteritums. In der **fünften Strophe** wird – nun im Präsens – die Reaktion auf diese veränderte Gefühlslage gezeigt: Die **Sehnsucht kehrt sich um** – das lyrische Ich möchte sich einsam in die Ferne flüchten, sich umhertreiben lassen, nur mit dem Bild des geliebten Menschen im Herzen.

Zu dieser aufgewühlten Gefühlslage steht der so regelmäßige **Strophenaufbau** im **Kontrast**. Alle **fünf Strophen** des Gedichtes bestehen aus **vier Versen**, die sich jeweils paarweise reimen und einen **regelmäßigen fünfhebigen Trochäus** aufweisen. Die beiden ersten Verse enden jeweils mit männlichen Kadenzen, sind also um eine Senkung verkürzt. Der dritte und der vierte Vers der Strophen weisen jeweils weibliche Kadenzen auf und sind häufig von Enjambements geprägt. Der offensichtliche **Kontrast** zwischen hochemotionalem Inhalt, nämlich der Ruhe- und Heimatlosigkeit des lyrischen Ichs, und der nahezu beruhigend wirkenden äußeren Form des Gedichts erzeugt eine **gewisse Spannung**.

Sehr lebendig und authentisch vermitteln die **syntaktischen und sprachlichen Gestaltungsmittel** den sich ändernden Gemütszustand des lyrischen Ichs. Es fällt die ungewöhnliche Satzstellung auf, bei

Einleitung
Grundinformationen zum Gedicht und seine Thematik

Hauptteil
Sprechsituation

Inhalt

Form

Syntaktische Gestaltungsmittel

der wiederholt **adverbiale Bestimmungen vorangestellt** sind, um **Seelenzustand und Aktivitäten** des lyrischen Ichs besonders zu betonen. So unterstreichen die Versanfänge „Endlich" (V. 5), „Jubelnd sprang ich" (V. 6), „Hold und süßverwandt" (V. 9), „Gerne [...] / Hätt' ich" (V. 11 f.) die ganze **Freude und Begeisterung** bei seiner Rückkehr in die Heimat. Das adversative „Doch" (V. 13) markiert dann – auch in Verbindung mit dem gleich folgenden Gedankenstrich – überdeutlich den Einschnitt, den die Wiederbegegnung mit dem geliebten Du bedeutet. Die **Interjektion** „O wie" (V. 2, 17) bekräftigt sowohl die **sehnsuchtsvolle Erwartung** bei der Heimfahrt als auch die **ganze Resignation** und den **Wunsch nach Einsamkeit** den das desillusionierende Wiedersehen im lyrischen Ich weckt. Durch den **nahezu identischen Wortlaut der Ausrufe** in Vers 2 und 17, in denen lediglich das Tempus verändert und „zurück" durch „hinaus" ersetzt ist, wirken die erste und die letzte Strophe wie eine Art **Rahmen**, der die Veränderung der Gefühlslage des lyrischen Ichs umschließt. Die Wiederholung der Fügung bei veränderter Aussage – Sehnsucht nach Heimat zu Beginn, nach der weiten Welt am Ende – hebt die **Umkehrung der Sehnsucht** hervor. Gleich zwei Ausrufezeichen betonen hier die Intensität der Empfindungen (V. 18, 20).

Die **Fügung** „der weiten, fremden Meereswüste" (V. 3) macht ganz deutlich, wie **verloren** das lyrische Ich sich auf der Heimfahrt fühlte: Die **Adjektive** und die **Metapher** „Wüste" wecken die Vorstellung einer unendlichen Einöde. Die **parallele Wortstellung** von Vers 3 und 4 akzentuiert dann den Gegensatz zur herbeigesehnten „Heimatküste" (V. 4). Dementsprechend fühlt sich das lyrische Ich dort **begrüßt**. Diesen Eindruck vermitteln die **Personifikationen** – „Endlich winkte das ersehnte Land" (V. 5) und „Grüßten mich die heimatlichen Bäume" (V. 8). Dass es das lyrische Ich trotz dieser positiven Eindrücke am Ende wieder hinaus in die Ferne zieht, die zudem auch hier keine positiven Assoziationen weckt (vgl. „das dumpfe Flutgebraus", „wilden Meeren", V. 18 f.), unterstreicht, wie **bitter seine Liebesenttäuschung** gewesen sein muss. Die innere Spannung, der das lyrische Ich ausgesetzt ist, spiegelt sich auch in der Entgegensetzung semantischer Felder wie „fremd" und „lieb" (vgl. V. 3 f.), „Schmerz" und „Herz" (vgl. V. 11 f.) sowie „Tod" und „Freude" (V. 13 f.) wider. Besonders **ausdrucksstark** sind in diesem Gedicht die **Adjektive** und vor allem die **Neologismen**. Gewöhnliche Worte scheinen nicht mehr auszureichen, um die so starken Empfindungen zu vermitteln. Die Fügungen „wiedergrüne Jugendträume" (V. 7) und „süßverwandt" (V. 9) zeugen von der **Euphorie** bei der Rückkehr in die Heimat, das Schlüsselwort „todesschwank" (V. 13) von der zutiefst **enttäuschenden Wiederbegegnung**.

Sprachliche Gestaltungsmittel

In dem Wunsch, „auf den wilden Meeren / Einsam nur mit deinem Bild [zu] verkehren" (V. 19 f.), darf der Lesende dabei eine **Abkehr von der Realität** mitlesen: Die Liebe (vgl. V. 15 f.) des lyrischen Ichs richtet sich nicht mehr auf die reale Person, sondern auf ein Bild, eine Vorstellung von ihr – eine realitätsabgewandte Verinnerlichung der Liebe.

Somit lässt sich abschließend festhalten, dass Lenaus Gedicht „Wandel der Sehnsucht" auf eindrückliche Weise die **sich verändernde Einstellung des lyrischen Ichs seiner Heimat gegenüber** veranschaulicht. Die positive Erwartung bei der Rückkehr in die Heimat, nach der es sich so gesehnt hatte, schlägt durch das Wiedersehen mit dem geliebten Du und die damit verbundene tiefe Enttäuschung in den Wunsch nach unwiderruflicher **Abkehr von der Heimat** um: Sie wird zur **Sehnsucht nach der Ferne**. Die unerfüllte Liebe treibt das lyrische Ich hinaus, das **rastlose Unterwegs-Sein** in der Fremde wird zu der Lebensform, die es angesichts der Liebesenttäuschung favorisiert – und an die Stelle der in der Wirklichkeit nicht möglichen Liebe tritt die illusionäre Liebe zu einem Bild, zu einer Vorstellung.

Schluss
Abschließende Deutung

Teilaufgabe 2

Hinweise und Tipps

- *Was verlangt die Aufgabenstellung von mir?*
- *Die zweite Teilaufgabe enthält zwei Arbeitsaufträge. Sie fordert von Ihnen zunächst die **Analyse** des Gedichts von Hilde Domin, allerdings lediglich in **Grundzügen**. Auch hier müssen Sie daher den Inhalt, die formale und die sprachlich-stilistische Gestaltung untersuchen – allerdings nicht in der Ausführlichkeit wie beim ersten Gedicht.*
- *Der anschließende **Vergleichsauftrag** gibt zwei Aspekte vor: das **Unterwegs-Sein** und die **Bedeutung von Heimat**. Die Aufgabe enthält also zwei Schwerpunkte, die Sie unbedingt beachten sollen.*

- *Wie gehe ich bei der Bearbeitung der Aufgabe sinnvollerweise vor?*
- *Die Vorgehensweise unterscheidet sich hier zunächst kaum von der in der ersten Teilaufgabe. Wieder ist es sinnvoll, zunächst die ersten Eindrücke zu **notieren** und im Text sodann zu **markieren**, zu **unterstreichen** und zu **kommentieren**, was Ihnen **für die Analyse bedeutsam** erscheint. Denken Sie daran, dass das Gedicht lediglich in Grundzügen analysiert werden soll – versuchen Sie daher, die **wichtigsten Aspekte herauszufiltern**, um sie dann beim Ausformulieren in geraffter Form darlegen zu können.*
- *Im Hinblick auf den geforderten **Vergleich** ist es ratsam, stichpunktartig **Unterschiede und Gemeinsamkeiten** hinsichtlich des Unterwegs-Seins und der Bedeutung von Heimat zu vermerken – z. B. in einer kleinen Tabelle. Gliedern Sie Ihre Notizen, bevor Sie Ihre Untersuchungsergebnisse ausformulieren.*

Wie kann ich meinen Aufsatz strukturieren?
*Beginnen Sie mit einer **aufgabenbezogenen Überleitung**, in der Sie am besten das beide Gedichte verbindende **Motiv des Unterwegs-Seins** aufgreifen, aber auch **Hilde Domins Gedicht** mit den erforderlichen Informationen (Textsorte, Autor, Titel, Entstehungszeit) **vorstellen**. Für den **Hauptteil** gibt die Aufgabenstellung bereits die Grobstruktur vor: zunächst die **Analyse**, dann der **Vergleich**. Um die Analyse nicht ausufern zu lassen, ist es bei diesem Gedicht ratsam, die Inhalts- und die Sprachuntersuchung miteinander zu verbinden und auch wirklich nur auf die zentralen Gesichtspunkte einzugehen.*
*Beim Gedichtvergleich müssen Sie entscheiden, ob Sie **blockbildend** verfahren, also zunächst noch einmal auf das erste Gedicht eingehen, um diesem dann das zweite gegenüberzustellen, oder ob Sie an geeigneten Stellen **zwischen den Gedichten hin und her wechseln**. Das erstgenannte Vorgehen birgt die Gefahr der Wiederholung, weshalb der unten stehende Lösungsvorschlag der anderen Struktur folgt.*

Was gibt es bei dieser Aufgabe sonst noch zu beachten?
Da hier eine Analyse und ein Gedichtvergleich gefordert sind, ist es besonders wichtig, konzentriert und zielgerichtet zu arbeiten, um pointiert die Unterschiede beider Gedichte herausstellen zu können. Der Rückgriff auf Untersuchungsergebnisse der ersten Teilaufgabe sollte dabei nicht zu bloßen Wiederholungen führen. Denken Sie auch daran, Ihre Ergebnisse der einzelnen Arbeitsschritte schlüssig miteinander zu verbinden.

Lösungsvorschlag

Das 1959 erstmals veröffentlichte Gedicht „Ziehende Landschaft" verfasste Hilde Domin im Jahre 1955, und zwar, wie Lenau auch, nach ihrer Rückkehr nach Deutschland. Es thematisiert die Frage, wie der Mensch auch **in der Fremde ein Gefühl der Heimat** entwickeln kann. Auch wenn beide Gedichte das Thema des „Unterwegs-Seins" verbinden, so zeigt das Domin-Gedicht doch eine ganz andere, eher **reflektierende Haltung** gegenüber **der Nähe und Ferne**.

Aufgabenbezogene Überleitung
Grundinformationen zu Domins Gedicht und thematische Parallele zu Lenaus Gedicht

Das Gedicht besteht aus einem Textblock mit zwei Sätzen; auf ein Versmaß und Reime wird verzichtet. Die **freien Verse** und die prosanahe Syntax stützen den reflektierenden Ton des Textes. Gleichwohl wird das Gedicht durch die Zeilenumbrüche, die in fast allen Fällen mit dem Abschluss einer syntaktischen Einheit zusammenfallen, durch Anaphern (z. B. „Man", V. 1, 5; „bis", V. 6, 8) und Reihungen (vgl. „und", V. 7, 11, 13) strukturiert und rhythmisiert.

Hauptteil (Teil 1) – Analyse
Form

In diesem Gedicht tritt **kein lyrisches Ich** konkret in Erscheinung – der Sprechgestus ist **verallgemeinernd**, wie unter anderem das unspezifische „Man" (V. 1, 5) und das Pronomen „wir"/„uns" (V. 4, 7, 11, 13) zeigen. Die allgemeine Perspektive verdeutlicht schon der erste Satz, der eine Art Lebensweisheit verkündet: Wer seine Heimat

Sprechsituation, Inhalt und sprachlich-stilistische Gestaltung

GK 2020-18

verlässt, sollte – so lässt sich der **erweiterte Vergleich** mit einem Baum (vgl. V. 2–4) deuten – sich eine feste und **tiefe Verwurzelung** mit seiner Heimat bewahren und eine **innere, persönliche Stärke** haben, ohne die ein Ankommen an einem neuen Ort nicht gelingen kann.
Der zweite Satz bringt zum Ausdruck, wie dieses Ankommen genauer gelingen kann. Seine Länge spiegelt dabei die Dauer des Prozesses wider. In **einfachen Bildern** und mit **verknappter Sprache** macht Domin deutlich, worauf es ankommt: Der Teilsatz „Man muß den Atem anhalten, / bis der Wind nachläßt" (V. 5 f.) setzt die **notwendige Geduld und das Durchhaltevermögen** ins Bild, die es ermöglichen, den Gegenwind unterwegs und in der Fremde auszuhalten, bis man ihn nicht mehr als Gegenwind wahrnimmt. Dann – so suggeriert das Gedicht – könne man im Fremden „die alten Muster" (V. 10), also das **Bekannte und Vertraute**, sehen. Dabei könnten die Fügungen „Licht und Schatten" (V. 8) und „Grün und Blau" (V. 9) für grundsätzliche Lebensvoraussetzungen (Tag und Nacht, Landschaften und Gewässer) stehen, die eine **Neu-Verortung** auch in der Fremde (V. 11 f.: „zuhause sind, / wo es auch sei") erlauben. Mit der Zeit werde es so möglich, irgendwann zur Ruhe zu kommen: „niedersitzen können und uns anlehnen, / als sei es an das Grab / unserer Mutter" (V. 13 ff.). Die Mutter erscheint an dieser Stelle wie der Inbegriff von **Heimat, Herkunft und Geborgenheit**, der Begriff des Grabes allerdings vermittelt den Eindruck, dass das Ankommen vom bleibenden Gefühl eines **Verlusts** begleitet wird.

Das Gedicht beschreibt also die Bedingung dafür, dass man **in der Fremde heimisch** werden kann: eine von der **Verwurzelung** in der Heimat genährte **persönliche Stärke** und ein **geduldiges Vertrauen** darauf, dass sich im Fremden irgendwann das Bekannte offenbaren wird. Berücksichtigt man die Biografie von Hilde Domin, die vor den Nationalsozialisten ins Ausland fliehen musste, darf man dieses Gedicht als **Verarbeitung der Exilerfahrung** der Autorin verstehen.

Fazit aus Analyse

Biografische Lesart

Die beiden so unterschiedlichen Gedichte lassen sich vor allem unter dem **Aspekt des Unterwegs-Seins** und der damit verbundenen **Bedeutung von Heimat** miteinander vergleichen. Die Motive für die Reise und die Art des Ankommens sind zwar recht unterschiedlich, der Wunsch und die **Sehnsucht nach dem Vertrauten**, nach einer **inneren Heimat** und damit **verbundener Geborgenheit** allerdings finden sich in beiden Gedichten.
In Lenaus Gedicht erlebt ein explizit in Erscheinung tretendes lyrisches Ich seine Rückkehr in die **ersehnte Heimat** zunächst mit Euphorie, doch die **unerwiderte Liebe desillusioniert** den Ankommenden so sehr, dass er erneut in die Fremde aufbrechen will, um sich einsam und allein umhertreiben zu lassen. So sehr es sich auch

Hauptteil (Teil 2) – Vergleich

Zentrale Deutungsaspekte bei Lenau

nach der Heimat sehnte und so sehr es sich an der **heimischen Natur** begeistert, so sehr möchte es sie nur noch hinter sich lassen und sehnt sich aufgrund seiner unerfüllten Liebe **in die Welt hinaus**. Auf diesen Umschwung von der Sehnsucht nach der Heimat hin zur Sehnsucht in die Ferne weist schon der Titel „Wandel der Sehnsucht" voraus.

In Domins Gedicht dagegen erlebt nicht ein einzelnes Wesen ganz subjektiv den Verlust von Heimat – vielmehr wird in Form einer **verallgemeinernden und reflektierenden** Betrachtung dargelegt, wie es gelingen kann, sich in der Fremde zu Hause zu fühlen. Dem **scheiternden Ankommen in der Heimat** bei Lenau steht insofern bei Domin das **gelingende Ankommen in der Fremde** gegenüber. Das Unterwegs-Sein ist bei ihr mit einem längeren Prozess verbunden, in dem der Mensch **im Fremden das Vertraute zu erkennen lernt**, um eine neue (innere) Heimat finden zu können. Voraussetzung dafür ist die Haltung desjenigen, der weggeht: Verwurzelung, innere Stärke und Geduld sind entscheidend für das gelingende Ankommen, sodass am Ende die Spannung von Vertrautem und Unvertrautem aufgelöst und der Gegensatz von Heimat und Fremde aufgehoben ist. Insofern verändert sich vielleicht die Landschaft (vgl. Titel „Ziehende Landschaft"), aber im Bewusstsein der eigenen Verwurzelung kann **der Mensch stabil bleiben** und sich so auch **woanders heimisch fühlen**.

Zentrale Deutungsaspekte bei Domin mit vergleichenden Bezügen zu Lenau

Dem lyrischen Ich in Lenaus Gedicht ist diese Erfahrung verwehrt. Das **Unterwegs-Sein** wird als **Fremdsein** empfunden. Der angestrebte Aufbruch ist dabei eine Art Flucht – eine **Flucht vor der Realität einer unerfüllten Liebe**. In Domins Text bleibt der Grund für den Aufbruch im Dunkeln – liest man ihn jedoch biografisch, dann darf man auch hier von einer Flucht ausgehen, allerdings einer **Flucht vor den politischen Umständen**.

Während also Domins Gedicht der **Nachkriegslyrik** zuzurechnen ist und den Schwerpunkt auf die **Exilerfahrungen** legt, vereint Lenau in seinem Gedicht **Natur- und Liebeslyrik**, sprachlich ganz im Stil der **Spätromantik**. Insofern weisen beiden Gedichte eine starke Bindung an den jeweiligen (literatur-)historischen Kontext auf.

Schluss
Literaturhistorische Einordnung

Grundkurs Deutsch (Nordrhein-Westfalen): Abiturprüfung 2020
Analyse eines literarischen Textes mit weiterführendem Schreibauftrag

Materialgrundlage
Arno Geiger: Es geht uns gut. Roman. 10. Auflage. München: dtv 2018, S. 7–10

Aufgaben Punkte
1. Analysieren Sie den Beginn des Familienromans „Es geht uns gut" von Arno Geiger. Berücksichtigen Sie dabei, wie das Haus und Philipps Umgang mit ihm dargestellt werden und welche ersten Rückschlüsse über Eigenschaften und Einstellungen dieser Romanfigur sich daraus ziehen lassen. 36
2. Vergleichen Sie die beiden Figuren „Stein" aus Judith Hermanns Erzählung „Sommerhaus, später" und „Philipp" aus Arno Geigers Roman „Es geht uns gut" im Hinblick auf ihren Umgang mit ihren Häusern und ihre darin sich zeigenden Einstellungen. Erläutern Sie, welche Bedeutung das Haus in Hermanns Erzählung hat und welche in Geigers Romananfang anklingt. 36

Zugelassene Hilfsmittel:
– Wörterbuch zur deutschen Rechtschreibung
– Unkommentierte Ausgabe von Judith Hermann „Sommerhaus, später" (liegt im Prüfungsraum zur Einsichtnahme vor)

Arno Geiger
Es geht uns gut (2005; Romananfang)

Montag, 16. April 2001

Er hat nie darüber nachgedacht, was es heißt, dass die Toten uns überdauern. Kurz legt er den Kopf in den Nacken. Während er die Augen noch geschlossen hat, sieht er sich wieder an der klemmenden Dachbodentür auf das dumpf durch das Holz dringende
5 Fiepen horchen. Schon bei seiner Ankunft am Samstag war ihm aufgefallen, dass am Fenster unter dem westseitigen Giebel der Glaseinsatz fehlt. Dort fliegen regelmäßig Tauben aus und ein. Nach einigem Zögern warf er sich mit der Schulter gegen die Dachbodentür, sie gab unter den Stößen jedes Mal ein paar Zentimeter nach. Gleichzeitig wurde das Flattern und Fiepen dahinter lauter. Nach einem kurzen und grellen
10 Aufkreischen der Angel, das im Dachboden ein wildes Gestöber auslöste, stand die Tür so weit offen, dass Philipp den Kopf ein Stück durch den Spalt stecken konnte. Obwohl das Licht nicht das allerbeste war, erfasste er mit dem ersten Blick die ganze Spannweite des Horrors. Dutzende Tauben, die sich hier eingenistet und alles knöchel- und knietief mit Dreck überzogen hatten, Schicht auf Schicht wie Zins und Zinseszins,
15 Kot, Knochen, Maden, Mäuse, Parasiten, Krankheitserreger (Tbc? Salmonellen?). Er zog den Kopf sofort wieder zurück, die Tür krachend hinterher, sich mehrmals vergewissernd, dass die Verriegelung fest eingeklinkt war.

Johanna kommt vom Fernsehzentrum, das schiffartig am nahen Küniglberg[1] liegt, oberhalb des Hietzinger Friedhofs[2] und der streng durchdachten Gartenanlage von Schloss Schönbrunn[3]. Sie lehnt das Waffenrad[4], das Philipp ihr vor Jahren überlassen hat, gegen den am Morgen gelieferten Abfallcontainer.

– Ich habe Frühstück mitgebracht, sagt sie: Aber zuerst bekomme ich eine Führung durchs Haus. Na los, beweg dich.

Er weiß, das ist nicht nur eine Ermahnung für den Moment, sondern auch eine Aufforderung in allgemeiner Sache.

Philipp sitzt auf der Vortreppe der Villa, die er von seiner im Winter verstorbenen Großmutter geerbt hat. Er mustert Johanna aus schmal gemachten Augen, ehe er in seine Schuhe schlüpft. Mit Daumen und Zeigefinger schnippt er beiläufig (demonstrativ?) seine halb heruntergerauchte Zigarette in den noch leeren Container und sagt:

– Bis morgen ist er voll.

Dann stemmt er sich hoch und tritt durch die offen stehende Tür in den Flur, vom Flur ins Stiegenhaus[5], das im Verhältnis zu dem, was als herkömmlich gelten kann, mit einer viel zu breiten Treppe ausgestattet ist. Johanna streicht mehrmals mit der flachen Hand über die alte, aus einer porösen Legierung gegossene Kanonenkugel, die sich auf dem Treppengeländer am unteren Ende des Handlaufs buckelt.

– Woher kommt die?, will Johanna wissen.

– Da bin ich überfragt, sagt Philipp.

– Das gibt's doch nicht, dass die Großeltern eine Kanonenkugel am Treppengeländer haben, und kein Schwein weiß woher.

– Wenn allgemein nicht viel geredet wird –.

Johanna mustert ihn:

– Du mit deinem verfluchten Desinteresse.

Philipp wendet sich ab und geht nach links zu einer der hohen Flügeltüren, die er öffnet. Er tritt ins Wohnzimmer. Johanna hinter ihm rümpft in der Stickluft des halbdunklen Raumes die Nase. Um dem Zimmer einen freundlicheren Anschein zu geben, stößt Philipp an zwei Fenstern die Läden auf. Ihm ist, als würden sich die Möbel in der abrupten Helligkeit ein wenig bauschen. Johanna geht auf die Pendeluhr zu, die über dem Schreibtisch hängt. Die Zeiger stehen auf zwanzig vor sieben. Sie lauscht vergeblich auf ein Ticken und fragt dann, ob die Uhr noch funktioniert.

– Die Antwort wird dich nicht überraschen. Keine Ahnung.

Er kann auch den Platz für den Schlüssel zum Aufziehen nicht nennen, obwohl anzunehmen ist, dass ihm der Aufbewahrungsort einfallen würde, wenn er lange genug darüber nachdächte. Er und seine Schwester Sissi, der aus dem Erbe zwei Lebensversicherungen und ein Anteil an einer niederösterreichischen Zuckerfabrik zugefallen sind, haben in den siebziger Jahren zwei Monate hier verbracht, im Sommer nach dem Tod der Mutter, als es sich nicht anders machen ließ. Damals war das Ministerium des Großvaters längst in anderen Händen und der Großvater tagelang mit Wichtigtuereien unterwegs, ein Graukopf, der jeden Samstagabend seine Uhren aufzog und dieses Ritual als Kunststück vorführte, dem die Enkel beiwohnen durften. Grad so, als sei es in der Macht des alten Mannes gestanden, der Zeit beim Rinnen behilflich zu sein oder sie daran zu hindern.

Quelle: Arno Geiger: Es geht uns gut. Roman. 10. Auflage. München: dtv 2018, S. 7–10

Anmerkungen:
1 *Küniglberg:* Anhöhe, auf welcher der Hauptsitz des ORF (Österreichischer Rundfunk) angesiedelt ist
2 *Hietzinger Friedhof:* eine im späten 18. Jahrhundert geweihte, heute zu Wien gehörende Friedhofsanlage, in der sich die Gräber vieler Prominenter befinden
3 *Schloss Schönbrunn:* bis 1918 Sommerresidenz und zeitweise auch Regierungssitz der österreichischen Kaiser
4 *Waffenrad:* 1896 eingetragener Markenname für ein einfaches und solides Fahrrad, das von der Österreichischen Waffenfabrikgesellschaft bis 1987 hergestellt wurde und heute Sammlerwert besitzt. Das Waffenrad wurde nicht für den militärischen Gebrauch produziert.
5 *Stiegenhaus:* österr. für Treppenhaus

Anmerkung zum Autor:
Arno Geiger, geboren 1968 in Bregenz, lebt in Wien. Der Familienroman „Es geht uns gut" wurde 2005 mit dem seinerzeit erstmalig vergebenen Preis des Deutschen Buchhandels ausgezeichnet.

Anmerkungen zum Textauszug:
Bei dem Text handelt es sich um den Anfang des 2005 erschienenen Familienromans „Es geht uns gut"; Philipp ist die Hauptfigur des Romans, Johanna seine Freundin.

Teilaufgabe 1

Hinweise und Tipps

- *Welche Aufgabenart liegt vor und wie sind die Teilaufgaben gewichtet?*
- *Ihnen liegt die **Analyse eines literarischen Textes mit weiterführendem Schreibauftrag** vor (Aufgabentyp I a). Während Sie in Teilaufgabe 1 einen unbekannten epischen Text **analysieren** sollen, verlangt Teilaufgabe 2 einen **aspektbezogenen Vergleich** mit der Lektüre „Sommerhaus, später" von Judith Hermann (Prüfungslektüre bis zum Abitur 2021). Beide Aufgaben sind mit jeweils 36 Punkten bewertet, also gleichgewichtig.*

- *Was verlangt die Aufgabenstellung von mir?*
- *Der Operator „analysieren" erfordert eine **umfassende interpretatorische Erschließung** des vorliegenden Romanauszugs. Sie sollen folglich nicht nur den Inhalt wiedergeben, sondern auch die erzähltechnische und sprachliche Gestaltung beleuchten und in ihrer Funktion deuten. Wichtig ist es hier, aus dem Zusammenspiel dieser drei Untersuchungsbereiche eine eigenständige Deutung zu entwickeln. Ein nachgeschalteter Arbeitsauftrag weist Sie darauf hin, dass Sie den Fokus auf die **Darstellung des Hauses und den Umgang des Protagonisten damit** legen müssen. Dabei sollen Sie die Ebene der reinen Wiedergabe verlassen und aus Wort und Tat der Hauptfigur **Rückschlüsse auf Charakter und Einstellungen** ziehen.*

- *Wie gehe ich bei der Bearbeitung der Aufgabe sinnvollerweise vor?*
- *Arno Geigers Roman dürfte Ihnen unbekannt sein. Nähern Sie sich dem Text unvoreingenommen und lesen Sie ihn mehrfach genau. Es bietet sich an, inhaltliche oder erzähltechnische Zäsuren zu suchen und den Auszug in **mehrere Sinnabschnitte** zu untergliedern, um ihn so strukturiert deuten zu können. Zeichnen Sie die Grenzen der von*

Ihnen ermittelten Abschnitte ein und notieren Sie am Rand, was das jeweilige Kernthema ist. Eine Schwierigkeit des Textes liegt in dem **Wechsel zwischen äußerer und innerer Handlung**. Es ist hilfreich, zu vermerken, welche Passagen aus der Sicht des Protagonisten geschildert werden, wo also personal erzählt wird. Mit einem farbigen Stift können Sie wichtige **rhetorische Mittel** markieren; notieren Sie deren fachsprachliche Namen und am besten auch schon Überlegungen zu deren Wirkung im Text. Es kommt nicht darauf an, möglichst viele sprachliche Mittel aufzulisten, sondern vielmehr exemplarisch die Bedeutung einzelner Gestaltungselemente für die Interpretation herauszustellen. Mit einem andersfarbigen Stift können Sie kennzeichnen, wie Philipp sich verhält bzw. wie ihn seine Freundin Johanna charakterisiert. Notieren Sie daneben den entsprechenden **Charakterzug**, der sich daraus **ableiten** lässt.

Wie kann ich meinen Aufsatz strukturieren?
Wie immer müssen Sie **einleitend** die **Kernangaben** zu dem Text zusammenfassen, also Autor, Titel, Gattung, Erscheinungsjahr und Thema nennen. Um einen Gesamtüberblick über den Auszug zu geben, empfiehlt es sich dann, mit wenigen Sätzen den **Aufbau zu skizzieren**. Es ist Ihnen freigestellt, ob Sie **Inhalt, Erzähltechnik und Sprache gesondert in einzelnen Blöcken** behandeln oder alle drei Bereiche in einem **integrativen Vorgehen zusammen** in den Blick nehmen wollen. Eine blockweise Untersuchung ermöglicht ein strukturiertes Abarbeiten, birgt aber die Gefahr, dass Sie sich oft wiederholen und einzelne Handlungselemente erst in inhaltlicher, dann in erzähltechnischer und schließlich in sprachlicher Hinsicht aufgreifen müssen. Ratsam ist es, die **Charakterisierung Philipps** in einem eigenen Abschnitt abzuhandeln. Achten Sie hier darauf, nicht nur Behauptungen aufzustellen, sondern die von Ihnen erschlossenen Eigenschaften mithilfe direkter und indirekter **Zitate** zu belegen.

Was gibt es bei dieser Aufgabe sonst noch zu beachten?
Bei dem Auszug handelt sich um einen Romananfang, der die Leserinnen und Leser erst gewinnen und zum Weiterlesen motivieren muss. Falls Ihnen besondere erzähltechnische Strategien auffallen, die dieses Ziel verfolgen, können Sie diese beschreiben.

Lösungsvorschlag

„Eigentum verpflichtet" lautet ein Rechtsgrundsatz, der darauf hinweist, dass materieller Besitz auch ein Mehr an Verantwortung mit sich bringt. Diesen Pflichten muss sich auch der Protagonist Philipp aus Arno Geigers 2005 erschienenem Roman „Es geht uns gut" stellen, als er von seiner Großmutter eine Villa in Wien erbt. Der Romananfang gibt die ersten Eindrücke von dem Haus bzw. seine Erinnerungen an dieses wieder. Sie lassen auf eine **belastete Familiengeschichte** schließen.

Einleitung
Basisinformationen zum Romanauszug

Geigers Roman beginnt mit einem **konkreten Datum** (vgl. Z. 1), so als läge ein Tagebuch vor. Allerdings erzählt hier kein Ich-Erzähler von seinen Gedanken und Erlebnissen; stattdessen wird der Tag, ein

Hauptteil – Analyse des Romanauszugs

Montag, **weitgehend personal** aus Philipps Perspektive geschildert. Die Datumsangabe lässt vermuten, dass der Roman wie eine **Chronik** angelegt ist.
Der Auszug kann in **drei Erzählabschnitte** eingeteilt werden. Während im ersten Abschnitt Philipp daran **zurückdenkt**, wie er sich kurz zuvor **Zugang zum versperrten Dachboden** des geerbten Hauses verschafft hat (Z. 1–17), schildert der zweite Abschnitt das Geschehen in der Erzählgegenwart: die **Ankunft von Philipps Freundin Johanna** und der Beginn der **Besichtigung der Villa** (Z. 18–50). Im letzten Abschnitt weckt eine Pendeluhr im Haus bei Philipp **Erinnerungen** an die verstorbenen Großeltern (Z. 51–61).

Aufbau und Struktur

Philipp sitzt auf der „Vortreppe der Villa" (Z. 26) und rekapituliert gedanklich in einer Rückblende seinen **Versuch, den Dachboden zu betreten**, weil er ein „Fiepen" (Z. 5) gehört hat. Als er die klemmende Tür gewaltsam aufgedrückt hat, sieht er seine Befürchtungen bestätigt: Aufgrund einer fehlenden Fensterscheibe haben Tauben ungehinderten Zugang zum Dachboden und diesen verunreinigt. Eindringlich – mit Alliterationen („Flattern und Fiepen", Z. 9; „knöchel- und knietief", Z. 13 f.) sowie einer asyndetischen Reihung („Kot, Knochen, Maden, Mäuse, Parasiten, Krankheitserreger", Z. 15) – wird „die ganze Spannweite des Horrors" (Z. 12 f.) veranschaulicht. Die Inbesitznahme des Dachbodens durch Vögel, Nagetiere und Insekten erscheint durch diese Hyperbel wie ein **Szenario aus einem Horrorfilm**. Dabei deutet der Vergleich der übereinandergelagerten Dreckschichten mit „Zins und Zinseszins" (Z. 14) darauf hin, dass sich die Tiere schon länger ausbreiten konnten. Philipp reagiert angewidert und auch ängstlich. Die in Klammer gesetzten elliptischen Fragen „Tbc? Salmonellen?" (Z. 15) wirken wie Gedankenfetzen, die seine Sorge vor ansteckenden Krankheiten widerspiegeln. Er tritt fluchtartig den Rückzug an.

Abschnittsweise Deutung des Textes
1. Abschnitt: Philipps Erlebnis auf dem Dachboden
Darstellung des Hauses

Umgang Philipps damit

Der Wechsel der Erzählzeit ins **Präsens** markiert das Ende des Rückblicks. Mit der Nennung zahlreicher geografischer Details (vgl. Z. 18 ff.) wird die Handlung in **Wien** lokalisiert. Philipps Freundin Johanna kommt mit dem Fahrrad und bringt Frühstück mit. Da sie die Immobilie offensichtlich noch nicht kennt, **fordert sie ihn auf, ihr das Haus zu zeigen**. Erst an dieser Stelle schaltet sich ein **kommentierender Erzähler** ein und erläutert, dass Philipps Großmutter im Winter verstorben ist und er deren Haus geerbt hat (vgl. Z. 26 f.). Ein bereitstehender, noch leerer Abfallcontainer lässt vermuten, dass sich die beiden verabredet haben, um die Villa zu entrümpeln. Die genannten architektonischen Details verraten, dass es sich dabei um ein **herrschaftliches Anwesen** handelt: Die Treppe ist – gemessen am Standard – „viel zu brei[t]" (Z. 33), in ihr Geländer ist sogar eine Kanonenkugel eingelassen und es gibt „hoh[e] Flügeltüren" (Z. 43). Johanna ist neugierig, will das Haus erkunden und fragt **Philipp** zu

2. Abschnitt: Philipps und Johannas Besichtigung der Villa

Darstellung des Hauses

Details, doch der gibt sich **gleichgültig** und lässig: Er schnippt „beiläufig" seine Zigarette weg, wobei die folgende eingeklammerte Frage „demonstrativ?" (Z. 28 f.) sein Handeln kritisch bewertet – sie deutet an, dass Philipp seine Lockerheit nur spielt. Die Unterredung des Paares ist ein kurzer **Schlagabtausch**, umgangssprachlich und in kurzen Sätzen der **gesprochenen Sprache** nachempfunden. Da Philipp seiner Freundin nichts Näheres über die ungewöhnliche Kanonenkugel erzählen kann, reagiert sie ungläubig und ungehalten zugleich (vgl. Z. 38 f.). Phillips elliptische Antwort „Wenn allgemein nicht viel geredet wird –" (Z. 40) bietet eigentlich keine Begründung für sein Unwissen, sondern vielmehr einen Einblick in eine **problematische, da nicht funktionierende Familienkommunikation**. Doch Johanna lässt diese Antwort nicht gelten, sondern weist Philipp aufgrund seines „verfluchten Desinteresse[s]" (Z. 42) eine **Mitschuld** zu.

Einstellung Philipps

Das **Innere des Hauses** wirkt verlassen, gleichsam **museal**. Die „Stickluft des halbdunklen Raumes" (Z. 44 f.) sowie die nicht mehr laufende Pendeluhr zeigen, dass in der Villa mit dem Tod der Besitzer die Zeit stehen geblieben ist. Philipp und Johanna stoßen in ein **Reich der Vergangenheit** vor.

Darstellung des Hauses

Im dritten Sinnabschnitt wird die **alte Uhr** für Philipp zum Impuls für Erinnerungen, die wiederum im Präteritum (bzw. Perfekt) stehen: In den **1970er-Jahren** lebten er und seine Schwester Sissi für zwei Sommermonate bei den Großeltern, nachdem die beiden Kinder ihre Mutter verloren hatten. Die Erinnerungen sind aus der Perspektive Philipps wiedergegeben und lassen erkennen, dass er nicht gerne an den **damaligen Aufenthalt in der Villa** zurückdenkt. Unter anderem die Einschätzung, dass sie nur dort waren, weil „es sich nicht anders machen ließ" (Z. 56), deutet auf **Spannungen** in den Familienverhältnissen und auf wenig Zuneigung zwischen den Generationen hin. Früher war der **Großvater** ein bedeutender Mann und amtierte als **Minister**, doch war er während des Aufenthalts von Philipp und Sissi offensichtlich bereits im Ruhestand. Philipps spöttische Umschreibungen (Z. 57 f.: „tagelang mit Wichtigtuereien unterwegs", „Graukopf") unterwandern die Würde des alten Mannes, der seinen politischen Bedeutungsverlust offenbar kompensieren wollte: Das **Aufziehen der Uhr** zelebrierte er vor den Kindern als „Ritual" und „Kunststück" (Z. 59), um seine Fähigkeiten zur Schau zu stellen. Philipps ironischer Vergleich zeigt seine **verächtliche Haltung**: „Grad so, als sei es in der Macht des alten Mannes gestanden, der Zeit beim Rinnen behilflich zu sein oder sie daran zu hindern." (Z. 59 ff.)

3. Abschnitt: Kindheitserinnerung Philipps

Beziehung Philipps zu den Großeltern

Der erste Abschnitt sowie der letzte Abschnitt sind vorwiegend aus **Philipps Sicht** wiedergegeben. Im **Mittelteil** ist die Darstellung eher **szenisch**: Das Verhalten der Figuren wird meist neutral geschildert und ihr **Dialog** kommentarlos präsentiert. Allerdings finden sich auch in diesem Abschnitt Stellen, die Philipps Wahrnehmung verraten,

Erzähltechnische Gestaltung

etwa als er sich einbildet, die Möbel würden sich im Tageslicht „ein wenig bauschen" (Z. 47). Es scheint für ihn so, als würden die Möbel der toten Großeltern ein Eigenleben entwickeln. Seine **Fantasie** zeigt sich auch bereits in der Szene auf dem Dachboden, als er dessen verwahrlosten Zustand mit drastischen Worten erfasst und Assoziationen zu möglichen Krankheiten anfügt.

<small>Rückschlüsse auf Philipps Charakter</small>

Philipp ist im Jahr 2001 ein Mann in den Dreißigern, der in Wien lebt. Er hat offensichtlich **nicht viel für seine Großeltern übrig** und weiß wenig über deren prachtvolles Anwesen. Sein **mangelndes Interesse** liegt aber nicht nur an der unterkühlten Familienbeziehung, sondern scheint auch ein genereller Charakterzug zu sein, wie der Vorwurf Johannas zeigt (vgl. Z. 42). Ihren Imperativ „Na los, beweg dich" (Z. 23) fasst er dann als doppeldeutig auf: als Aufforderung, sie durchs Haus zu führen, und als Appell, im Leben aktiver zu sein (vgl. Z. 24 f.). Dass er Johannas Anspielung sofort versteht, weist ihn als **sensibel** aus. Wenn ihr versteckter Vorwurf zutrifft, ist er ein eher **undynamischer und phlegmatischer junger Mann**. Bezeichnenderweise „stemmt er sich hoch" (Z. 31), zeigt also nicht viel Energie, als es darum geht, das Haus zu betreten. Philipps Kommentar, bis morgen sei der Container voll (vgl. Z. 30), deutet zwar darauf hin, dass er diese Entrümpelung schnell hinter sich bringen will, wirkt aber etwas **großspurig**. Denn obwohl er schon mindestens einen ganzen Tag Zeit gehabt hat, scheint Philipp bis auf die Erkundung des Dachbodens und die Bestellung des Containers noch nicht richtig aktiv geworden zu sein.

Wie oben gezeigt, könnte seine Coolness auch nur vorgetäuscht sein. Immerhin weist ihn der erste Satz als **nachdenklichen** Menschen aus. Gerade dem **ersten Satz** eines Romans kommt meist entscheidende Bedeutung zu, soll er doch Neugier wecken. Bei Arno Geiger erfüllt er diese Funktion: „Er hat nie darüber nachgedacht, was es heißt, dass die Toten uns überdauern." (Z. 1) Zum einen ist dieser **Beginn unvermittelt**, da noch offen bleibt, wer da nachdenkt. Zum anderen wird nicht erklärt, wie die Feststellung, dass die Verstorbenen die Lebenden „überdauern", zu verstehen ist. Klar wird, dass es um Hinterlassenschaft und **Vermächtnis von Toten** geht, vielleicht auch um Prägungen, die das Leben der Hinterbliebenen beeinflussen. In diesem Sinne sind die Toten noch immer gegenwärtig.

<small>Deutung des ersten Satzes</small>

Die **geerbte Villa** ist für Philipp mit **Erinnerungen** beladen, die sich auf die Großeltern beziehen, allerdings eher negativ ausfallen und von Distanz zeugen. In diesem Sinne ließe sich auch der **verschlossene Dachboden** deuten als **Symbol für die unangenehme familiäre Vergangenheit**, mit der sich Philipp nicht auseinandersetzen will. So wie er die Dachbodentür wieder zudrückt, will er sich offenbar auch nicht mit seinen Erinnerungen beschäftigen.

<small>Reflektierte Schlussfolgerung

Symbolische Deutung der Dachbodenszene: Rückschluss auf Philipps Einstellung</small>

Teilaufgabe 2

Hinweise und Tipps

Was verlangt die Aufgabenstellung von mir?
Der geforderte **Textvergleich** ist aspektgeleitet, d. h. Sie sollen die beiden männlichen Protagonisten in Bezug auf ihren jeweiligen **Umgang mit ihren Häusern** und auf ihre **Einstellungen** einander gegenüberstellen. Im Anschluss müssen Sie die **Rolle des Hauses** in den beiden Texten herausarbeiten.

Wie gehe ich bei der Bearbeitung der Aufgabe sinnvollerweise vor?
Nutzen Sie am besten ein **Konzeptblatt**, auf dem Sie eine **zweispaltige Tabelle** anlegen: Links notieren Sie stichpunktartig die Eigenschaften und Einstellungen Philipps, die Sie in der ersten Teilaufgabe herausdestilliert haben. Bringen Sie auch die Bedeutung des Hauses für ihn auf den Punkt. Rechts tragen Sie die gleichen Informationen zu Judith Hermanns Figur Stein zusammen. Rekapitulieren Sie dazu gedanklich den Inhalt der Erzählung. Überlegen Sie, wo sich die **Positionen von Stein und Philipp gleichen oder unterscheiden**. Finden Sie **Unteraspekte**, indem Sie sich zum Beispiel folgende Fragen stellen: Wie ist die jeweilige Figur zu ihrem Haus gekommen? Wie wird das Haus jeweils beschrieben? Schätzt die Figur ihre Immobilie? Welche Emotionen spiegeln sich im Umgang mit dem Haus? Ist dieser Umgang eher aktiv oder passiv?

Wie kann ich meinen Aufsatz strukturieren?
In der **Überleitung** sollten Sie kurz Judith Hermanns Erzählung vorstellen und deren zentrales Thema nennen. Nehmen Sie hier allerdings nicht zu viel Informationen vorweg, die Sie später beim Vergleich benötigen. Gliedern Sie die **Gegenüberstellung** dann nach **Unteraspekten**, wobei Sie jeweils kurz darstellen, was bei Stein, was bei Philipp zutrifft. Auf keinen Fall sollten Sie in weitschweifige Inhaltsnacherzählungen verfallen. Konzentrieren Sie sich auf die wesentlichen Aspekte. Wie es die Aufgabenstellung nahelegt, sollten Sie am Schluss zu einer **allgemeineren Deutung** gelangen und den Stellenwert des Haus-Themas in beiden Texten auf den Punkt bringen.

Was gibt es bei dieser Aufgabe sonst noch zu beachten?
Da Ihnen nur ein Auszug aus Arno Geigers Roman vorliegt, haben Sie naturgemäß nur einen kleinen Einblick in Philipps Umgang mit der Villa. Bei Stein erhalten Sie dagegen ein umfassenderes Bild, vom Kauf bis zur Zerstörung des Hauses. Versuchen Sie trotz dieses Ungleichgewichts zu aussagekräftigen Ergebnissen zu gelangen.

Lösungsvorschlag

Ein junger Mann präsentiert seiner Freundin ein Haus, dessen Eigentümer er soeben geworden ist. Dieses Szenario findet sich nicht nur in Arno Geigers Romananfang, sondern auch in Judith Hermanns 1998 erschienener Erzählung „Sommerhaus, später". Doch wird dieses Handlungselement ganz unterschiedlich ausgestaltet, wie die folgende Gegenüberstellung zeigen wird. In beiden Texten verrät der	Aufgabenbezogene Überleitung Übereinstimmung des zentralen Handlungselements

Umgang der männlichen Protagonisten mit ihrem Haus auch einiges über ihre jeweiligen Einstellungen.

Wie der Titel bereits vorwegnimmt, spielt in Hermanns Erzählung das **Haus** eine zentrale Rolle: Es wird **für den Taxifahrer Stein zum Lebensthema**. Er ist durch Zufall zu einer Clique junger Berliner Intellektueller gestoßen, die zum einen durch ihre künstlerischen und philosophischen Interessen, zum anderen durch ein freizügiges Sexualleben und gemeinsamen Drogenkonsum verbunden sind. Stein hat **keine feste Bleibe** und lebt quasi aus seinen Plastiktüten. Vor zwei Jahren hat er mit der Ich-Erzählerin eine dreiwöchige Beziehung erlebt und ihr immer wieder von seinem **Traum, ein Haus auf dem Land zu kaufen**, erzählt.

Hauptteil
Vergleich von Philipp und Stein
Kontext in J. Hermanns Erzählung

Sein Idealhaus glaubt er in dem Dorf **Canitz** gefunden zu haben – es liegt auf einem großen Grundbesitz direkt am See – und er erwirbt es für 80 000 Mark. Dieser finanzielle Kraftakt zeigt, dass er zu **großen Opfern** bereit ist, um sein Ideal zu verwirklichen. Dabei stört ihn auch nicht, dass sich der Gutshof in einem **maroden Zustand** befindet und – mit kaputten Scheiben, fehlenden Türen, Schmiereien und schiefer, zugewachsener Veranda – einer **Ruine** ähnelt. Geigers Protagonist **Philipp fällt** dagegen eine **Villa in den Schoß**. Er erbt sie von seiner Großmutter. Zwar trägt auch das herrschaftliche Anwesen Zeichen von **Vernachlässigung** – durch das Dachbodenfenster fliegen Tauben aus und ein –, doch stellt es schon aufgrund seiner Lage in Wien einen ganz anderen materiellen Wert dar.

Art des Erwerbs und Zustand des Hauses

Beide Figuren führen ihre jeweilige Freundin durch das Haus. Auf welche Weise sie dies tun, zeigt, wie **konträr** die **emotionale Bindung der beiden Männer zu ihrem Haus** ist. **Stein** ist **stolz** und geradezu **elektrisiert**, als er die Ich-Erzählerin zur Besichtigung abholt. Endlich hat er sein lange angekündigtes Vorhaben realisieren können. Aufgeregt betastet er Wände und Boden, während der Funke der Begeisterung nicht auf die Ich-Erzählerin überspringen will. Bei Arno Geigers Romananfang zeigt dagegen Johanna, die Freundin, Interesse an dem Haus und stellt Fragen zu architektonischen Besonderheiten. **Philipp** gibt sich dagegen **lässig und desinteressiert**. Ein Einblick in seine Gedanken offenbart, dass er **negative Kindheitserinnerungen** mit der großelterlichen Villa verbindet.

Emotionale Beziehung zum Haus

Sie ist **Teil von Philipps Familiengeschichte**, ihm aus Kindertagen vertraut und offenbar nicht besonders lieb. Für **Stein** ist der **Gutshof** in Canitz dagegen **neu**, die **Erfüllung seiner Sehnsucht**. Wie ein gestrandetes Schiff erscheint es der Erzählerin; es wartet darauf, wieder flott gemacht zu werden. Mit dem Haus verbindet Stein konkrete **Zukunftspläne**; er will es zur Anlaufstelle für die Clique herrichten, in der jeder seinen Bereich hat. Im Garten würde er sogar Hanf oder Pilze anbauen, um ihre Suchtgewohnheiten zu befriedigen. Er, der bindungslose Außenseiter, der im Kreis der jungen Leute immer nur

Zusammenhang Haus – Familie; Rolle für Lebensplanung

mitläuft, ohne eigene Impulse zu geben, will die **Initiative** ergreifen und sich über das Haus eine **Art Ersatzfamilie schaffen**. Dass es einsturzgefährdet ist, kann man als Vorwegnahme der Vergeblichkeit seiner Bemühungen lesen. In beiden Texten steht das **Haus** somit auch **für eine Art familiären Zusammenhang**. Während es für **Philipp** aber eher mit unguten Gefühlen belastet ist und auf die **Vergangenheit** verweist, knüpft **Stein** positive Erwartungen für die **Zukunft** daran.

Der **Taxifahrer** wird dank seiner Pläne zur Sesshaftwerdung **aktiv**, sein Ziel setzt Energien in ihm frei und er ist fest entschlossen, das desolate Haus zu renovieren. Die Erzählerin entdeckt in seinem Kofferraum Farbe, Tapeten und andere Materialien. Auch Philipp stellt sich der Herausforderung, sich **um das Haus zu kümmern**. So hat er erste Schritte zur Renovierung unternommen und einen Container bestellt, den er mit Johanna füllen will – doch zeigt er im Gegensatz zu Stein **wenig Dynamik** und Engagement. Für Stein ist die Instandsetzung ein **Herzensprojekt**, für Philipp dagegen nicht.

Verhalten der Protagonisten

Gegenüber der Ich-Erzählerin agiert Stein jedoch weniger energisch: Immer wieder schickt er ihr Postkarten von Canitz – in der Hoffnung, sie würde zu ihm kommen und dort mit ihm in dem Gutshof leben. Stein will häuslich werden. Doch die Erzählerin schiebt die Entscheidung hinaus. Der **Kauf des Hauses** scheint auch eine **Liebeserklärung Steins** zu sein, vor der sie zurückscheut. Er artikuliert seine Gefühle nicht direkt, sondern subtiler. Da die Erzählerin nicht auf sein Werben reagiert, **zündet** er schließlich das **Haus an** und **zerstört somit das Symbol für seinen Traum vom Glück**. Ob die Villa eine Auswirkung auf die Beziehung von Philipp und Johanna haben wird, lässt sich anhand des vorliegenden Romanauszugs nicht beurteilen. Doch hat auch sein Haus – wie bei Stein – etwas mit **unausgesprochenen Gefühlen** zu tun. Philipp gibt es einen **Impuls, sich mit seinen Erinnerungen** und der Familiengeschichte **auseinanderzusetzen**. Bezeichnenderweise steht die Inbesitznahme der Villa am Anfang des Romans und lässt weitere Enthüllungen und Rückblenden erwarten. Judith Hermanns Erzählung endet mit der Vernichtung des Gutshofes und dem Verschwinden Steins.

Das Haus als Symbol für unausgesprochene Gefühle

Während in „Es geht uns gut" die **Villa** auch eine **Last** zu sein scheint, ein Totenreich voller verdrängter Erinnerungen, bildet sie für Stein die **Verheißung eines glücklichen Lebens in einer Partnerschaft** – eine Verheißung, die sich nicht erfüllt.

*Fazit
Gegensätzlicher Zeitbezug des Hauses für die Protagonisten*

Grundkurs Deutsch (Nordrhein-Westfalen): Abiturprüfung 2021
Analyse eines Sachtextes mit weiterführendem Schreibauftrag

Materialgrundlage
Marius Buhl: Zwischen Schwund und Renaissance. Warum Dialekte nicht aussterben. In: Der Tagesspiegel, 18. August 2019 (gekürzt).

Aufgaben Punkte
1. Analysieren Sie den Artikel „Zwischen Schwund und Renaissance. Warum Dialekte nicht aussterben" von Marius Buhl, indem Sie die zentralen Aussagen und die Art ihrer Entfaltung darstellen sowie die sprachliche Gestaltung untersuchen. 36
2. Erläutern Sie in Abgrenzung von den Begriffen Dialekt und Regiolekt den Begriff der Standardsprache. Stellen Sie beispielhaft weitere Veränderungen in der Standardsprache dar und erläutern Sie deren mögliche Funktionen auch vor dem Hintergrund ihres Verwendungszusammenhangs. Nehmen Sie abwägend zu der Frage Stellung, ob das Niveau der Standardsprache abnimmt. 36

Zugelassene Hilfsmittel:
– Wörterbuch zur deutschen Rechtschreibung

Marius Buhl
Zwischen Schwund und Renaissance. Warum Dialekte nicht aussterben (Auszug)

[...] Dass es die deutschen Dialekte schwer haben, das ist, wie man heute sagen würde, common knowledge, weeß jeda. Die Entwicklung ist nicht neu, schon 1988 sagte Gerhard Polt[1] dem Magazin „Tempo": „Ein Münchner Kind ist heute praktisch vom Dialekt entsorgt." Und wenn man in den Archiven kramt, findet man schon in den
5 30er-Jahren Bedenkenträger. Die Dialekte leiden also schon lange. Wann sie tot sind?
Vielleicht gar nicht so bald, zumindest wenn man den anderen glaubt. Jenen, die eine Renaissance des Dialekts versprechen und Anzeichen dafür überall entdecken. Nachrichtensprecher lassen plötzlich Sprachfärbungen zu, im „Tatort" sächseln und schwäbeln immerhin die Sekretärinnen, und sowohl Heimatkrimis als auch Landlust-
10 magazine sind schon lang der Renner.
Wer jetzt recht hat?
Ein Anruf beim Sprachwissenschaftler Sebastian Kürschner[2]. Der erforscht die deutschen Dialekte an der Katholischen Universität Eichstätt-Ingolstadt. [...]
„Dass die Zahl der Dialektsprecher schrumpft, ist schwer von der Hand zu weisen",
15 sagt er. Zwar beherrschten 60 Prozent der Deutschen bis heute einen Dialekt. „Seit der Nachkriegszeit ist die Nutzung aber stark zurückgegangen." Während in Ostdeutsch-

land 1991 noch 41 Prozent der Menschen „fast immer" Dialekt sprachen, sank der Anteil der aktiven Sprecher bis 2008 auf 33 Prozent – und dürfte bis heute weiter gesunken sein.

Im Westen verkleinerte sich die Zahl im selben Zeitraum von 28 auf 24 Prozent. Für Rheinland-Pfalz fand eine Studie heraus, dass neun Prozent des dialektalen Wortschatzes pro Generation verloren gingen.

Ein Schwarzer, der Platt spricht, wird zum Star

Mütter, Medien, Mobilität seien schuld, sagen Sprachforscher. Erstere[3], weil sie ihren Kindern Mundart vorenthielten (Väter übrigens auch). Zweitere, weil sie die Standardsprache noch ins letzte Loch verbreiteten. Und Letztere, weil sie zu Austausch führt und [...] stets der Feind des Status Quo ist. [...]

Vielleicht gibt eine Anekdote aus Ostfriesland Aufschluss. Dort lebt Keno Veith, ein Lohner, so nennen sie dort die Arbeiter in der Landwirtschaft. Neulich blieb Veith stecken, bei der Maisernte grub sich sein Trecker in den Klei. Er sprang von seiner Maschine und begutachtete den Schlamassel (süddeutsch übrigens: das Schlamassel).

Und weil ihm beim Begutachten, wie er später sagen würde, langweilig wurde, kramte er sein Handy aus der Tasche und nahm eine Videobotschaft auf. „Mooooin", sagte Veith in die Kamera. „Nu mööt wi luern luern luern, bit en kummt un uns ruttrecken deit." Er müsse also warten, warten, warten, bis einer komme und ihn rausziehe. Dann lud Veith das Video bei YouTube hoch.

Innerhalb weniger Tage wurde er zum Star. Zehntausende klickten seinen Clip, Jan Böhmermann empfahl ihn, Zeitungen schickten Reporter, „Bauer sucht Frau" wollte ihn fürs Fernsehen verpflichten. Keno Veith sagte ab, was seiner Beliebtheit nicht schadete: 200 000 Klicks hat das Filmchen bis heute gesammelt, und er hat dutzende weitere gedreht. Immer op Platt.

Veith glaubt, der Erfolg des Videos liege an seinem Äußeren. Seine Haut ist schwarz, sein Vater stammt aus Kamerun. „Ich bin waschechter Ostfriese, nur in anderer Verpackung", sagt er.

Vielleicht hat er recht. Ein Schwarzer, der Platt spricht, ist ungewöhnlich. Vielleicht kann man aus dem Erfolg von Veiths Video aber noch etwas Zweites ableiten: Es gibt da draußen im Land einen großen Hunger auf Dialekt. Weil er echt ist. Weil ihm der Zauber eines besseren Frühers innewohnt. Und weil er klare Zuordnung ermöglicht, in einer Welt, die immer unordentlicher zu werden scheint. Buy local, speak local. [...]

Könnte der Dialekt also zurückkehren, weil er unsere kalte Welt ein bisschen wärmer macht? So einfach ist es auch wieder nicht. Davon kann Patricia Kühfuss erzählen. Sie ist Fotografin, 30 Jahre alt – und Schwäbin. Kühfuss ist ein besonderer Fall: Sie studierte in Hamburg, und weil sie es nicht anders konnte, sprach sie in Seminaren und Vorlesungen Schwäbisch. Kein besonders breites Schwäbisch, aber doch so, dass jeder erkannte, wo sie herkommt.

„Meine Kommilitonen", sagt Kühfuss, „haben mich ausgelacht." Sie begann zu zweifeln. Dass es Studien gibt, die belegen, dass Dialektsprecher weniger intellektuell scheinen, davon hatte sie gehört. [...]

Kühfuss' Geschichte ist beides – Regel und Ausnahme. Das zeigt die größte Studie zum Thema Dialekt, erhoben 2008 vom Institut für deutsche Sprache. Zuerst zur Regel: Die meisten Dialektsprecher kommen aus dem deutschen Süden, hier geben 59 Prozent der Befragten an, ihren Dialekt „immer" oder „oft" anzuwenden. Im Norden – wo es ohnehin weniger Dialektsprecher gibt – sind es nur 15 Prozent. Besonders Brandenburg und Sachsen-Anhalt sind laut Studie Notstandsgebiete.

Auch dass Kühfuss für ihren Dialekt ausgelacht wurde, passt zur Erhebung. Schwäbisch, Bairisch und Sächsisch polarisieren. Je weiter weg man sich von der Heimat befindet, desto unsympathischer bewerten andere den Dialekt. Krassestes Beispiel: Ostdeutsche finden Sächsisch viel sympathischer als Westdeutsche, die Witze über die zu Goethes Zeiten edelste deutsche Mundart machen. [...]

Die Ausnahme ist Patricia Kühfuss, weil sie irgendwann beschloss, sich vom Lachen der Kommilitonen nicht mehr einschüchtern zu lassen. Sie war für ein Semester nach Norwegen gezogen, wo es vollkommen normal ist, dass Menschen auch an der Universität Mundart sprechen. „Ich habe da begriffen, dass man kein minderwertiger Mensch ist, wenn man im Hörsaal Dialekt spricht", sagt Kühfuss.

Unreiner Dialekt und unreine Standardsprache

Der klassische Fall wäre wohl ein anderer. Nehmen wir eine Frau aus Hessen. In ihrer Kindheit hört sie Sätze wie „Hald de Sabbel", wenn sie zu laut schreit, spricht selbst aber in Wortwahl und Grammatik nicht mehr so ausgeprägt wie ihre Großeltern. In der Schule wechselt sie zu einem gefärbten Standarddeutsch, das wirkt professioneller, zum Studium in München oder Berlin legt sie den Dialekt ganz ab.

Fährt sie heute zu ihren Eltern, freut sie sich in der Regionalbahn schon über die Schaffneransagen. Sie weiß: Jetzt ist es Zeit, die Mundart wieder auszupacken.

„Die Dialekte sterben nicht, eher ändert sich das Konzept", sagt auch Sprachforscher Kürschner. „Wir wenden sie an, wenn es situativ passt." Zwei Pfeile im Köcher. Zwischen Schwund und Renaissance sieht er keinen Widerspruch.

Zwar verschwinde – im Norden schneller als im Süden – der tiefe Dialekt, der sich von Dorf zu Dorf unterscheide. An seine Stelle trete dafür eine Art Regiolekt. „Man wird in Deutschland noch lange hören können, woher jemand kommt", sagt Kürschner. Gleichzeitig verliere auch die Standardsprache an Perfektion, lasse regionale Schnörkel zu. Unreiner Dialekt und unreine Standardsprache – Heimattype und das Bedürfnis, verstanden zu werden, existieren parallel. [...]

Quelle: Marius Buhl: Zwischen Schwund und Renaissance. Warum Dialekte nicht aussterben. In: Der Tagesspiegel, 18. August 2019, https://www.tagesspiegel.de/gesellschaft/zwischen-schwund-und-renaissance-koennte-der-dialekt-zurueckkehren/24862888-2.html (Zugriff: 30.12.2019).

Anmerkungen:
1 *Gerhard Polt*: geb. 1942 in München; deutscher Kabarettist, Autor, Fernseh- und Filmschauspieler
2 *Sebastian Kürschner*: geb. 1976, seit 2016 Professor für Deutsche Sprachwissenschaft an der Universität Eichstätt; einer seiner Forschungsschwerpunkte ist der Sprach- und Dialektkontakt
3 „Erstere" bezieht sich auf Mütter, „Zweitere" auf Medien und „Letztere" auf Mobilität.

Anmerkung zum Autor:
Marius Buhl (geb. 1992) ist Journalist beim Tagesspiegel.

Teilaufgabe 1

Hinweise und Tipps

Welche Aufgabenart liegt vor und wie sind die Teilaufgaben gewichtet?
Die vorliegende Abituraufgabe entspricht dem **Aufgabentyp II a, Analyse eines Sachtextes mit weiterführendem Schreibauftrag**. Die beiden Teilaufgaben sind mit jeweils 36 Punkten gleich bepunktet.

Was verlangt die Aufgabenstellung von mir?
Die erste Teilaufgabe beginnt mit einer **offenen Aufgabenstellung:** „Analysieren Sie den Artikel [...]". „Analysieren" ist ein übergeordneter Operator und verlangt **Texterfassung, Textbeschreibung und Textuntersuchung**. Insofern darf die Fortsetzung der Aufgabenstellung als Konkretisierung verstanden werden:
- Sie sollen erstens „die zentralen Aussagen und die Art ihrer Entfaltung darstellen". Der Operator „Darstellen" fordert, dass Sie „einen Sachverhalt, Zusammenhang, eine methodische Entscheidung, eine Problemstellung strukturiert, fachsprachlich zutreffend darlegen". Sie sollen also die **inhaltlichen Kernaussagen erfassen** und **beschreiben**, wie diese vom Autor **entfaltet** werden. Verwenden Sie nach Möglichkeit eigene Formulierungen, um erkennen zu lassen, dass Sie die Textaussagen verstanden haben.
- Zweitens sollen Sie „die sprachliche Gestaltung untersuchen". Der Operator „Untersuchen" ist dem Anforderungsbereich II (Reorganisation und Transfer) zuzuordnen und bedeutet: „an Texten, Textaussagen, Problemstellungen, Sachverhalten kriterienorientiert bzw. aspektgeleitet arbeiten". Die Aufgabenstellung fordert Sie also auf, **Besonderheiten der Sprache** mit Blick auf ihre **Funktion** aspektorientiert **herauszuarbeiten**.

Wie gehe ich bei der Bearbeitung der Aufgabe sinnvollerweise vor?
Nachdem Sie sich die Aufgabenstellung genau angesehen haben, lesen Sie den Text von Marius Buhl mindestens zweimal durch. Nutzen Sie den **ersten Lesedurchgang**, um ein **grundlegendes Textverständnis** zu gewinnen. Nehmen Sie beim **zweiten Lesedurchgang Markierungen** im Text und **Notizen** am Rand vor, die Ihnen die Bearbeitung dieser Teilaufgabe erleichtern. Es bietet sich dabei an, mit sparsamen Markierungen bedeutsame Textaussagen hervorzuheben. Sie können am Rand oder auf einem separaten Blatt Notizen machen, wie **Textaussagen entfaltet** werden und welche **sprachlichen Auffälligkeiten** Sie identifizieren können. Für Notizen zu diesen Untersuchungsaspekten können Sie auf zwei verschiedene Farben zurückgreifen.

Wie kann ich meinen Aufsatz strukturieren?
Beginnen Sie Ihre Analyse mit einer **Einleitung**, in der Sie Angaben zu **Autor, Titel, Textsorte, Thema** und **Publikationsjahr** platzieren. Um im anschließenden Hauptteil dem Aspekt der Textreproduktion gerecht zu werden, stellen Sie anschließend kurz die **Einschätzung des Autors** dar, warum Dialekte nicht aussterben. Arbeiten Sie dann die einzelnen Analyseschritte ab: Stellen Sie die **zentralen Textaussagen** dar, gehen Sie auf die **Art der Entfaltung zentraler Aussagen** ein und untersuchen Sie die **sprachliche Gestaltung** des Textes. Grundsätzlich ist auch eine verbindende Bearbeitung

✏ *dieser Schritte denkbar, aus Gründen der Übersichtlichkeit werden die Aspekte in der*
✏ *vorliegenden Lösung aber nacheinander bearbeitet. Formulieren Sie abschließend ein*
✏ ***Fazit****, in dem Sie beispielsweise Ihre Ergebnisse noch einmal **zusammenfassen**.*
✏ ***Was gibt es bei dieser Aufgabe sonst noch zu beachten?***
✏ *Die Teilaufgabe ist insofern komplex, als sie mehrere Arbeitsschritte erfordert. Daher*
✏ *ist es wichtig, dass Sie die Bearbeitung mit unterstützenden Notizen und Markierungen*
✏ *vorbereiten und systematisch erledigen.*
✏ *Achten Sie bei Ihrer Planung darauf, dass Sie Zeitressourcen für eine abschließende*
✏ *Kontrolle einplanen, ob Sie alle Arbeitsschritte erledigt haben.*

Lösungsvorschlag

Der Sachtext „Zwischen Schwund und Renaissance: Warum Dialekte nicht aussterben" wurde vom Journalisten Marius Buhl verfasst und 2019 im Tagesspiegel veröffentlicht. Der vorliegende Text ist ein Auszug aus dem Zeitungsartikel und thematisiert die Frage, wie sich Dialekte heute entwickeln. Der Titel verdeutlicht, dass sich die **Dialektentwicklung zwischen Rückgang und Wiederbelebung** abspielt. — *Einleitung / Grundlegende Informationen zum Text*

Buhl kommt in seinem Artikel zur Einschätzung, dass einerseits die **Zahl der Dialektsprechenden abnehme**, andererseits eine **stärker situative Verwendung von Dialekten** zu beobachten sei. Tiefer Dialekt werde durch Regiolekt ersetzt, Dialektanteile fänden Eingang in die Standardsprache, die dadurch weniger perfekt würde. Der Autor führt dafür **verschiedene Gründe** an: Dialekte würden **echt wirken**, an (bessere) **vergangene Zeiten erinnern** und gäben **Orientierung** in einer unübersichtlichen Zeit. — *Hauptteil / Position des Autors*

Marius Buhl hält zunächst **Beobachtungen zum Dialektgebrauch** fest: Einer schwindenden Anzahl an Dialektsprechenden stehe eine „Renaissance des Dialekts" (Z. 7) gegenüber. Buhl bestätigt diese Beobachtungen mit den Forschungen des Sprachwissenschaftlers Sebastian Kürschner, der den Verlust an Dialektsprechenden seit der Nachkriegszeit quantifiziert und auf den besonders starken Rückgang in Westdeutschland hinweist. Als **Ursache für diese Entwicklung** sehen Sprachforscher die Zurückhaltung der Eltern bei der Vermittlung des Dialekts an ihre Kinder, die mediale Verbreitung der Standardsprache und die gestiegene Mobilität der Menschen. Buhl illustriert mit dem Beispiel eines ‚Youtubers' aus Ostfriesland das **aktuelle Interesse an Dialekten** und begründet dieses mit den folgenden Faktoren: **Echtheit, Erinnerung an (bessere) vergangene Zeiten und Orientierung**. Mit einem **weiteren Beispiel** veranschaulicht Buhl, dass dennoch **nicht von einer generellen Rückkehr zum Dialekt** gesprochen werden kann: So sei die Fotografin Patricia Kühfuss während ihres Studiums in Hamburg wegen ihres — *Zentrale Aussagen* schwäbischen Dialekts ausgelacht worden. Mit den Ergebnissen der größten Dialekt-Studie aus dem Jahr 2008 vom Institut für deutsche Sprache untermauert Buhl die Erfahrungen der Fotografin: Zum einen gebe es ein **Süd-Nord-Gefälle in der Verbreitung von Dialekten** und zum anderen werde ein Dialekt umso **negativer bewertet**, je größer die **räumliche Entfernung zu seinem Verbreitungsgebiet** sei. Mit dem Hinweis auf Kühfuss' Erfahrung, dass in Norwegen das Dialektsprechen auch an der Universität vollkommen akzeptiert sei, weist der Verfasser darauf hin, dass es **internationale Unterschiede** gibt, was den **Status des Dialekts** angeht.

Nach einem weiteren Beispiel, das den flexiblen Umgang mit dem Dialekt zeigt, zitiert Buhl erneut den Linguisten Kürschner, der **nicht den Tod der Dialekte**, sondern eher eine **Änderung des Konzepts** feststellt. Der „tiefe Dialekt" (Z. 87) werde abgelöst von einem Regiolekt. **Dialekt-Elemente** würden **Teil der Standardsprache**, die dadurch an Perfektion verliere.

Marius Buhl legt seine zentrale Aussage bereits im zweiten Teil der Überschrift „Warum Dialekte nicht aussterben" offen und kündigt damit auch eine Begründung für den ersten Teil der Überschrift „Zwischen Schwund und Renaissance" an. Dieser spricht zugleich zwei Pole an, zwischen denen sich die die aktuelle Entwicklung des Dialekts bewege, nämlich zwischen **Rückgang und Wiederbelebung**. Den beiden Richtungen ordnet der Autor Beobachtungen zu, etwa den quantitativen Verlust an Sprechenden und den funktionalisierten Dialekteinsatz mit dem Ziel, Authentizität und Heimatgefühl zu erzeugen. In der Entfaltung der Aussagen fällt auf, dass Buhl **Zitate** bzw. **konkrete Beispiele** gezielt einsetzt, um Entwicklungen aufzuzeigen und Beobachtungen zu untermauern. Das betrifft sowohl Stellungnahmen aus der Vergangenheit wie beispielsweise Gerhard Polts Beitrag Ende der 1980er-Jahre (vgl. Z. 2 ff.) als auch den Ostfriesen mit dem überraschenden Youtube-Erfolg. Diese **Beispiele** haben die Funktion, ein sprachliches Phänomen und seine Entwicklung zu **veranschaulichen** und an konkreten Einzelfällen, die zudem zur Lesernähe beitragen, zu **belegen**. Buhl wählt mit dem Sprachwissenschaftler Kürschner und der größten Dialekt-Studie wissenschaftlich fundierte **Quellen**, um seine Aussagen zu stützen. **Fragen** („Wer jetzt recht hat?", Z. 11; vgl. auch Z. 51 f.) strukturieren den Text und machen so den **Gedankengang transparent**. Am Ende des Textauszugs aus dem Zeitungsartikel werden die beiden Pole „Schwund" und „Renaissance" aus der Überschrift und die eingangs formulierte Frage, wer jetzt recht habe, wieder aufgegriffen. Insofern wirkt der Artikel in sich abgeschlossen.

Die **sprachliche Gestaltung des Textes unterstützt seine Funktion**, wie an mehreren Stellen erkennbar ist. Die **Antithese** in der

Gedankliche Entfaltung

Sprachliche Gestaltung

Überschrift („Zwischen Schwund und Renaissance") gibt zwei Argumentationslinien vor, die im Zeitungsartikel inhaltlich zum Tragen kommen und abschließend in einer Art **Synthese** (vgl. Z. 91 f.) aufgelöst werden. **Umgangssprache** wie „Schlamassel" (Z. 31) oder „Krassestes Beispiel" (Z. 68 f.) trägt zur oben angesprochenen Nähe des Textes zu Leserinnen und Lesern bei, ebenso **Anglizismen** wie „Heimathype" (Z. 91). Der Zeitungsartikel spiegelt in seiner sprachlichen Form den Inhalt wider, wie zahlreiche **Dialektzitate** zeigen (z. B. „Hald de Sabbel", Z. 78). Diese Funktion lässt sich auch dem Einsatz der englischen Sprache im Artikel unterstellen: „Buy local, speak local." (Z. 49 f.) bringt das Bedürfnis nach klarer Zuordnung (vgl. Z. 48) in der Sprache der Globalisierung auf den Punkt. Die Fügung „common knowledge, weeß jeda" (Z. 2) greift in der Verbindung von Englisch und Dialekt sprachlich den Gegensatz von „Schwund und Renaissance" aus der **Überschrift** wieder auf. **Alltagsnah formulierte Fragen** wie „Wer jetzt recht hat?" (Z. 11) oder „Wann sie tot sind?" (Z. 5) tragen zur leichten **Lesbarkeit** bei und erhöhen das **Interesse** am inhaltlichen Fortgang des Artikels, denn man erwartet, eine Antwort auf die Fragen zu bekommen. Die Anteile an hypotaktischem **Satzbau** fallen eher gering aus, Parataxen dominieren zumeist den Artikelauszug (z. B. Z. 36–39) und bringen einen relativ geringen Lesewiderstand mit sich. Buhl unterstreicht Begründungszusammenhänge sprachlich, etwa den Trend zum Dialekt durch die **Metapher** „Hunger auf Dialekt" (Z. 47) oder durch den anaphorischen Satzbau („Weil er echt ist. Weil ihm […] innewohnt. Und weil er […].", Z. 47 f.). Gründe für die Abnahme des dialektalen Wortschatzes werden durch die **Alliteration** und **Trias** „Mütter, Medien, Mobilität" (Z. 24) hervorgehoben. Sprachlich lassen sich typische **Merkmale einer Reportage** nachweisen: **Wörtliche Rede** belegt und illustriert Aussagen (z. B. Z. 43 f.), **Ellipsen** (z. B. „Immer op Platt.", Z. 41, oder „Weil er echt ist.", Z. 47) unterstützen leichte Lesbarkeit, Unmittelbarkeit und Tempo. **Subjektive Färbungen** wie „Vielleicht hat er recht." (Z. 45) erleichtern es den Leserinnen und Lesern, sich in die Thematik einzufühlen.

Zusammenfassend lässt sich mit Blick auf die inhaltliche und sprachliche Entfaltung der zentralen Aussagen zur Dialektentwicklung festhalten, dass Marius Buhl beiden Seiten – Schwund und Renaissance – argumentativ auf allgemeiner (z. B. Studien) und konkreter Ebene (z. B. konkrete Erfahrungen Einzelner) nachgeht. Im Ergebnis steht **kein Entweder-oder**, sondern eine **Verbindung von Schwund und Renaissance**.

Schluss

Teilaufgabe 2

Hinweise und Tipps

- **Was verlangt die Aufgabenstellung von mir?**
- Die zweite Teilaufgabe ist **viergliedrig** angelegt:
  1. Sie verlangt zunächst von Ihnen, dass Sie den Begriff der **Standardsprache** von den Begriffen **Dialekt und Regiolekt** abgrenzend erläutern. Der Operator „Erläutern" ist dem Anforderungsbereich II (Reorganisation und Transfer) zuzuordnen und bedeutet: „Textaussagen, Sachverhalte auf der Basis von Kenntnissen und Einsichten differenziert darstellen und durch zusätzliche Informationen und Beispiele veranschaulichen." Sie sollen also den **Begriff der Standardsprache differenziert klären** und mit Ihren Kenntnissen **veranschaulichen**.
  2. Dann gilt es, beispielhaft **weitere Veränderungen in der Standardsprache** darzustellen, d. h. unter Verwendung von Fachsprache **zutreffend zu beschreiben**.
  3. Anschließend fordert die Aufgabe die Berücksichtigung der möglichen **Funktionen dieser Veränderungen** auch im Kontext ihrer Verwendung. Der Operator „Erläutern" macht an dieser Stelle wieder deutlich, dass von Ihnen erwartet wird, die Funktionen der Veränderungen **differenziert zu klären**.
  4. In einem letzten Schritt sollen Sie **abwägend** zur Frage **Stellung nehmen**, ob das Niveau der Standardsprache abnimmt. Mit dem Operator „Stellung nehmen" aus dem Anforderungsbereich III (Reflexion und Problemlösung) werden Sie aufgefordert, „die Einschätzung einer Problemstellung […] auf der Grundlage fachlicher Kenntnis und Einsicht nach kritischer Prüfung und sorgfältiger Abwägung" zu formulieren. Sie sollen also **unterstützende und einschränkende Argumente** zur gegebenen Fragestellung entwickeln und auf dieser Basis zu einer **reflektierten Schlussfolgerung** gelangen.

- **Wie gehe ich bei der Bearbeitung der Aufgabe sinnvollerweise vor?**
- Ordnen Sie zunächst auf einem Notizblatt **Aspekte** den Begriffen **Standardsprache, Dialekt und Regiolekt** zu und nutzen Sie dafür auch Ergebnisse der ersten Teilaufgabe. Für die Arbeitsschritte 2 und 3 empfehlen sich Methoden wie das **Mindmapping** oder das **Brainstorming**, um relevante Veränderungen in der Standardsprache und deren Funktionen zu finden. Als Vorbereitung der Stellungnahme bietet es sich an, eine **Tabelle** anzulegen, etwa in Form von zwei Spalten: „Argumente und Belege für eine Abnahme des Niveaus der Standardsprache" und „Argumente und Belege gegen eine Abnahme des Niveaus der Standardsprache". Damit leisten Sie wichtige Vorarbeiten für die Strukturierung Ihrer Argumentation und für Ihre abwägende Positionierung zu der gestellten Frage.

- **Wie kann ich meinen Aufsatz strukturieren?**
- In einer **aufgabenbezogenen Überleitung** schaffen Sie die Verbindung von der Texterschließung in der ersten Teilaufgabe zur zweiten Teilaufgabe. Anschließend erläutern Sie im **Hauptteil** den Begriff der Standardsprache und stellen exemplarisch **Veränderungen in der Standardsprache** dar, verbunden mit deren jeweiligen **Funktionen**. Achten Sie dabei darauf, dass Sie in den Beispielen hinreichend konkret werden

🖉 *und zu jeder Veränderung direkt eine mögliche Funktion erläutern. Durch eine direkte*
🖉 *Verknüpfung von Beispiel und Funktion können Sie Redundanzen vermeiden. Bei der*
🖉 *anschließenden Argumentation haben Sie die Wahl, wie Sie unterstützende und ein-*
🖉 *schränkende Argumente und Belege organisieren: Sie können* **dialektisch** *argumen-*
🖉 *tieren, d. h., abwechselnd Pro- und Kontra-Argumente formulieren, oder zunächst* **eine**
🖉 **Seite argumentativ** *ausführen und danach* **die andere Seite.** *Aus Gründen der Über-*
🖉 *sichtlichkeit werden in der vorliegenden Lösung die beiden Seiten nacheinander be-*
🖉 *arbeitet. Achten Sie in der abschließenden* **reflektierten Schlussfolgerung** *darauf,*
🖉 *dass Sie sich prägnant positionieren.*

🖉 **Was gibt es bei dieser Aufgabe sonst noch zu beachten?**
🖉 *Wählen Sie eine solche Aufgabe im Abitur nur, wenn Sie über ausreichende Kenntnisse*
🖉 *im Inhaltsfeld Sprache, insbesondere im Themenbereich „Dialekte und Soziolekte",*
🖉 *verfügen.*

Lösungsvorschlag

Buhl weist am Ende des vorliegenden Textauszugs auf den neuen situationsabhängigen Gebrauch von Dialekten hin und zitiert den Linguisten Kürschner, dass im Zuge der Entwicklungen „auch die Standardsprache an Perfektion" (Z. 90) verliere. Daran lässt sich die **Frage** knüpfen, **inwieweit diese an Niveau verliert.** Um das zu untersuchen, werden zunächst der Begriff der Standardsprache in Abgrenzung zu Dialekt und Regiolekt erläutert. Anschließend werden Veränderungen in der Standardsprache und ihre jeweilige Funktion thematisiert. Vor diesem Hintergrund kann dann die angesprochene Frage nach einem möglichen Niveauverlust der Standardsprache erörtert werden.

Aufgabenbezogene Überleitung
Verknüpfung von Textuntersuchung und Themenfrage
Ausblick auf folgende Ausführungen

Standardsprache stellt eine **sprachliche Norm** dar, d. h. eine verbindliche Setzung dessen, was als **allgemein verständliche Sprache** anerkannt ist. Diese wird auch als Hochsprache („Hochdeutsch") bezeichnet und hat sich in Deutschland in der frühen Neuzeit aus verschiedenen Dialekten zunächst als **Schriftsprache** herausgebildet. Ein **Dialekt** bezeichnet eine **lokal begrenzte Sprachvarietät** und weist Abweichungen von der Standardsprache etwa in phonologischer oder lexikalischer Hinsicht auf. **Dialekte** sind **funktional:** Sie grenzen die Sprechenden gegenüber anderen ab und schaffen dadurch soziale Zugehörigkeit und sprachlich vermittelte Identität. Mit **Regiolekt** wird eine **regionale, umgangssprachliche Sprachform** bezeichnet, die durch Standardsprache <u>und</u> Dialekt geprägt ist und damit eine relativ **hohe Verständlichkeit** mit sprachlicher **Heimatverbundenheit** koppelt. Während die deutsche Standardsprache ihren Ursprung in der Schriftsprachlichkeit hat, sind Dialekt und Regiolekt konzeptionell eher im mündlichen Sprachgebrauch zu verorten.

Hauptteil
Standardsprache in Abgrenzung zu Dialekt und Regiolekt

Sprache ist kein festes Konstrukt, sondern ein **dynamisches Symbolsystem**, welches **zeitlichen und gesellschaftlichen Veränderungen** unterliegt. Für den Gebrauch der Standardsprache lassen sich zahlreiche Belege dafür finden: Statt des Genitivs wird inzwischen häufig der **Dativ** verwendet, was pointiert im Buchtitel „Der Dativ ist dem Genitiv sein Tod" zum Ausdruck kommt. **Grammatische Strukturen** werden damit **vereinfacht** und **an der Mündlichkeit orientiert**. Der Aspekt der Vereinfachung spielt sicher auch eine Rolle, wenn bei der indirekten Rede mittlerweile häufig **statt des Konjunktivs** der **Indikativ** gesetzt wird (z. B. „Er sagt, dass er ins Kino geht.").

Weitere Veränderungen in der Standardsprache unter Berücksichtigung ihrer Funktion

Insbesondere technische Entwicklungen haben einen Einfluss auf die Sprache, vor allem was die **Erweiterung bzw. Veränderung des allgemeinen Wortschatzes** angeht (z. B. „downloaden", „Flatrate" oder „chatten"). Insofern findet ein **Angleichungsprozess der deutschen an die englische Sprache** statt. Wortübernahmen aus dem Englischen vereinfachen die Verwendung der deutschen Sprache und werden z. B. auch eingesetzt, um Wissen in einem bestimmten Bereich, Modernität oder Zeitgeist auszudrücken. Elemente eines Soziolekts wie der **Jugendsprache** finden Eingang in Standardsprache (z. B. „cool") und werden auch von erwachsenen Sprechenden verwendet, etwa um sprachökonomisch eine komplexere Bewertung auf ein Wort zu reduzieren, um Nähe zu einer bestimmten Altersgruppe oder um ein bestimmtes Lebensgefühl zu signalisieren. Ähnliche Funktionen hat auch die – oft von Abkürzungen geprägte – **Chatsprache**, die durch die flächendeckende Verbreitung von sozialen Netzwerken bzw. Chat-Apps Eingang in die mündliche Allgemeinsprache gefunden hat (z. B. „cu", „lol").

Mit „Moin", „Moin Moin" oder „Moinsen" diffundiert beispielsweise zurzeit eine **ursprünglich dialektale**, dann in die **Jugendsprache übergegangene Wendung** in die allgemeiner verwendete (in der Regel mündliche) Sprache. Diese Wendung, die lange Zeit von der Zugehörigkeit zu einer Region und später zu einer Generation zeugte, zeigt heute in erster Linie **Lockerheit** und eine **informelle Gesprächssituation** an.

Unter den dargestellten Beispielen von Sprachveränderung finden sich solche, die darauf hindeuten, dass deutsche **Hochsprache als komplexes Regelsystem** verfällt zugunsten weniger komplexer Konstruktionen. Dabei spielen Soziolekte eine bedeutende Rolle: „Die **Sprache** von Rappern wie „Haftbefehl" **wirkt normierend** auf Gruppen von Jugendlichen – hier wird durch teilweise **radikale Vereinfachungen** und **Anglizismen** versucht, eine bestimmte Haltung oder auch ein besonderes Lebensgefühl zu transportieren und diejenigen auszuschließen, die nicht mitsprechen. Nehmen Jugendliche diese

Argumente für eine Abnahme des Sprachniveaus

Sprache zum Vorbild, dann könnte das ihre **Sprachkompetenz** und damit langfristig auch die **Standardsprache negativ** beeinflussen. Intensivnutzer von Chats verlernen teilweise die sorgfältige, reflektierte Verwendung von Sprache. Für sie ist **Effizienz** in der Mitteilung und **Kompensation fehlender Mündlichkeit** (z. B. mittels Emojis) leitend für den eigenen Sprachgebrauch. Eine lexikalisch und grammatisch reichhaltige Sprache ermöglicht Sprechenden hingegen, komplexe Gedankengänge adäquat auszudrücken. **Reduzierte Sprachkomplexität** birgt die Gefahr, inhaltliche Nuancen nicht mehr ausdrücken zu können.

Durch **Anglizismen** könnte die deutsche Standardsprache auch **an Originalität verlieren**. Selbst wenn dieses Phänomen zunächst im Bereich der Mündlichkeit auftritt, hat es doch langfristige Konsequenzen im Bereich der Schriftlichkeit. Schulen haben es inzwischen manchmal schwer, korrekte Hochsprache zu vermitteln, wenn wesentliche Teile der außerschulischen Kommunikation sprachlich anders „gefärbt" sind.

Die beschriebenen sprachlichen Veränderungen bündeln sich insbesondere in der **Lebensphase Jugend**, in der aus soziologischer Perspektive Heranwachsende sich u. a. der Entwicklungsaufgabe stellen müssen, sich für kommende Berufe zu qualifizieren. Dies kann dadurch erschwert werden, dass die in der Jugendphase immer wichtiger werdende Sozialisationsinstanz der Gleichaltrigengruppe eine **Sprachnorm** etabliert, die für **zahlreiche Berufe eher hinderlich** ist.

Auf der anderen Seite lassen sich **Einwände dagegen** formulieren, dass das Niveau der Standardsprache abnimmt. Der Sprachwissenschaftler Prof. Nils Langer von der Universität Flensburg weist darauf hin, dass es **kein Beispiel einer Sprache** gebe, die **im linguistischen Sinne verfallen** sei. Vielmehr, so führt Langer aus, verändere sich Sprache und diese Veränderung würde von einem Teil der Bevölkerung als Sprachverfall gewertet, d. h., Sprachverfall gebe es nur in soziolinguistischer Hinsicht. Solche Skepsis hat Tradition: Bereits bei den Römern gab es mahnende Hinweise, es würde zu viel Griechisch benutzt. **Veränderungen in einer Sprache** können aber auch als **Zeichen der Vitalität** gedeutet werden. Vor dem Hintergrund einer **globalisierten, mobilen Welt**, in der sich Menschen mit **vielfältigen soziokulturellen Hintergründen** austauschen, muss eine an „Sprachreinheit" orientiert Hochsprache, wie sie etwa im 17. Jahrhundert gefordert wurde, als realitätsfern gelten.

Die zitierten Beispiele, die ein gestiegenes **Bedürfnis** der Sprechenden **nach einfachem, effizientem Ausdruck** zeigen, können auch als Beleg dafür verstanden werden, dass diese Form zu sprechen „funktioniert", d. h., dass **veränderte Sprachformen in ihren jeweiligen Kontexten funktional** sind, etwa im Chat mit Gleichaltrigen.

Argumente gegen eine Abnahme des Sprachniveaus

Solange Menschen in der Lage bleiben, **situationsadäquat zu kommunizieren** – also mit dem Freund anders zu sprechen und zu schreiben als mit der Lehrkraft oder den Kollegen – ist gegen Anglizismen, Verkürzungen etc. nichts einzuwenden.

Vor dem Hintergrund dieser Argumentation lässt sich insgesamt festhalten, dass unter der Annahme, dass sich **Sprache als Kommunikationsmittel bewähren** muss, die beobachteten Veränderungen je nach Kontext in den meisten Fällen positiv zu bewerten sind – Menschen kommunizieren etwa per Chat-Apps verkürzt, aber funktional. Eine wichtige Frage ist, ob die Sprecherinnen und Sprecher fähig bleiben, in anderen Kommunikationskontexten wie z. B. in der Schule oder auch in der Universität ein **anderes Sprachregister** zu wählen und auch **andersgeartete, komplexere** (z. B. wissenschaftliche) **Texte** zu verstehen. Für gesicherte Aussagen zu dieser Frage ist es offenbar **noch zu früh**.

Schluss

Das Argument, dass Sprachverfall als linguistisches Phänomen nicht existiert, sondern lediglich als soziolinguistisches, darf dabei optimistisch stimmen. **Sprache** ist kein statisches Gebilde, sondern immer auch ein **Spiegel der Gesellschaft** und zeigt somit **Entwicklungen und Dynamiken**. Mit dieser Einsicht lässt sich relativ gelassen auf die Sprachentwicklungen blicken: **Veränderungen einer Sprache sind Ausdruck von Anpassungsprozessen** und solche Entwicklungen kennzeichnen menschliches Zusammenleben und menschliche Kommunikation.

Grundkurs Deutsch (Nordrhein-Westfalen): Abiturprüfung 2021
Analyse eines literarischen Textes mit weiterführendem Schreibauftrag

Materialgrundlage

Ludwig Uhland: Reisen. In: Ders.: Gedichte und Reden. Eingeleitet und hrsg. von Hermann Bausinger. Tübingen: Klöpfer und Meyer 2010, S. 66 f.
Novalis: Blüthenstaub. Auszug aus Fragment Nr. 16. In: Ders.: Werke, Tagebücher und Briefe Friedrich von Hardenbergs. Hrsg. von Hans-Joachim Mähl und Richard Samuel. Bd. 2. München: Hanser 1978, S. 233

Aufgaben Punkte

1. Analysieren Sie das Gedicht „Reisen" von Ludwig Uhland. Berücksichtigen Sie dabei insbesondere die Bedeutung des Verhältnisses von Innen- und Außenwelt. 42
2. Der Schriftsteller der Frühromantik Novalis (1772–1801) schreibt:
„Wir träumen von Reisen durch das Weltall: ist denn das Weltall nicht in uns? Die Tiefen unseres Geistes kennen wir nicht. – Nach Innen geht der geheimnißvolle Weg."
Erläutern Sie das Zitat von Novalis. Setzen Sie seine Gedanken im Hinblick auf das Verhältnis von Innen- und Außenwelt zu Uhlands Gedicht in Beziehung. Erläutern Sie, inwiefern sich im Gedicht und im Zitat unterschiedliche Arten des „Unterwegsseins" zeigen. 30

Zugelassene Hilfsmittel:
– Wörterbuch zur deutschen Rechtschreibung

Ludwig Uhland
Reisen (1834)

Reisen soll ich, Freunde! reisen,
Lüften soll ich mir die Brust?
Aus des Tagwerks[1] engen Gleisen
Lockt ihr mich zu Wanderlust?
5 Und doch hab ich tiefer eben
In die Heimat mich versenkt,
Fühle mich, ihr hingegeben,
Freier, reicher, als ihr denkt.

Nie erschöpf ich diese Wege,
Nie ergründ ich dieses Tal,
Und die altbetretnen Stege
Rühren neu mich jedes Mal;
Öfters, wenn ich selbst mir sage,
Wie der Pfad doch einsam sei,
Streifen hier am lichten Tage
Teure Schatten mir vorbei.

Wann² die Sonne fährt von hinnen,
Kennt mein Herz noch keine Ruh,
Eilt mit ihr von Bergeszinnen³
Fabelhaften Inseln zu;
Tauchen dann hervor die Sterne,
Drängt es mächtig mich hinan,
Und in immer tiefre Ferne
Zieh ich helle Götterbahn⁴.

Alt' und neue Jugendträume,
Zukunft und Vergangenheit,
Uferlose Himmelsräume
Sind mir stündlich hier bereit.
Darum, Freunde! will ich reisen;
Weiset Straße mir und Ziel!
In der Heimat stillen Kreisen
Schwärmt⁵ das Herz doch allzu viel.

Quelle: Ludwig Uhland: Reisen. In: Ders.: Gedichte und Reden. Eingeleitet und hrsg. von Hermann Bausinger. Tübingen: Klöpfer und Meyer 2010, S. 66 f.

Anmerkungen:
1 *Tagwerk:* hier: die innerhalb eines Tages zu erledigende Arbeit, die an einem Tag zu erfüllenden Aufgaben
2 *Wann:* wenn
3 *Zinne:* Felszacke, Spitze eines Berges im Hochgebirge
4 *Götterbahn:* Weg der Götter in einem den Menschen eigentlich nicht zugänglichen Raum
5 *schwärmen:* sich für jemanden oder etwas – mitunter wirklichkeitsfern – begeistern

Anmerkung zum Autor:
Johann Ludwig Uhland (1787–1862) war ein deutscher Dichter, Jurist und Politiker.

Teilaufgabe 1

Hinweise und Tipps

Welche Aufgabenart liegt vor und wie sind die Teilaufgaben gewichtet?
*Die vorliegende Abituraufgabe entspricht dem **Aufgabentyp I a, der Analyse eines literarischen Textes mit weiterführendem Schreibauftrag**. Die erste Teilaufgabe, die eigentliche Gedichtanalyse, geht mit 42 Punkten in die Bewertung ein, für die zweite Aufgabe können Sie bis zu 30 Punkte erzielen.*

Was verlangt die Aufgabenstellung von mir?
*Die Aufgabe zielt auf eine **intensive Auseinandersetzung** mit dem Gedicht „Reisen" von Ludwig Uhland ab. Der komplexe Operator „Analysieren" verlangt hier, dass Sie ein Ihnen wahrscheinlich unbekanntes Gedicht erschließen und interpretieren. Dabei müssen Sie sowohl die **formalsprachliche Gestaltung** als auch den **Inhalt** analysieren, um auf dieser Basis zu einer schlüssigen Deutung zu gelangen. Eine Konkretisierung in der Aufgabenstellung weist Sie darauf hin, dass Sie bei Ihrer Analyse einen Fokus auf das **Verhältnis von Innen- und Außenwelt** legen müssen.*

Wie gehe ich bei der Bearbeitung der Aufgabe sinnvollerweise vor?
*Lesen Sie das Gedicht aufmerksam durch und lassen Sie es auf sich wirken. Notieren Sie bereits erste Eindrücke und Gedanken. Beim erneuten Lesen sollten Sie **prägnante Verse und Textstellen markieren** und **sprachliche Mittel unterstreichen**. Verschaffen Sie sich einen Überblick, indem Sie sich mit den einzelnen Strophen auseinandersetzen: Gehen Sie das Gedicht chronologisch durch und machen Sie sich den Inhalt der jeweiligen Strophe bewusst. Daran anknüpfend können Sie eine sinnvolle Einteilung in **Sinnabschnitte** vornehmen. Lassen Sie sich dabei u. a. von folgenden Fragen leiten: Welche Bedeutung hat das Thema „Reisen" für das lyrische Ich? Welche inhaltlichen **Schwerpunkte** lassen sich den einzelnen Strophen zuordnen? Welchen **Entwicklungsprozess** durchläuft das lyrische Ich innerhalb des Gedichts? Was veranlasst es dazu, sich am Ende für den Aufbruch zu entschließen? Markieren Sie mit zwei verschiedenfarbigen Stiften einerseits diejenigen Passagen oder Wendungen, die sich auf äußere Erlebnisse des lyrischen Ich beziehen, bzw. solche, die sich eher seiner Innenwelt, also seinen Gedanken und Gefühlen zuordnen lassen.*

Wie kann ich meinen Aufsatz strukturieren?
*Beginnen Sie Ihren Text mit einer **Einleitung**, in der Sie wesentliche Informationen zum Gedicht präsentieren: Autor, Titel, Gattung, Entstehungsjahr sowie das Thema. Es bietet sich an, nach einer kurzen Zusammenfassung des Inhalts den Aufbau und die formale Gestaltung zu beleuchten. Dass das lyrische Ich eine Entwicklung vollzieht, lässt sich dann im **Hauptteil** am besten mit einem chronologischen Durchgang herausarbeiten, bei dem Sie Strophe für Strophe die **Verbindung zwischen Inhalt und sprachlicher bzw. formaler Gestaltung** untersuchen. Benennen Sie die jeweiligen rhetorischen Mittel nicht nur, sondern zeigen Sie auch ihre Funktion auf. Ihre Aussagen sollten Sie immer am Text durch direkte Zitate oder Verweise belegen. Am **Schluss** der Analyse können Sie noch einmal zusammenfassen, wie Innen- und Außenwelt aufeinander bezogen sind und inwiefern es mit dem Entschluss zur Reise der Außenwelt den Vorzug gibt.*

Lösungsvorschlag

Das Gedicht *Reisen* von Ludwig Uhland, das im Jahr 1834 verfasst wurde, befasst sich mit dem Themenkomplex „Reisen und Unterwegssein". Dabei stellt es der Heimatverbundenheit das Reisen in die Ferne und die jeweils damit einhergehenden Gefühle gegenüber. *Einleitung: Autor, Titel, Gattung, Entstehungsjahr, Thema*

Ein lyrisches Ich wird mit der **Verlockung des Reisens** konfrontiert. Es reagiert zunächst **skeptisch** und ablehnend auf den Appell seiner Freunde, sich auf eine Reise zu begeben. Im Verlauf des Gedichtes überdenkt es seine Einstellung und Gefühle. Zwar wird die starke Verbundenheit zur Heimat deutlich, doch entwickelt sich zunehmend eine Sehnsucht nach **Überschreitung des Bekannten**. Während das lyrische Ich anfangs der Auffassung ist, dass die Heimat der Ort sei, an dem man dauerhaft glücklich sein könne, gelangt es schließlich zu der **Erkenntnis**, dass es sich zu Hause nur der Schwärmerei hingebe und es stattdessen neue Erfahrungen in der Ferne machen möchte. Am Ende des Gedichtes fasst das lyrische Ich den **Entschluss, aufzubrechen** und die Heimat zu verlassen. *Hauptteil: Interpretation des Gedichts / Kurze Zusammenfassung des Inhalts*

Das Gedicht ist in vier Strophen mit jeweils acht Versen strukturiert, die durch einen regelmäßigen **Kreuzreim** verbunden sind. Das Metrum ist ein vierhebiger **Trochäus**. Die Verse enden alternierend mit weiblichen und männlichen Kadenzen und haben dementsprechend abwechselnd sieben und acht Silben. Durch die regelmäßige Strophenform und die einfache, stilisierte Sprache wird die Nähe zum **Volkslied** deutlich. Der klaren äußeren Form entspricht der gut verständliche Inhalt. *Aufbau und Form*

Der Zwiespalt des lyrischen Ich wird auch durch ein Gleichgewicht der formalen Struktur erkennbar: Auf zwei Strophen, die das Daheimbleiben verteidigen, folgen zwei Strophen, die das Fernweh heraufbeschwören und in die Entscheidung zum Reisen münden.

Das Gedicht scheint Teil eines Gesprächs zu sein: Die **erste Strophe** beginnt mit zwei **Fragen**, mit denen das lyrische Ich auf eine Aufforderung seiner Dialogpartner reagiert. Das lyrische Ich „soll[e]" reisen (V. 1) – das wiederholte Modalverb verrät, dass dieser Impuls nicht aus ihm selbst herauskommt. Es sind seine „**Freunde**" (V. 1), die den Anstoß geben. Mit der Frage, ob sie das lyrische Ich „zu[r] Wanderlust" (V. 4) locken würden, spricht das lyrische Ich die Freunde direkt an. Bei dieser Personengruppe könnten andere romantische Dichter der damaligen Zeit gemeint sein, welche die „Wanderlust" (V. 4) vermitteln wollen und zum Verlassen des Heimatortes auffordern. Dem lyrischen Ich wird dazu geraten, aufzubrechen und sich die Brust zu lüften (vgl. V. 2). Diese metaphorische Formulierung verdeutlicht, dass eine Reise die Möglichkeit bietet, **neue Erfahrungen** zu sammeln, Platz für neue Gedanken zu schaffen sowie den eigenen **Horizont zu erweitern**. Dabei wird der Neologismus *Strophenweise Interpretation / 1. Strophe: Appell der Freunde zum Reisen*

„Wanderlust" kontrastiert mit „des Tagwerks engen Gleisen" (V. 3); die Metapher umschreibt aus Sicht der Freunde den **beschränkten Alltag**, der wie auf Schienen laufe und kein Ausscheren zulasse. Auf diesen Appell der Freunde erfolgt jedoch eine **kritische Reaktion des lyrischen Ich**, das in den nächsten Versen **Motive für das Verweilen** in der Heimat nennt. Auf die beiden Fragen folgt somit die Gegenposition des Ich, was die erste Strophe in zwei Teile trennt. Eingeleitet wird seine Antwort mit einem adversativen „Und doch" (V. 5). Gerade jetzt habe es sich tief in seine angestammte Umgebung „versenkt" (V. 6), fühle sich also **fest verankert**. Das Partizip deutet darauf hin, dass es sich aktiv mit der Heimat beschäftigt hat. Das lyrische Ich hält somit seine gewachsene Heimatliebe der Aufforderung, loszuziehen, entgegen. Und es verteidigt seine Position damit, dass die **Heimat mehr Erfahrungen und mehr Reichtum** bereithalte und dass es sich dort „[f]reier" und „reicher" (V. 8) fühle, als die Freunde es für möglich halten würden. Dem Einwand, das alltägliche Dasein daheim bedeute Enge und Zwang (vgl. V. 3), widerspricht das lyrische Ich folglich.

[Marginalie: Zäsur: Gegenposition des lyrischen Ich]

Das Gefühl der **Heimatverbundenheit** ist auch das zentrale Thema der **zweiten Strophe**, mit der das lyrische Ich seine Argumentation weiter ausführt. Auch die Heimat biete die Möglichkeit, neue Orte zu erkunden und neue Erfahrungen zu machen (vgl. V. 9–12). Mit zwei anaphorisch einsetzenden Versen („Nie", V. 9 f.) beschreibt das lyrische Ich den **Reichtum seiner angestammten Umgebung**. So gebe es dort Wege und Täler, die es nie vollständig „ergründ[en]" (V. 10) könne. Für **positive Erinnerungen** stehen die „altbetretnen Stege" (V. 11), wobei das Adjektiv als Neologismus die wohlbekannten Orte heraufbeschwört. Während seiner Wanderungen durch die Heimat schöpft das lyrische Ich **Trost aus der Vertrautheit mit der Umgebung**. Selbst in einsamen Stunden fühlt es sich nicht verloren (vgl. V. 13–16), denn die Gedanken und Erinnerungen, die als „[t]eure Schatten" (V. 16) vorbeistreifen, erzeugen in ihm ein Gefühl von Sicherheit und **Geborgenheit**. Die Schatten am „lichten Tage" (V. 15) sorgen für einen **Hell-Dunkel-Kontrast**. Doch während in der Literatur das Motiv des personifizierten Schattens oft etwas Bedrohlich-Unheimliches hat und ans Schatten-, also Totenreich erinnern kann, ist es hier rein positiv als Quelle des Trostes gedeutet.

[Marginalie: 2. Strophe: Lob der Heimat]

In der **dritten Strophe** erfolgt ein **Umdenken**, denn das lyrische Ich räumt das Gefühl einer **inneren Unruhe** ein („Kennt mein Herz noch keine Ruh", V. 18). Mit der Abendstimmung („Sonne fährt von hinnen", V. 17) entsteht bei ihm eine zunehmende Sehnsucht nach der Ferne und nach Fantasiewelten (vgl. V. 20). Sein **Herz**, Inbegriff geheimer Wünsche, geht **mit der sinkenden Sonne auf Wanderschaft im Imaginären**, wobei ein Enjambement den Übergang **vom Realen ins Fantastische** formal widerspiegelt. Das lyrische Ich

[Marginalie: 3. Strophe: aufkommendes Fernweh]

artikuliert hier eine **Entgrenzungserfahrung:** Beim Auftauchen der Sterne (vgl. V. 21) entflieht das lyrische Ich in eine „immer tiefre Ferne" (V. 23), versinkt gleichsam in der Tiefe des Nachthimmels und wählt schließlich die „helle Götterbahn" (V. 24). Dieser Neologismus spielt auf die Umlaufbahn der Sonne an und erinnert zudem an den Sonnenwagen aus der griechischen Mythologie, den nur der Gott Helios steuern konnte. Das Reisen erscheint so als geradezu **göttliches Vorrecht.** Die Freiheit der „Götterbahn" wirkt wie ein Gegenentwurf zu „des Tagwerks engen Gleisen" (V. 3). Eine unbestimmte Macht (vgl. V. 22) wirkt auf das lyrische Ich ein und zieht es „hinan" (V. 22), also in die Höhe.

Die **letzte Strophe** weitet die Möglichkeiten unbegrenzter Traumwelten hyperbolisch zu „[u]ferlose[n] Himmelsräume[n]" (V. 27) aus. Das gedankliche Reisen verheißt eine **Steigerung der in der realen Welt möglichen Erfahrungen:** Nicht nur frühere, auch künftige Wünsche werden dadurch ermöglicht, was die chiastische Aufzählung „Alt' und neue Jugendträume, / Zukunft und Vergangenheit" (V. 25 f.) verdeutlicht. Dabei deutet die paradoxe Wendung, dass das (vermutlich schon ältere) Sprecher-Ich „neue Jugendträume" erleben soll, auf die **Zeitenthobenheit** seiner Träume hin. Die Aussicht, sich in himmlische Orte zu verlieren sowie in raum-zeitlicher Hinsicht eine Entgrenzung zu erleben, wirkt zwar vage und abstrakt, doch wird sie vom **enthusiastischen** Ich als Begründung angeführt, warum es seine Meinung geändert hat (vgl. V. 25–28). Es schließt sich der Kreis zur **Gesprächssituation der ersten Strophe:** In einer direkten Ansprache an die „Freunde" (V. 29) erfolgt der Ausruf des lyrischen Ich, dass es reisen wolle (vgl. V. 29). In seiner Begründung für diese Entscheidung wertet das Ich die von der Heimat ausgelöste **Selbsterweiterung ins Imaginäre,** die bisher in positivem Licht erschien, pointenhaft als **übermäßige Schwärmerei** („Schwärmt das Herz doch allzu viel", V. 32) und als Gegenteil einer wahren Horizonterweiterung: Selbstkritisch scheint das Ich zu erkennen, dass das Bleiben einer **illusionsfördernden Selbstbeschränkung** gleichkommt. Es entscheidet sich daher für die **reale Erfahrung des Reisens** und fordert die Freunde mit einem Imperativ auf, das Reiseziel zu nennen, womit es seiner Offenheit und Bereitschaft Ausdruck verleiht (vgl. V. 30).

4. Strophe: Bereicherung durch Reisen und Entschluss aufzubrechen

Am Schluss erfolgt somit eine **Hinwendung zur Außenwelt:** Trotz seiner Heimatverbundenheit wird die **Reiselust** des lyrischen Ich geweckt: Das reale Unterwegssein in der heimischen Natur ist der Auslöser für **imaginäre Reisen,** und diese wiederum wecken die **Sehnsucht nach realen Reisen.** Trotz der Anrede der Freunde vollzieht sich dieser Erkenntnisprozess nicht im Dialog, sondern in einer **Selbstaussprache.** Die Sehnsucht ist schließlich übermächtig, sodass das Ich dem Bleiben und der damit verbundenen Schwärmerei

Schluss Gesamtdeutung

eine Absage erteilt und losziehen möchte. Zwar verlangt es ein genaues Ziel und will offenbar auch dort ankommen. Wer aber die Romantiker kennt, weiß, dass ein „Ziel" (V. 30) für sie nie endgültig sein kann, sondern dass der Weg das Ziel ist.

Teilaufgabe 2

Hinweise und Tipps

Was verlangt die Aufgabenstellung von mir?
*Die zweite Teilaufgabe nennt mehrere Schritte, die Sie absolvieren müssen. Sie bietet Ihnen damit auch eine Hilfestellung, um Ihre Lösung zu strukturieren. Zunächst müssen Sie das **Novalis-Zitat erläutern**, d. h. in Ihren eigenen Worten wiedergeben und seine Bedeutung aufzeigen, indem Sie zum Verständnis nötige Zusatzinformationen darlegen. Danach sollen Sie den **Bogen zu Uhlands Gedicht** schlagen: Die Aufgabe fordert Sie auf, das Zitat zum Gedicht in Beziehung zu setzen – und zwar hinsichtlich des jeweils deutlich werdenden **Verhältnisses von Innen- und Außenwelt**. Im Grunde läuft diese Arbeitsanweisung auf einen **Vergleich** hinaus, wie dieser Aspekt in dem Gedicht und in dem Novalis-Zitat dargestellt wird. Der letzte Arbeitsauftrag fügt dann (auch wenn der Operator „Erläutern" verwendet wird) als weiteren Vergleichsaspekt die Frage hinzu, inwiefern sich die **Arten des „Unterwegsseins"** in den beiden Texten unterscheiden.*

Wie gehe ich bei der Bearbeitung der Aufgabe sinnvollerweise vor?
*Das Zitat von Novalis ist kurz, aber komplex. Lesen Sie es mehrfach genau. Wählen Sie unbedingt **eigene Worte**, um seine Aussage zu paraphrasieren. Suchen Sie **motivische Parallelen** zwischen der Aussage von Novalis und dem Gedicht: So kann man das „Weltall" zu den „[u]ferlose[n] Himmelsräume[n]" (V. 27) in Beziehung setzen oder die „Schatten" (V. 16), die dem lyrischen Ich über den Weg laufen, dem „geheimnißvolle[n] Weg" bei Novalis gegenüberstellen. Ein Konzeptblatt mit einer **tabellarischen Übersicht** eignet sich, um Parallelen und Unterschiede zwischen den beiden Texten darzustellen. Notieren Sie darauf, ob der jeweilige Text sich eher für Erfahrungen der Außen- oder solche der Innenwelt ausspricht. Mithilfe passender Zitate können Sie diese Einschätzung begründen. Gerade im Falle Uhlands sollten Sie differenziert vorgehen, da sich das lyrische Ich umentscheidet und seine anfängliche Position revidiert. Von zentraler Bedeutung ist hier das Verb „schwärmen".*

Wie kann ich meinen Aufsatz strukturieren?
*Mit einer kurzen **Überleitung** sorgen Sie für einen organischen Übergang von Ihrer Gedichtanalyse zur Untersuchung des Zitats, dessen **Paraphrase und Deutung** Sie dann ausführen sollten. Nun können Sie die von **Novalis genannten Aspekte** mit **Uhlands Gedicht abgleichen**. Der folgende Lösungsvorschlag zeigt zunächst die Gemeinsamkeiten auf, bevor er dann den Blick auf die Unterschiede richtet. Die Formen des Unterwegsseins können Sie in einem eigenen Abschnitt thematisieren oder – um Wiederholungen zu vermeiden – bei dem Abgleich der beiden Texte mit einfließen*

🖋 lassen. Als Schluss bietet es sich an, die Texte als Dokument für den Anfang bzw. das
🖋 Ende einer Epoche zu lesen: Als Uhland sein Gedicht schrieb, war der Frühromantiker
🖋 Novalis bereits 33 Jahre tot.

🖋 **Was gibt es bei dieser Aufgabe sonst noch zu beachten?**
🖋 Wenn Sie sich im Unterricht eingehender mit der Frühromantik und Novalis beschäf-
🖋 tigt haben, können Sie auf dieses Wissen zurückgreifen.

Lösungsvorschlag

Sehnsucht und Aufbruch sind zentrale Motive romantischer Dichtung. Ludwig Uhlands 1834 entstandenes Gedicht „Reisen" steht am Ende der Epoche und variiert die altbekannten Themen, die auch schon von dem **Frühromantiker Novalis** behandelt wurden. Dieser bestimmt im vorliegenden Zitat mit einer bildhaften Sprache das Ziel, das Reisen haben sollen. Er wendet sich gegen das landläufige Verständnis von einer Reise und greift **tiefenpsychologischen Erkenntnissen** vorweg. Im Folgenden soll seine Position erläutert und in Beziehung zu Uhlands Gedicht gesetzt werden.

<small>*Aufgabenbezogene Überleitung*
Kurze Vorstellung des Vergleichstextes</small>

Statt von einer Erkundung des Weltalls zu träumen, solle man sich vielmehr dem eigenen **Innenleben zuwenden**. Statt in die äußersten, kosmischen Dimensionen vorzustoßen, solle man sich in das tiefste Innere versenken. Novalis rät dazu, sich den unbekannten „Tiefen unseres Geistes" zu widmen und sich **mit dem Unbewussten auseinanderzusetzen**. Der von ihm aufgezeigte Weg gehört somit nicht zu einer realen, sondern zu einer **gedanklichen Reise** im Sinne einer Selbsterkundung. Gerade deshalb ist er „geheimnißvoll[]" und verspricht die Begegnung mit Unbekanntem und Neuem.

<small>**Hauptteil**
Erläuterung des Zitats von Novalis</small>

Von einem In-sich-Versenken erzählt auch **Uhlands Gedicht**. Das lyrische Ich taucht auf zwei Arten in sein Inneres ab: Einerseits hängt es bei seinen einsamen Wanderungen in der Heimat seinen **Erinnerungen** an Orte und Menschen nach und trifft so auf die „Schatten" (V. 16) der Vergangenheit. Trotz der oft beschrittenen Wege wirkt die Heimat unergründbar und berührt das Ich stets aufs Neue emotional (vgl. V. 9–12). Die **Wanderungen** durch die Umgebung finden zwar tatsächlich und in der Natur statt, sie greifen zwar reale sinnliche Reize auf, doch scheinen sie die äußere Entsprechung zu dem von Novalis beschriebenen „geheimnißvollen[n] Weg" zu sein, da sie nicht nur eine äußere Form des Unterwegsseins darstellen, sondern auch eine **gedankliche Bewegung anstoßen**. Andererseits geht die innere Reise nicht nur in die Vergangenheit: Abends und nachts **träumt** sich das lyrische Ich auf „[f]abelhaft[e] Inseln" (V. 20) und begleitet in seiner Fantasie die Sonne auf ihrem Lauf. Dieses imaginäre Vordringen in „[u]ferlose Himmelsräume" (V. 27) und „in immer tiefre Ferne" (V. 23) korrespondiert mit dem „Reisen

<small>*Innen- und Außenwelt sowie Arten des Unterwegsseins im Zitat von Novalis und in Uhlands Gedicht*
Parallelen</small>

durch das Weltall", das laut Novalis nicht auf äußere Welten, sondern auf die menschliche Psyche abzielen müsse. Im inneren Weltall sind alle Zeiten, „Zukunft und Vergangenheit" (V. 26), zugleich gegenwärtig, sind dem lyrischen Ich bei seinem Ausschweifen **keine Grenzen** gesetzt.

Auf den ersten Blick scheint Uhlands **Gedicht motivisch und inhaltlich an die Position des Frühromantikers anzuschließen.** Doch schon der Umstand, dass Uhland die **realen Wanderungen** durch die heimatliche Natur als **Auslöser** für die Erkundungen des Inneren ausgestaltet, steht im Kontrast zum **Zitat**, das die **vollkommene Konzentration** auf die **eigene Subjektivität** zu fordern und die **Außenwelt für irrelevant** zu halten scheint. Zudem vollzieht das Gedicht in der letzten Strophe eine überraschende **Kehrtwende.** Das Schwelgen in Erinnerungen sowie das nächtliche Abdriften in Fantasiewelten werden hier als **Schwärmereien** und ein Sich-im-Kreis-Drehen abgewertet (vgl. V. 31 f.). Die Unruhe des Herzens lässt sich nicht durch Traumreisen stillen; daher wendet sich das lyrische Ich von der Einsamkeit ab und einem Gegenüber, seinen Freunden, zu. Es will nicht länger nur sich selbst und seine Innenwelten erforschen, sondern drängt nun darauf, eine **reale Reise mit realen Erfahrungen** zu machen. Damit steht das Gedicht dem **Novalis-Zitat** entgegen, in dem das **Reisen in der wirklichen Welt für unnötig** erklärt wird, weil die wahren Geheimnisse, die es zu ergründen gelte, im Inneren lägen.

Unterschiede

Die **frühromantische Position**, dass die wahre Welt im eigenen Inneren zu finden sei und man da die Ganzheitlichkeit des Seins erleben könne, scheint für das lyrische Ich also nicht aufzugehen und **defizitär** zu sein. Ihm fehlt eine Ergänzung durch eine **tatsächliche Horizonterweiterung und soziale Kontakte**. Zum Erleben der Innenwelt muss auch das Erkunden der Außenwelt hinzukommen. So wirkt das spätromantische Gedicht wie eine **Korrektur der These von Novalis**, wie ein Nein zur ewigen Tagträumerei und wie ein Ja zum konkreten Reisen. Denn nur wer tatsächlich unterwegs ist, kann sich „die Brust [lüften]" (V. 2).

Fazit
Gedicht als Relativierung frühromantischer Position

> **Grundkurs Deutsch (Nordrhein-Westfalen): Abiturprüfung 2021**
> **Analyse eines literarischen Textes mit weiterführendem Schreibauftrag**

Materialgrundlage
Gotthold Ephraim Lessing: Nathan der Weise. Ein dramatisches Gedicht in fünf Aufzügen. Stuttgart: Reclam 2000, S. 128 ff.

Aufgaben Punkte
1. Analysieren Sie den vorliegenden Auszug aus Lessings Drama „Nathan der Weise" unter besonderer Berücksichtigung der Funktion des monologischen Sprechens für die Darstellung innerer Konflikte und die gedankliche Entwicklung des Dramas. 42
2. Erläutern Sie die Bedeutung dieser Szene für die Vorbereitung des Dramenschlusses. Nehmen Sie Stellung zu der Frage, inwiefern an der Gestaltung der Figur des Tempelherrn das in Lessings Drama angelegte Aufklärungsverständnis deutlich wird. 30

Zugelassene Hilfsmittel:
– Wörterbuch zur deutschen Rechtschreibung
– Unkommentierte Ausgabe von Gotthold Ephraim Lessing „Nathan der Weise" (liegt im Prüfungsraum zur Einsichtnahme vor)

Gotthold Ephraim Lessing
Nathan der Weise
5. Aufzug, 3. Auftritt (3227–3286)

Szene: die Palmen vor Nathans Hause, wo der TEMPELHERR auf und nieder geht.

Ins Haus nun will ich einmal nicht. – Er wird
Sich endlich doch wohl sehen lassen! – Man
Bemerkte mich ja sonst so bald, so gern! –
3230 Will's noch erleben, dass er sich's verbittet,
Vor seinem Hause mich so fleißig finden
Zu lassen. – Hm! – ich bin doch aber auch
Sehr ärgerlich. – Was hat mich denn nun so
Erbittert gegen ihn? – Er sagte ja:
3235 Noch schlüg' er mir nichts ab. Und Saladin
Hat's über sich genommen[1], ihn zu stimmen. –
Wie? sollte wirklich wohl in mir der Christ
Noch tiefer nisten, als in ihm der Jude? –
Wer kennt sich recht? Wie könnt ich ihm denn sonst
3240 Den kleinen Raub nicht gönnen wollen, den
Er sich's zu solcher Angelegenheit
Gemacht, den Christen abzujagen? – Freilich;
Kein kleiner Raub, ein solch Geschöpf! – Geschöpf?

Und wessen? – Doch des Sklaven nicht, der auf
3245 Des Lebens öden Strand den Block[2] geflößt[3],
Und sich davongemacht? Des Künstlers doch
Wohl mehr, der in dem hingeworfnen Blocke
Die göttliche Gestalt sich dachte, die
Er dargestellt? – Ach! Rechas wahrer Vater
3250 Bleibt, trotz dem Christen, der sie zeugte – bleibt
In Ewigkeit der Jude. – Wenn ich mir
Sie lediglich als Christendirne[4] denke,
Sie sonder alles[5] das mir denke, was
Allein ihr so ein Jude geben konnte: –
3255 Sprich, Herz, – was wär an ihr, das dir gefiel?
Nichts! Wenig! Selbst ihr Lächeln, wär es nichts
Als sanfte schöne Zuckung ihrer Muskeln;
Wär, was sie lächeln macht, des Reizes unwert,
In den es sich auf ihrem Munde kleidet: –
3260 Nein; selbst ihr Lächeln nicht! Ich hab es ja
Wohl schöner noch an Aberwitz[6], an Tand[7],
An Höhnerei[8], an Schmeichler und an Buhler[9],
Verschwenden sehn! – Hat's da mich auch bezaubert?
Hat's da mir auch den Wunsch entlockt, mein Leben
3265 In seinem Sonnenscheine zu verflattern? –
Ich wüsste nicht. Und bin auf den doch launisch,
Der diesen höhern Wert allein ihr gab?
Wie das? warum? – Wenn ich den Spott verdiente,
Mit dem mich Saladin entließ! Schon schlimm
3270 Genug, dass Saladin es glauben konnte!
Wie klein ich ihm da scheinen musste! wie
Verächtlich! – Und das alles um ein Mädchen? –
Curd! Curd! das geht so nicht. Lenk ein! Wenn vollends
Mir Daja nur was vorgeplaudert hätte,
3275 Was schwerlich zu erweisen stünde? – Sieh,
Da tritt er endlich, in Gespräch vertieft,
Aus seinem Hause! – Ha! mit wem! – Mit ihm?
Mit meinem Klosterbruder? – Ha! so weiß
Er sicherlich schon alles! ist wohl gar
3280 Dem Patriarchen schon verraten! – Ha!
Was hab ich Querkopf nun gestiftet! – Dass
Ein einz'ger Funken dieser Leidenschaft
Doch unsers Hirns so viel verbrennen kann! –
Geschwind entschließ dich, was nunmehr zu tun!
3285 Ich will hier seitwärts ihrer warten; – ob
Vielleicht der Klosterbruder ihn verlässt.

Quelle: Gotthold Ephraim Lessing: Nathan der Weise. Ein dramatisches Gedicht in fünf Aufzügen.
Stuttgart: Reclam 2000, S. 128 ff.

Anmerkungen:
1 *über sich genommen:* auf sich genommen
2 *Block:* hier: massives (rohes unbearbeitetes) Material
3 *geflößt:* mit dem Floß transportiert
4 *Christendirne:* Christenmädchen (zu Lessings Zeit nicht abwertend)
5 *sonder alles:* ohne alles
6 *Aberwitz:* Torheit, Wahnsinn
7 *Tand:* wertloses Zeug
8 *Höhnerei:* Spott
9 *Buhler:* Liebhaber

Teilaufgabe 1

Hinweise und Tipps

Welche Aufgabenart liegt vor und wie sind die Teilaufgaben gewichtet?
Die Aufgabenstellung entspricht dem **Aufgabentyp I a**, der **Analyse eines literarischen Textes mit weiterführendem Schreibauftrag**. Die Teilaufgabe 1 ist mit **42 Punkten** stärker gewichtet als die Teilaufgabe 2 mit **30 Punkten**. Dies sollten Sie bei der Zeiteinteilung beachten.

Was verlangt die Aufgabenstellung von mir?
Der Operator „Analysieren", der sich auf alle drei Anforderungsbereiche bezieht, erwartet von Ihnen, dass Sie den Dramenauszug **umfassend auf inhaltlicher, formaler und sprachlicher Ebene** untersuchen. Allerdings wird in der Aufgabenstellung eine **zweigeteilte Fokussierung** vorgenommen. So soll zum einen die **Funktion des monologischen Sprechens** hinsichtlich der Darstellung **innerer Konflikte** von Figuren geklärt werden. Diese Formulierung nimmt schon vorweg, dass sich der Tempelherr in diesem Monolog in einem inneren Zwiespalt befindet. Es kommt hier daher darauf an, die Gründe für diesen und die Gedankengänge, die ihn deutlich machen, zu erarbeiten und davon ausgehend zu klären, welche Bedeutung Monologen bei **inneren Konflikten** von Figuren zukommt. Zum anderen sollen Sie darauf eingehen, welche Funktion das monologische Sprechen für die **gedankliche Entwicklung** des Dramas hat.

Wie gehe ich bei der Bearbeitung der Aufgabe sinnvollerweise vor?
Sie sollten sich den Dramenauszug **mehrmals durchlesen**. Es ist sinnvoll, dies mit verschiedenen Schwerpunktsetzungen zu tun. Zunächst einmal sollten Sie den **Inhalt** der Szene generell erfassen. Danach empfiehlt es sich, den Textauszug in **Sinnabschnitte** einzuteilen, weil so der gedankliche Verlauf des Selbstgesprächs deutlich wird. Anschließend können Sie die **sprachlich-stilistische Gestaltung** der Szene genauer untersuchen. Dies wird zwar in der Aufgabenstellung nicht durch einen Hinweis ausdrücklich eingefordert, gehört jedoch zu einer Analyse dazu. Markieren Sie die verschiedenen sprachlichen Mittel am besten in unterschiedlichen Farben und klären Sie ihre Funktion. Beachten Sie, dass es vor allem darum geht, solche sprachlichen Mittel zu identifizieren und zu deuten, die die Gemütsverfassung des Tempelherrn unterstreichen.

GK 2021-24

*Für die beiden Aspekte, die es gemäß der Aufgabenstellung besonders zu berücksichtigen gilt, sollten Sie sich einen Stichwortzettel anlegen. Es dürfte für die Klärung des ersten Aspektes hilfreich sein, etwa den **Handlungskontext des Monologs** zu berücksichtigen und mögliche **inhaltliche Brüche** im Selbstgespräch des Tempelherrn zu deuten. Beim zweiten Aspekt gilt es die Wirkung von Monologen auf die **Rezipienten und Rezipientinnen des Dramas** in die Überlegungen mit einzubeziehen.*

Wie kann ich meinen Aufsatz strukturieren?

*Zuerst verfassen Sie eine **Einleitung**, in der die Textsorte, der Titel des Werkes, der Autor, das Erscheinungsjahr sowie das Thema des Textauszuges genannt werden. Zu Beginn des **Hauptteils** sollten Sie den Monolog in den bisherigen Handlungsverlauf einordnen. Da in Teilaufgabe 2 noch auf den Schluss des Dramas eingegangen werden soll, müssen Sie diesen bei Teilaufgabe 1 nicht thematisieren. Erläutern Sie dann am besten die **inhaltliche Struktur** des Monologs. Damit können Sie zum einen zeigen, dass Sie den Auszug inhaltlich verstanden haben, und zum anderen verdeutlichen Sie so Ihre Fähigkeit, inhaltliche Einschnitte zu erkennen. Anschließend gehen Sie zur genaueren Untersuchung des Auszugs über und beachten dabei **besonders die in der Aufgabe genannten Aspekte**. Auf die sprachlich-stilistische Gestaltung empfiehlt es sich am Ende des Hauptteils einzugehen. Im **Schlussteil** Ihres Aufsatzes sollte nicht zuletzt wegen der komplexeren Aufgabenstellung ein ausführliches Fazit erfolgen, in dem mehrere von Ihnen erarbeitete Aspekte noch einmal aufgegriffen werden.*

Lösungsvorschlag

Die vorliegende Dramenszene entstammt dem Drama „Nathan der Weise", das von Gotthold Ephraim Lessing im Jahr 1779 verfasst wurde. Bei der Szene handelt es sich um einen **Monolog des Tempelherrn**. In dieser Selbstaussprache des jungen Mannes wird ein **innerer Konflikt** sichtbar, der sich in seinen abwägenden Gedanken zu seinem eigenen unüberlegten Handeln – sein Treffen mit dem Patriarchen – und vor allem zu Nathans Rolle als Rechas Vater zeigt. Zuvor ist der christliche Tempelherr, ein Kreuzritter, nach seiner Gefangennahme durch den muslimischen Sultan Saladin von diesem begnadigt worden. Nach seiner Freilassung **rettet** er **Nathans Tochter Recha das Leben**, möchte aber Nathans Dank dafür zuerst nicht annehmen, weil dieser ein Jude ist. Die Sichtweise des Tempelherrn auf Nathan ist fortan ambivalent: Einerseits nähert er sich Nathan und dem von ihm gelebten **Toleranzgedanken** an, andererseits aber erfährt er, dass Nathan seine eigentlich **christliche Adoptivtochter Recha im jüdischen Glauben erzogen** haben soll. Diese Nachricht führt den Tempelherrn zum **Patriarchen**, dem er – ohne Namen zu nennen – von diesem Fall berichtet. Auch wenn der junge Mann bereut, den Patriarchen aufgesucht zu haben, empört er sich auch beim Sultan über Nathans Verhalten. Zudem berichtet er Saladin von seiner **Liebe zu Recha** und von Nathans ablehnender Haltung. Dem

Einleitung
Vorstellen des Auszugs und erste thematische Orientierung

Hauptteil
Einordnung der Szene ins Drama

Sultan gelingt es, ihn zu beruhigen, und bietet ihm ein **vermittelndes Gespräch mit Nathan** an. Daraufhin macht sich der Tempelherr auf den Weg zu Nathan.

Die Szene lässt sich inhaltlich in **vier Abschnitte** einteilen. Zunächst wird die Situation geklärt: Der Tempelherr **wartet ungeduldig auf Nathan** vor dessen Haus (vgl. V. 3227–3233). Mit der Frage, warum er so wütend auf Nathan sei, geht die Szene in eine **Selbstbefragung** über, in der der Tempelherr erkennt, dass Nathan als Rechas Erzieher ausschließlich einen positiven Einfluss auf ihre **Persönlichkeitsentwicklung** ausgeübt hat und Nathan immer Rechas Vater bleiben wird (vgl. V. 3233–3251). Er gesteht sich ein, dass er Recha so liebt, wie sie **durch Nathans Erziehung** geworden ist (vgl. V. 3251–3275). Als er den **Klosterbruder** bei Nathan entdeckt, glaubt er, Nathan sei tatsächlich an den Patriarchen verraten worden, woraufhin er sich in **Selbstvorwürfen** ergeht (vgl. V. 3275–3286).

Aufbau der Szene

In diesem Monolog wird ein **innerer Konflikt** des Tempelherrn dargestellt. So ist er zum einen **verärgert über Nathan**, weil dieser ihm seine Tochter Recha (noch) nicht zur Frau geben möchte (vgl. V. 3234 f.) und weil er sie im jüdischen Glauben erzogen habe (vgl. V. 3239 ff.). Zum anderen **sucht** er nach seinem Besuch beim Patriarchen und dem Sultan dringend das **Gespräch mit Nathan** (vgl. V. 3227 f.). Die Gründe für seinen Unmut gegenüber Nathan hinterfragt der Tempelherr **selbstkritisch** (vgl. V. 3233 f., 3566 ff.). Dadurch verflüchtigt sich sein Ärger gegenüber Nathan rasch. Schließlich **wertschätzt** er **Nathans erzieherischen Einfluss auf Recha** außerordentlich (vgl. V. 3246 ff.). Ihm wird im Verlauf seiner Selbstaussprache bewusst, dass ihm Recha, wäre sie christlich erzogen, nicht besser gefallen würde, weil sie dann all die Eigenschaften, die sie Nathan als ihrem Erzieher zu verdanken hat, nicht aufweisen würde. Gerade in diese Eigenschaften hat er sich aber verliebt (vgl. V. 3255 ff.). Die Information von Daja, dass Recha in Wahrheit nicht Nathans Tochter, sondern das Kind christlicher Eltern sei, zweifelt der Tempelherr schließlich auch an (vgl. V. 3273 ff.). Dadurch wird unterstrichen, dass er Nathan als **Rechas wahren Vater** ansieht (vgl. V. 3249 ff.).

Genauere Textuntersuchung unter Berücksichtigung der Funktion des monologischen Sprechens

Aufgrund der Darstellung der widerstreitenden Gefühle und Gedanken des Tempelherrn bietet sich dem Theater- bzw. Lesepublikum die Möglichkeit, dessen **innere Zerrissenheit** nachzuvollziehen. In der Art und Weise, wie der junge Mann seinen Standpunkt hinterfragt, wird auch für die Zuschauerinnen und Zuschauer bzw. die Leserinnen und Leser ersichtlich, dass sein **Konflikt** mit Nathan stark von den **Emotionen** des Tempelherrn geprägt ist – und dieser Konflikt daher im Gespräch durchaus **bewältigt** werden kann. Zudem wird deutlich, dass die Selbsteinsicht des Tempelherrn – im Hinblick auf Nathans und auch auf sein eigenes Handeln – aus einem

individuellen Erkenntnisprozess resultiert, der sich während des Selbstgespräches entfaltet hat. Dieser **eigenständige Denkprozess** ist charakteristisch für den Leitgedanken der **Aufklärung**, sich seines **eigenen Verstandes** zu bedienen und ohne **lenkenden Einfluss** eines anderen zu einer Erkenntnis zu gelangen.
Dem monologischen Sprechen kommt somit hier – wie oft in dramatischen Texten – die Funktion zu, eine **innere Auseinandersetzung transparent** zu machen, die sonst nur schwer auf die Bühne zu bringen wäre. Für die Rezipienten und Rezipientinnen bietet es die Möglichkeit, etwas über die **Gedanken und Gefühle der Figur** – hier konkret über die Selbstreflexion des Tempelherrn – zu erfahren und dadurch deren **Handlungen nachvollziehen** zu können.

Die sprachlich-stilistische Gestaltung der Szene macht den inneren Konflikt des Tempelherrn besonders **anschaulich**. So gibt es viele **Gedankenstriche**, die seine Impulsivität und innere Zerrissenheit verdeutlichen. Hiervon zeugen auch die zahlreichen kurzen Sätze und Ellipsen (vgl. V. 3256, 3268). Dass sich die **Emotionen** und der **Verstand** im **Widerstreit** befinden, zeigt besonders seine verwundert wirkende Aussage, dass „[e]in einz'ger Funken dieser Leidenschaft / Doch unsers Hirns so viel verbrennen kann" (V. 3282 f.). Überdies findet man viele Enjambements, durch die der Monolog insgesamt gehetzt wirkt. Die häufigen **Fragen** verdeutlichen den Versuch des Tempelherrn, sich selbst und die eigene Motivlage zu **ergründen** (vgl. etwa V. 3237–3242, 3255). So befragt er sich etwa selbst, was ihm an Recha gefallen würde, wenn sie Christin wäre, aber nichts von dem an sich hätte, was Nathan ihr habe zuteilwerden lassen (vgl. V. 3251–3255), und beantwortet diese Frage aussagekräftig mit „Nichts! Wenig!" (V. 3256). Mit einer **Metapher** aus dem Bereich der Bildhauerei, „Künstler[]" (V. 3246), stellt der junge Mann ebenfalls Nathans **Verdienst als Vater** von Recha heraus und relativiert somit seine negative Einstellung diesem gegenüber. Durch seine **Selbstansprache** „Curd! Curd!" (V. 3273) und die an sich gerichtete Aufforderung „Lenk ein!" (V. 3273) weist sich der Tempelherr selbst zurecht. Die dreimalige Verwendung der **Interjektion** „Ha!" (V. 3277–3280) unterstreicht sein Erschrecken darüber, durch seinen Besuch beim Patriarchen könne Nathan nun in Gefahr schweben. Dies wird durch einen Selbstvorwurf („Was hab ich Querkopf nun gestiftet!", V. 3281) noch betont. Die zahlreichen **Ausrufezeichen** am Ende des Monologs verleihen dem Gesagten mehr **Nachdruck** und weisen auf die **Erregtheit** des Tempelherrn hin.

Sprachlich-stilistische Gestaltung

Insgesamt nutzt Lessing in dieser Szene die Möglichkeit, mithilfe monologischen Sprechens **innere Prozesse sichtbar** zu machen: Die anschaulich ausgestaltete Selbstreflexion legt die **Beweggründe** des Tempelherrn offen und führt schließlich zu einer **Selbsteinsicht**. Der Monolog ist dabei auch ein Moment, in dem die Handlung

Schluss Zusammenfassung der Ergebnisse

pausiert und in dem die Rezipientinnen und Rezipienten sich daher ganz dem Nachvollzug der individuellen Überlegungen des Tempelherrn widmen können. Die innere Zerrissenheit dieser **ambivalent angelegten Figur** und ihr Erkenntnisprozess werden zudem so dargestellt, dass sich eine innere Entwicklung abzeichnet, welche den **Tempelherrn** zunehmend als einen **vernunftgeleiteten Charakter** erscheinen lässt.

Teilaufgabe 2

Hinweise und Tipps

Was verlangt die Aufgabenstellung von mir?
Die Teilaufgabe 2 enthält zwei Arbeitsaufträge. Zuerst sollen Sie klären, welche **Bedeutung** dem Monolog des Tempelherrn als **vorbereitende Szene für den Dramenschluss** zukommt. Der Operator „Erläutern" verlangt von Ihnen eine differenzierte Darstellung auf der Basis Ihrer Ergebnisse aus Teilaufgabe 1 und Ihres Vorwissens zur Schlussszene. Anschließend sollen Sie **Stellung** zu der Frage **beziehen**, inwiefern an der **Figur des Tempelherrn** das im Drama erkennbare **Aufklärungsverständnis** deutlich wird. Das Wort „inwiefern" weist darauf hin, dass eine **abwägende Stellungnahme** vorgenommen werden soll, also Pro- und Kontra-Argumente erwartet werden.

Wie gehe ich bei der Bearbeitung der Aufgabe sinnvollerweise vor?
Es empfiehlt sich, einen Stichwortzettel zu verwenden, auf dem Sie sich Notizen machen. Vermerken Sie darauf beispielsweise nochmals **wichtige Einsichten** aus der Analyse und halten Sie fest, inwiefern diese **für den Ausgang des Dramas relevant** sind. Machen Sie sich anschließend Notizen zu der Frage, welches **Aufklärungsverständnis** dem Drama Lessings zugrunde liegt. Wenn Sie die für Sie relevanten Aspekte erarbeitet haben, sollten Sie diese zur inneren Entwicklung des Tempelherrn in Beziehung setzen, um **Argumente für Ihre Stellungnahme** zu sammeln. Beachten Sie dabei, dass sich diese nicht nur auf den vorliegenden Monolog, sondern auf die Entwicklung des Tempelherrn im gesamten Drama beziehen soll.

Wie kann ich meinen Aufsatz strukturieren?
Wie die Teilaufgabe 1 muss auch die Teilaufgabe 2 eine Einleitung, einen Hauptteil und einen Schluss aufweisen. Die Einleitung stellt in der Teilaufgabe 2 eine **aufgabenbezogene Überleitung** dar, d. h., dass die beiden Teilaufgaben durch diese inhaltlich miteinander verknüpft werden sollen. Im **Hauptteil** sollten Sie die beiden Arbeitsaufträge nacheinander bearbeiten. Dabei ist es sinnvoll, zu verdeutlichen, inwiefern die beiden geforderten Gesichtspunkte miteinander zusammenhängen. Im **Schlussteil** können Sie dann die Entwicklung der Figur des Tempelherrn im gesamten Drama noch einmal zusammenfassend reflektieren.

Was gibt es bei dieser Aufgabe sonst noch zu beachten?
Wie in der Teilaufgabe 1 ist es auch bei Teilaufgabe 2 wichtig, die Wirkung auf das Publikum mit zu berücksichtigen.

Lösungsvorschlag

In der ersten Aufgabe ist dargestellt worden, dass Monologe in dramatischen Texten generell die Möglichkeit der Reflexion und des Erkenntnisgewinns bieten. Im Folgenden wird erläutert, welche **Bedeutung** dem **Monolog des Tempelherrn** thematisch für den **Dramenschluss** zukommt und inwieweit anhand der Konzeption der Figur des Kreuzritters das im Drama dargestellte **Aufklärungsverständnis** sichtbar wird.

Aufgabenbezogene Überleitung
Methodischer Ausblick auf das Folgende

Wie bereits dargelegt worden ist, kommt der Tempelherr im Verlauf seines Selbstgespräches zu der Erkenntnis, dass **Nathan** als **Rechas wahrer Vater** gelten kann. Damit wird ein Aspekt aufgegriffen, der für den Dramenschluss von zentraler Bedeutung ist. Zu der Bewertung ist der Tempelherr durch die **kritische Auseinandersetzung** mit der Vorstellung gekommen, dass die religiöse Herkunft über einer intakten Beziehung zwischen einem Vater und seiner Ziehtochter stehe. Für die Zuschauer und Zuschauerinnen rückt damit eine **positive Lösung** der Konflikte in den Blick, die vom Dramenschluss dann auch eingelöst wird. Die Reue des Tempelherrn, beim Patriarchen die Adoption Rechas durch Nathan in verschlüsselter Form angezeigt zu haben, ruft allerdings noch die Gefährdung Nathans durch den Patriarchen ins Bewusstsein. Dadurch wird **Spannung** erzeugt – auch wenn man zu diesem Zeitpunkt bereits weiß, dass der Klosterbruder Nathan gegenüber freundlich gesinnt ist.

Hauptteil
Bedeutung der Szene für die Vorbereitung des Dramenschlusses

Tatsächlich dürfte für Rezipientinnen und Rezipienten gerade der Tempelherr, der zu Beginn des Dramas als äußerst intolerante Figur gelten kann, besonders **authentisch** erscheinen, weil die Verinnerlichung des Toleranzgedankens im Dramenverlauf immer wieder Schwankungen unterworfen ist. Die damit verbundene **Glaubwürdigkeit** der Figur bringt den Zuschauenden auch den **Toleranzgedanken** näher.

Bevor man zu einer fundierten Beurteilung gelangen kann, in welcher Weise das Aufklärungsverständnis des Dramas in der Figur des Tempelherrn sichtbar wird, erscheint es ratsam, zuerst auf **grundlegende Elemente dieses Aufklärungsverständnisses** einzugehen. In der Ringparabel, dem Höhepunkt des Dramas, wird deutlich, dass die **drei monotheistischen Buchreligionen** – Christentum, Judentum und Islam – generell als **gleichwertig anzusehen** sind. Das Postulat eines absoluten Wahrheitsanspruchs einer bestimmten Religion wird so relativiert. Vielmehr wird hier die Notwendigkeit der **Verständigung**, des **gewaltfreien Miteinanders** aufgezeigt, was sowohl die **Diskriminierung oder Verfolgung** Andersgläubiger als auch deren **Missionierung ausschließt**. Die Fähigkeit, ohne eine vorgefasste Meinung andersgläubigen oder anders denkenden Menschen zu begegnen, zeugt dabei von Respekt vor der Haltung der

Das im Drama angelegte Aufklärungsverständnis

anderen. Folglich wird ein **intolerantes religiöses Verhalten**, etwa das starre Festhalten an religiösen Dogmen, wie es im Drama beispielhaft durch die Figur des Patriarchen oder die Figur Dajas repräsentiert wird, **abgelehnt**. Das Drama will zudem sichtbar machen, dass man sich von der **Vernunft** und nicht von seinen Emotionen leiten lassen sollte, da letztendlich nur der Gebrauch der Vernunft zu einem von **Humanität** geprägten Verhalten anderen Menschen gegenüber führen könne.

Inwieweit die Konzeption der Figur des Tempelherrn dem Aufklärungsverständnis im Drama entspricht, bedarf einer genaueren Prüfung. Dies liegt daran, dass der Tempelherr – wie bereits aufgezeigt worden ist – als **ambivalente Figur** angelegt ist.
These zum Verhältnis der Figur des Tempelherrn zum Aufklärungsverständnis

Einerseits durchläuft der Tempelherr eine Entwicklung, die ihn von einem religiösen Eiferer zu einem **Verfechter des Toleranzgedankens** werden lässt. Seine Einsicht in die verdienstvolle Erziehung Rechas durch Nathan, die Nathan für ihn zu ihrem wahren Vater macht, und das Aufdecken seiner verwandtschaftlichen Beziehung zu Saladin machen auch dem Tempelherrn die **Irrelevanz von Abstammung und Religionszugehörigkeit** deutlich. Bereits während seiner ersten Begegnung mit Nathan ist der Tempelherr mit Nathan übereingekommen, dass es letztlich unwichtig ist, welcher Religion der andere angehört, woraufhin die Männer einen Freundschaftspakt schließen.
Abwägende Stellungnahme
Toleranzgedanke

Andererseits handelt der Kreuzritter oft nicht vernunftgeleitet, sondern **impulsiv**. Deswegen trifft er bisweilen keine wohlüberlegten, sondern **überstürzte Entscheidungen**, deren mögliche Tragweite er nicht überdenkt. Der Tempelherr agiert auch nicht besonnen, sondern sehr ungeduldig, als es um Nathans Zustimmung zur Hochzeit mit Recha geht, wobei diese Reaktion durchaus nachvollziehbar ist.
Impulsivität

Dafür, dass er den Patriarchen aufgesucht hat, schämt er sich allerdings schließlich und hat Nathan gegenüber Gewissensbisse. Auch das verweist auf seine **zunehmende Einsicht**, die ihn dazu befähigt, seine Handlungen eigenständig und kritisch zu bewerten und auch Lehren aus ihnen zu ziehen.
Einsicht in die eigenen Fehler

Ein wenig ambivalenter gestaltet sich die Frage hinsichtlich der Haltung des Tempelherrn, als er **Recha** aus Nathans brennendem Haus **rettet**. Hier handelt er wohl eher **intuitiv** als impulsiv. Zudem erscheint es auch nicht abwegig anzunehmen, dass der Tempelherr sich sehr wohl durch seine Vernunft und aus einem gewissen **Humanitätsverständnis** heraus zu dieser Handlung veranlasst sieht. Schließlich geht es ihm darum, ein Leben zu retten.
Rechas Rettung

Als die Familienverhältnisse aufgeklärt werden, muss der Kreuzritter **erzwungenermaßen** auf Recha **verzichten**, die, wie sich herausstellt, seine Schwester ist. Letztlich nimmt er dies hin, dürfte aber
Erzwungener Verzicht auf Recha

nicht glücklich mit der **Aufdeckung der Verwandtschaftsverhältnisse** sein.

Der Monolog des Tempelherrn und seine Einsicht, dass sich Familienzugehörigkeit nicht aus Abstammung und Religionszugehörigkeit ergeben muss, ist für den Dramenschluss also **auf der Metaebene** wichtig. Schließlich soll in der Schlussszene gezeigt werden, dass die **drei Religionen gleichwertig** sind und man einander als Menschen achtet. Somit ist der Tempelherr auch eine der Figuren, die ein **Mitglied dieser großen Familie** ist, im Gegensatz etwa zu Daja, die eben keinen Erkenntnisprozess wie er durchlaufen hat.

Tempelherr als Teil der großen Familie

Die Figur des Tempelherrn stellt im Figurenensemble insofern eine von Lessing **idealisierte Figur** dar, als an dieser beispielhaft gezeigt werden soll, dass ein **gelungener Erziehungs- und Humanisierungsprozess** durchlaufen worden ist. Deswegen ist der Tempelherr auch nicht als statische Figur, sondern als lebendiger Charakter angelegt, der aufgrund seiner widersprüchlichen Haltung zur **Identifikation** einlädt.

Schluss

Abiturprüfung NRW – Deutsch 2022
Grundkurs

Um Ihnen die Prüfung 2022 schnellstmöglich zur Verfügung stellen zu können, bringen wir sie in digitaler Form heraus.

Sobald die Original-Prüfungsaufgaben 2022 freigegeben sind, können sie als PDF auf der Plattform **MyStark** heruntergeladen werden (Zugangscode vgl. Farbseiten vorne im Buch).

Prüfung 2022

www.stark-verlag.de/mystark

Dein kostenloses
Stärkenprofil

Du wagst demnächst den Schritt in die Berufswelt, aber weißt noch nicht, was du als Stärken angeben kannst?
Mit **Aivy** findest du es auf spielerische Art heraus.

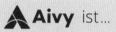 ist...

...für dich kostenlos.
...interaktiv und spielerisch.
...ganz auf deine Person fokussiert.

Lerne dich selbst besser kennen und **entdecke deine Berufung!**

www.stark-verlag.de **STARK**

Bist du bereit für deinen Einstellungstest?

Hier kannst du testen, wie gut du in einem Einstellungstest zurechtkommen würdest.

1. Allgemeinwissen
Der Baustil des Kölner Doms ist dem/der ... zuzuordnen.

a) Klassizismus b) Romantizismus
c) Gotik   d) Barock

2. Wortschatz
Welches Wort ist das?

N O R I N E T K T A Z N O

3. Grundrechnen
-11 + 23 - (-1) =

a) 10   b) 11   c) 12   d) 13

4. Zahlenreihen
Welche Zahl ergänzt die Reihe logisch?

17 14 7 21 18 9 ?

5. Buchstabenreihen
Welche Auswahlmöglichkeit ergänzt die Reihe logisch?

e d f f e g g f h ? ? ?

a) h i j   b) h g i   c) f g h   d) g h i

Lösungen: 1 c; 2 Konzentration; 3 d; 4 27; 5 b

Alles zum Thema Einstellungstests findest du hier:

www.stark-verlag.de   **STARK**